シリーズ 宗教と差別

第1巻

差別の構造と国民国家

宗教と公共性

磯前順一
吉村智博 監修
浅居明彦
上村　静
莇田真司
川村覚文
関口　寛 編
寺戸淳子
山本昭宏

法藏館

巻頭言

磯前順一・吉村智博・浅居明彦

本シリーズ「宗教と差別」全四巻は、二〇一五年にはじまった共同研究プロジェクト（研究代表者：磯前順一・吉村智博・浅居明彦）の成果をとりまとめたものである。

ここでは、本書を手に取った読者に、まず、シリーズ全体にかかわる基本的な姿勢と視点を説明しておきたい。

在日コリアンの作家・姜信子さんは、差別をめぐって次のような興味深い言及をしている。

ええ、実はね、神谷美恵子が、「らい患者」もみずからの内なる差別と戦えと説く、その言葉を見たとき、私は水俣を想い起していたんです。石牟礼道子さんが描きなおして結びなおした人間世界のなかで湧き起った「われらのうちにもチッソがある」（われらのうちにも、人も世界もバラバラにしていく近代の毒がある）という声をね。

近代を生み出した西洋の知を生きる神谷美恵子の声と、近代を内側から蝕んだ西洋の知をもって知る人々の声と、そこには、おそらく、とっても重要で歴然とした違いがあるはず。（姜信子『今日、私は出発する』）

「私たち」の問題だという当事者意識から出発するのか、「あなたたち」の責任だという告発者の立場からおこなうのか。

二人の著名人の発言を対比することで、姜さんが問題提起したかったのは、差別を論じるとき、論じる者の身の処し方こそが、自他を明確に認識し、問題の深淵を掘り下げようとすることにつながっていくということであった。同じように差別を語るにせよ、両者の立場には、決定的な違いがある。神谷の「善意」と石牟礼の「言葉」。告発者の立場(神谷)であれば、その研究者はいつも弱者の側に寄り添って議論を展開するだろう。自分が差別する存在であるということには思い至らない。しかし、当事者の立場(石牟礼)に身を置くなら、差別は何よりこの「私」自身から発生しているものだと捉えることになる。

さて、読者のあなたなら、どちらの立場を取るだろうか。この問いが無責任で身勝手なものに終わらないために、本シリーズ「宗教と差別」の立場を表明しておこう。本シリーズでは、自分こそが差別の当事者だという立場を取る。言うまでもなく、差別されてきた当事者としてではなく、差別を作り出す当事者としてである。「人間は差別を生み出す動物である」。それが基本的な姿勢と視点である。それは、学術研究の世界に身を置くかどうかに関わりなく、差別を論じるための最低限の資格だと私たちは考えている。

宗教と差別の関係は複雑だ。日本のかなり広汎な地域で、大きな寺社や城郭の周辺には、かつて差別された人々の居住地があった。宗教とは、概して人間に救いをもたらす教えであり活動と見なされてきたはずだ。その一方で真理の教えに目覚めた人とそうでない愚かな人々、あるいは清浄な心持ちの人々と穢れた人々という二分法を作り出してきた。

宗教はこうした正負の功罪を併せもつ「両義的な」ものである。一方的に良いものとも、悪いものともしない。神仏の名のもとに人間を差別することを正当化もするし、そうした態度を戒める機縁ももっているのだと宗教を捉える。「両義性」、それが宗教を語る上でも、公共空間を語る上でも本シリーズの取る基本的前提である。

それを「排除と包摂」のメカニズムと名づけよう。何らかの社会秩序は、排除を通してこそ構成が可能になるし、排除のない社会は現実として成り立ってこなかった。構成員と非構成員とを分かつ境界線をどこかで引かなければ社会は成り立ちようがない——。もしもそうだとすれば、排除のない社会を夢見るばかりではなく、排除のありかたにかかわるさらに現実的な視点を踏まえた考察が要請されよう。そのとき私たちは自己耽溺的な被害者意識から、一歩歩みを前に進めることになる。

差別に「ノー」と言って自分を免責するのではなく、排除を無意識におこなう側に身を置いた者としての責任を、社会再編の構想に向けてどのように果たしていくのかが問われなくてはならないだろう。社会のマジョリティやエリートが被害者と自己同一化して、些細な自分の傷を肯定するといった過剰な自己愛のために、「私たち」という幻想が垂れ流される動きに終始符を打たなければならない。

なぜ差別は社会からなくならないのだろうか。それは、人間が社会を営む存在だからと私たちは考える。仲間を作ると同時に敵を作る、そして闘う。秩序を作るために、それに従わない人間を罰する、処刑する。生きるために動物の命を殺して、食べる。過剰な性欲を制御するために、性売買を営む場を設ける。生殖なき快楽を享受する。さらには自分が生き延びるために赤ん坊を間引く。そして、そうした行為に直接手を染めざるを得なくなった人びとに対する差別が生まれる。

社会的存在としての人間、それこそが差別を作り出してきたのである。誰しも一人では生きられない以上、他人と交わることから生まれる差別と被差別の螺旋から解放されることはない。差別の関係性には例外など存在しないのである。他人との「共生」が生み出すものは、思いやりだけではない。暴力の行使や快楽の消費もある。それが思いやりという感傷を装って輪廻するのが生の螺旋である。すべての人間が「悪人」だとも言われるゆえんである。

だからこそ差別問題をめぐる議論においては、「あなたたち」の差別的な態度はよくない、といった感情論に留まることなく、すべからく「私たち人間」が差別現象を生み出している社会構造そのものが、冷静な学問的手続きのもとに分析される必要がある。かつて、インドの少数民族の研究者はこのように言った。「マジョリティになりたいと思わない。マイノリティが生きられる空間を作らなくてはならない」。被差別部落に生きてきたある人は言った。「差別は差別を生み出す。部落の中にも差別はある。誰も無垢なものはいない」。そうした指摘のなかにこそ、差別構造の当事者でもある研究者が、差別問題を学問の視点から論じる意義があり、また、責務があると私たちは考える。

最後に、フランスの精神分析家の言葉を紹介して巻頭言を結ぼう。

自分がファロス［男根。社会的強者への欲望］を持ちたいという欲望を持つ者はいくらでもいる。自分にも快楽の分け前をくれというわけだ。しかし、その人は知らない。快楽とは楽しいだけでなく、一度取り付いたら自分を苦しめてやまない不実なものであるであることを。希求されるべき答えは、自分にも分け前をくれということではなく、そのとりついてやまない享楽という欲望から解放されることなのだ。

「私たち」あるいは「あなたたち」という言葉を都合よく使っているのは誰なのだろうか。まずその幻想から打ち破らなければなるまい。そのことに読者のあなたとともに挑んでみたい。

補記　本プロジェクトの遂行にあたっては、国際日本文化研究センターの共同研究会「差別から見た日本　宗教史再考」（二〇一六～一八年、代表者：磯前・吉村）、および科学研究費基盤研究A「人権と差別をめぐる比較宗教史」(二〇一九〜二一年、代表者：磯前)からの資金提供を受けた。また研究会の開催においては、国際日本文化研究センター、大阪人権博物館に会場提供をいただいた。
以下、プロジェクトのメンバーおよび研究会の活動を通じてお世話になった方々の氏名を挙げ、謝辞と代えさせていただく(五十音順、敬称略)。

青野正明、東俊裕、安部智海、石川肇、磯前礼子、井上智勝、岩谷彩子、上村静、打本和音、大林浩治、大村一真、荻原稔、小倉慈司、小田龍哉、片岡耕平、金沢豊、菊田真司、フローレンス・ガルミッシュ、河井信吉、川村覚文、北浦寛之、久保田浩、呉佩珍、後藤道雄、酒井直樹、佐々田悠、佐藤弘夫、里見喜生、島薗進、沈熙燦、トモエ・シュタイネック、ラジ・シュタイネック、鍾以江、庄司則雄、鈴木岩弓、鈴木英生、須之内震治、関口寛、宋琦、孫江、高柳健太郎、竹本了悟、田辺明生、ゴウランガ・プラダン・チャラン、鶴見晃、寺戸淳子、アンナ・ドゥーリナ、戸城三千代、殿村ひとみ、永野三智、中村平、西宮秀紀、幡鎌一弘、林政佑、原田寿真、ハサン・カマル・ハルブ、スーザン・バーンズ、平野克弥、藤本憲正、舩田淳一、舟橋健太、パトリシア・フィスター、ダニエル・ボツマン、馬雲雷、馬氷、水内勇太、ランジャナ・ムコパディヤーヤ、村島健司、守中高明、山田忍良、山本昭宏、尹海東、吉田一彦、マルクス・リュッターマン、和氣直子、和田要

＊事務局：小田龍哉、磯前礼子、大村一真、ゴウランガ・プラダン・チャラン、藤本憲正、村島健司。

シリーズ　宗教と差別　第1巻

差別の構造と国民国家——宗教と公共性　◎　目次

シリーズ　宗教と差別　第1巻

差別の構造と国民国家

――宗教と公共性――

序章　「聖なるもの」と「統治」の系譜

大村一真・川村覚文

はじめに

近代国民国家はその権力行使の対象である人びとに対し、国民的主体へと生成することを求めてくる。よりわかりやすく言えば、模範的な国民となるように主体性を持てと、国家権力は人びとに対して要求してくるのである。そして、国家権力はそのような模範的な国民に対して、より多くの恩恵を与える。この時に強く機能するのが、われわれが通常「人権」という言葉で呼んでいる、「人間」が生来持つはずの「権利」という概念である。

人権は西洋社会の生み出した近代的な理念である。この理念はもともと開放的な原理、すなわち「人間」である以上誰しもが平等であり、身分制度などによって特定の階層がそれ以外の階層を搾取・抑圧することは不当である、という理念を支えるものであった。しかし、それと同時にこの概念は新たな階層的な区別を、人びとの間に持ち込む原因ともなった。それはすなわち、人間とみなされる人々（*humanitas*）と、人間とみなされない人間未満の人びと（*anthropos*）、といった二種類の人間を生み出すことになってしまったのである。そして、このような人権概念の持つ階層化作用は、国民国家においてこそ、強力に作用しているのだ。すなわち、「人権」を保障すべき主体的な人間と、保障しなくていい非主体的な人間とが分けられる結果という形として。この場合、保障しなくてもいい人間とは、模範的国民像から逸脱した国民、国家権力から危険な、あるいは邪魔な存在とみなされた国民、だけを指すのではない。西洋と日本における近代国民国家の成立は、それと同時に帝国主義を生み出してきたが、それは模範的国民として人権を保障される存在と、植民地出身のため国民の地位を持たないがゆえに人権を保障されない人びとという存在とを、生み出してきたのである。このように、普遍的な価値を有するはずの人権理念が、かえって「排除と抑圧」を生み出してしまう、ある種のパラドクスが生じるということが起きている。ここから理解できることは、差別というのは、決して前近代的な迷信や、人びとの無知といったものに還元されうるものではない、ということである。むしろ、近代における差別とは、近代的な権力に固有の原理とメカニズムに基づいているのだ。

本章では、こういった近代的な権力の原理およびメカニズムと差別がどう関係しているのかということを解明するための、予備的な考察をおこなう。もとより近代的な権力と差別の関係は、本書全体を通じて明らかにすることが目指されている。それに対して、本章では本書全体を通じてとりわけ重要な概念である、「聖なるもの」と「統治」がこれまでどのように議論されてきたのかということを考察する。その生が価値を持つものとされることで人権が保障され包摂される存在と、その生が無価値なものとされ排除と抑圧の対象となるような存在とを分割するメカニズムの背後には、この「聖なるもの」と「統治」という原理が強く作動しているのである。このような考察を通じて、以下に続く諸章において論じられるべき問題がどのようなものなのか、ということのより明確な理解が得られることであろう。

一　「聖なるもの」の視座

「聖なる人間《ホモ・サケル》」という形象がイタリアの哲学者ジョルジョ・アガンベンによって多彩に描き出されて以来、「聖なるもの」(the sacred/*le sacré*/*das Heilige*) という宗教概念の一つは、宗教学のコンテクストを超えてふたたび注目を集めている。[1] 一般的には、聖なるものとは宗教的な現象や経験のことを指しており、宗教の本質を規定する概念であるとされている。聖なるものは、「俗なるもの」とは切り離された「全く他なるもの」を指し示す超日常的な価値のことであり、荘厳な印象を与えるとともに、畏怖の感情をも喚起させる。

聖なるものは魅了させるものであると同時に、おぞましいものもある。この謎めいた二面性は、しばしば様々な見地から考察の対象とされてきた。例えば、イギリスの人類学者ジェームズ・フレイザーは、しばしば原始宗教において聖なるものと不浄なるものが混同されていることを指摘する。彼は、同じくイギリスの人類学者であり同僚でもあるロバートソン・スミスのタブーに関する見識、すなわちタブーとみなされたものが、聖なるものなのか、不浄なるものなのかを見分けることが困難であるという分析を、そのまま自分のものにしている(スミス　一九四一：一一一頁以下)。フレイザーによれば、このような聖なるものの二面性は未開社会特有の現象であり、宗教がより洗練された形で高度になれば、そのような混同はなくなり、明確に両者は区別されることになると論じている(フレイザー　二〇一七：三〇頁以下)。

フランスの社会学者エミール・デュルケームは、「聖なるもの」(*le sacré*) を「俗なるもの」(*le profane*) から切り離された存在であると普遍的に定義すると同時に、そこに、尊敬を引き起こす「浄」（*le pur*）と、怖気を引き起こす「不浄」（*l'impur*）という、互いに相反する宗教的諸力の混在をみとめていた（デュルケーム 二〇一四：三二一頁）。とはいえ、この相反する感情を引き起こす聖なるものの二面性は、デュルケームによれば、社会を存続させるための条件となるものであり、人びとに一体感を伝達する高揚感と、服従や社会的順応を可能ならしめる畏怖の感情を同時に与える道徳的な力を有するものである（デュルケーム 二〇一四：三七二頁、ヴュナンビュルジェ、二〇一八：一〇六頁）。

また、ドイツの神学者ルドルフ・オットーは「聖なるもの」（*das Heilige*）の二面性に対して、「ヌミノーゼ」（*das Numinöse*）という名称を与えた。聖なるものの根源には、「戦慄すべき神秘」（*Mysterium tremendum*）と「魅する神秘」（*Mysterium facinans*）を併せ持つヌミノーゼが存在する。このようなヌミノーゼを体感する主観的かつ感情的経験に目を止めることを通じて、オットーは聖なるものに肉薄していこうとする（オットー 二〇一〇：七一頁）。

あるいは、フランスの哲学者ジョルジュ・バタイユは、聖なるものの二面性をタブーの侵犯という観点から導き出そうとした。バタイユにとってタブーは、人びとにとっての欲望の対象を禁止するものであると同時に、それを侵犯することに対しての強烈な感情を喚起するものである。したがって、タブーの侵犯という行為そのものは、危険を冒すという点で人びとにとって恐れ多いことであると同時に、恍惚とさせるものであるというのだ（バタイユ 二〇〇一：二三三頁、ヴュナンビュルジェ 二〇一八：九五頁）。

これに対し、ドイツの精神分析者ジークムント・フロイトは、同じように近親相姦というタブーの侵犯の一種に依拠しながら、魅惑と畏怖の二面性についてバタイユとは全く異なる帰結をなした。子どもたちは父なるものに恐れをなしながら、同時に魅了されることになるが、フロイトによれば、それは父なるものの命令を内面化し、父なるものへと潜在的に同一化しているからに他ならない。したがって、タブーの侵犯の一種である母親との近親相姦は、バタイユのようにその行為そのものが有する意味からではなく、父なるものへの恐怖と憧れから説明されるのである（フロイト　二〇〇九）。

最後に、ルーマニア出身の宗教学者ミルチャ・エリアーデは聖なるものの二面性を、心理的にだけではなく、「聖体示現《ヒエロファニー》」からも説明することができると論じている。[2] 彼によれば、神秘的な時間と空間を現出させる聖なるものの顕現は、人びとの実存をより高め強化していくという面で、人びとを惹きつけるものであるが、それと同時に自らのこれまでの存在を失う危険があると感得されるという面で、人びとを恐れさせることになる（エリアーデ一九六八：四五―四六頁）。

以上、フレイザー、デュルケーム、オットー、バタイユ、フロイト、エリアーデら、一部ではあるが代表的議論を検討すれば明らかなように、聖なるものの二面性は各々の論者によって三者三様に解釈されており、統一的な見解を期待することは難しくなっている。これらの議論に対し、イギリスの人類学者メアリー・ダグラスは、フレイザーの聖なるものの二面性に関する議論を参照しながら、この二面性を原始宗教特有の現象として還元することに反論すると同時に、そもそも二面性など存在しないということを主張する（ダグラス　二〇〇九：四五・四九頁）。彼女によれば、不浄なるものは、体系的な秩序から逸脱する異例《アノマリー》なるものであると同時に、既成の秩序を新たに再編することを促す原動力となるものである。したがって、聖なる宗教的儀式において、しばしば不浄なるものが使用されるのは、聖なるものが不浄であると混同されているのではなく、この不浄なるものを契機として新たに聖なる秩序を更新しようとするからに他ならない、というわけなのだ。

二　「聖なるもの」と権力

メアリー・ダグラスと同様に、聖なるものの二面性が幻想に他ならないと結論づけたのが、ジョルジョ・アガンベンである。彼は、聖なるものの「曖昧さ」(ambiguity)を「両価性」(ambivalence)として実体化する宗教的言説を、大胆にも一括して斥ける。すでに確認した、聖なるものを魅了するものであると同時におぞましいものであるとする心理的見解（デュルケームやオットー）については、「凡庸のきわみ」であるとし、バタイユの同じような見解についても「曲解」であると一蹴するのである（Agamben 1998＝アガンベン　二〇〇三：一一二―一一三頁）[3]。その上でアガンベンは、聖なるものの議論にいち早く先鞭をつけたロバートソン・スミスに依拠しながら、この「曖昧さ」に関する問題について考察を展開していく。アガンベンはスミスのタブーと「締め出し」(ban)に関する考察に注目する。スミスは、罪人あるいは共同体とそこで祀られている神に敵対する者たちが締め出されることが、『ミカ書』や『レビ記』の中で「奉献する」(consecrate)や「捧げる」(devote)という用語によって表現されているということに注意を促している。崇拝の対象として祀られるわけではないにもかかわらず、罪人や敵対者の締め出しに対してこのような表現が用いられることについて、アガンベンは「聖なるものの曖昧さ」に酷似する「締め出しの曖昧さ」を見て取ることができると主張する。つまり、締め出された者たちは、「奉献する」や「捧げる」という名が冠せられる点において、共同体の一部として包摂されているにもかかわらず、彼らは死をもたらすほど苛烈なまでの共同体の暴力の対象となる点において、共同体から排除されているのである。

アガンベンは、聖なるものの曖昧さの由来は、まさにこの締め出しの曖昧さにあると結論づけようとする。「締め出し——タブーと同じものとされている——の分析は、聖なるものの曖昧さの教義が生まれるにあたって、はじめから決定的なものとして働いている。包摂することで排除するという締め出しの曖昧さが、聖なるものの曖昧さを含意している」（Agamben 1998＝アガンベン　二〇〇三：一一〇頁、傍点筆者）。このように、彼は聖なるものの二面性を、締め出しをおこなう「主権権力」（sovereign power）にもとづく論理の相の下で把握しようとする。自らを法秩序の外部に位置する例外とみなし法秩序を創出する主権権力は、アガンベンによれば、法の適用が停止された例外状態について決定する力をも有している。[4] これによって執行される締め出しは、人びとを法規範の内に包摂しているにもかかわらず、法規範の外へと位置づけるものである。このような主権権力にさらされた人間こそが、アガンベンにとって聖なる人間《ホモ・サケル》である。聖なる人間は、崇拝の対象として犠牲に処されることもなく、現行法に保護されることもなく、ただ剝き出しの生として扱われる。彼らは法秩序の中に包摂されながらも、法秩序の庇護を受けることのできない状態なのだ。[5]

　アガンベンは聖なるものの二面性を、主権権力によって左右される幻想に他ならないものであるとし、聖なるものそれ自体についても規定していない。したがって、アガンベンの主権権力に基づくアプローチは、聖なるものそれ自体の作用や効果を看過しているという点からして、不十分なものであると考えられる。これに対し、サウジアラビア出身の人類学者タラル・アサドは、聖なるものを「規律訓練」（discipline）権力の観点から論じ、これを主体化の効果を生むものと把握している。アサドにとって、聖なるものを考察するにあたっての出発点となるのは、デュルケームの議論である。アサドは、聖なるものが俗なるものから切り離された存在であるとするデュルケームの宗教本質主義的見地を斥ける一方で、[6] 聖なるものを道徳的な力を有するものとして定式化するデュルケームの見識は受容しながら、次のように述べている。「聖なるものは、主体にのしかかる超越的な力であると同時に、恐るべき結果がもたらされるという脅威の下で侵害――俗なるもの――を禁じられた空間でもある。要するに、「聖なるもの」は神秘的で神話的なものとして、道徳上および行政上の規律訓練の焦点として、形成されるに至ったのである」(Asad 2003＝アサド 二〇〇六：三九頁、傍点筆者)。このように規律訓練に基づく主体化を強調するアサドは、彼自身によって明記されていないものの、次のように聖なるものを理解しているように思われる。すなわち、デュルケームによって捉えられた聖なるものの二面性を踏襲しつつ、聖なるものの魅力はもちろんのこと、そのおぞましさをも人びとを聖なるものへと引き寄せ、かつこれに対する侵害をとどめさせる作用である、と。

この点から、アサドにとって聖なるものとは、何が優先され何が無視されるのか、あるいは何が尊重され何が蔑視されるのか、といった価値の境界線を引くための標識となるものであり、これによって何らかの価値を超越的に基礎づけ、その価値を優先する主体＝臣民を作り出すための技術装置の一種である、と言えるであろう。アサドは、近代以降の自由主義やナショナリズムの基礎づけにも、聖なるものが折に触れて様々な形で貢献していることを確認しながら、「近代の世俗国家の機能と待望にとって不可欠な言説の一部」となっていることを論じている[7]。

以上、アガンベンとアサドの聖なるものに関してそれぞれ概観した。この議論から明らかなことは第一に、聖なるものは単に超自然的な価値体系であるばかりではなく、包摂と排除の力学を生み出す要因となることである。そして第二に、一方でアガンベンは主権権力における包摂と排除に目を止め、法によって宙づりにされた排除された者たちの形象を聖なる人間として論じたが、他方でアサドは、規律訓練権力における包摂と排除に目を止め、同質的なものと異質的なものをめぐる境界線を引き、人びとを主体化させる技術装置として聖なるものを把握しているということである。

三　「統治」の系譜

以上のように、アガンベンとアサドは、「聖なるもの」と主権権力および規律訓練権力との関係性を批判的にかつ先鋭的に論じている。アガンベンは、「聖なるもの」が、包摂されるべき対象と排除されるべき対象とを峻別し、その間に境界線を引くという役割を、主権権力に随伴する形で担っていると主張する。そしてアサドは、規律訓練権力の行使に際して、価値ある生を持つとみなされる存在と、そうみなされない存在――その生が価値のないものとみなされるがゆえに主権権力の暴力にさらされる存在――とが、分割されることに対して正当性を与える原理こそが、「聖なるもの」である主張する。ここで、アサドが主張する「聖なるもの」による分割は、アガンベンの主張する、主権によって引かれる境界線とパラレルであることが理解されるだろう。

しかし、主権権力は、なぜそのように生を分割するのであろうか。また、そのような分割は、本当に主権権力によるものなのであろうか。むしろ、それは主権の問題というよりも、統治の問題なのではないだろうか。ここで、主権と統治の関係について、より注視する必要がある。われわれは、一般に主権権力と統治権力を直ちに同一視する傾向にあるが、ミシェル・フーコーに従えば、こういった理解はミスリードであると言わざるをえない。なぜなら、主権権力と統治権力、もしくは主権（sovereignty/*souveraineté*）と統治性（governmentality/*gouvernementalité*）、それに加えて規律訓練（discipline）は異なった出自と系譜を持ち、その意味では、もともと原理的に異なったものであるからだ。そうであるとすれば、主権と統治、そして規律訓練をそのまま一つの権力として結びつけ、その権力の対象として個々の存在の生が見出されるという理解に対しては、われわれはひとまず留保をしなければならない。そして、このような理解へと直接向かう前に、まず、統治とは何かということを、明らかにせねばならないであろう。そこで、以下ではフーコーの議論に従い、統治の系譜について簡単に検討してみたい。

フーコーが「全体にかつ個別に」(*Omnes et Singulatim*)という表現を利用して述べたように、統治性を最も特徴づけるのは、それが全体化しつつ個別化する権力であるということだ。フーコーは、このような形態を持つ統治性権力を、「羊飼いとその群れ」という比喩を使いながら、「司牧的権力」と呼んでいる。政治学者バリー・ヒンデスによれば、このような羊飼いとその群れという比喩は、「統治の目標とは、その主体の福利を、細やかかつ包括的な振る舞いの制御という手段によって、促進するものであるということを意味している」(Hindess, 1996, p. 118)ということ。つまり、羊飼いの目標とは、個別の羊の生に配慮し導いてやることで、全体的な群れの生の増大を図るというものなのだ。しかし、ここにはパラドキシカルな関係性が見られる。なぜなら、羊飼いは群れのために個別の羊を犠牲にする一方で、はぐれた羊を助けるために群れ全体を放置し危機にさらすこともある、という可能性もあるからだ。このように、パラドキシカルな形で作用するという意味で、個別を全体性へと一方向的に向かわせる規律訓練権力と異なり、「行使される当の者たち自身を目的と」(フーコー 二〇〇七b:一五九頁)するという意味で、行使する者自身を目的とする主権権力とは異なる権力、これこそが司牧的権力=統治性なのである。興味深いのは、フーコーが、こういった権力はギリシア―ローマ的な政治をめぐる思考とは全く異質であり、「この考え方が西洋世界に導入されたのはキリスト教会を中継ぎに」(同書:一六〇頁)したものである、と述べていることだ。しかし、この司牧的権力は、直ちにユダヤ―ヘブライ的なものであるというわけではない。むしろ、キリスト教特有の思考法こそが、この権力の背景にあるものだ、ということをフーコーは強調しているのである。

このような司牧的権力が明白な政治的原理として具体化したものが、「国家理性」(*raison d'état*)である。フーコーによれば、「国家理性」とは国家独自の合理性に基づいて、国家を統治するための技術であるという。この国家理性もまた、主権とは異なる原理として提示されている。なぜなら、主権とはそもそも神の合理性――すなわち、権力を行使する側の合理性――に従うべき原理と見なされていたのに対して、国家理性とはそれとは異なり、権力を行使する対象において見出される合理性に従う原理として、出現したものであったからだ。つまり、真の意味では「神は統治していない」、そして「主権的に君臨している」（同書：二九一頁）。換言すれば、主権とは、神の支配を模倣して権力を行使することであり、それとは別の、国家固有の、国家独自の原則を見出し、それの合理性に従って権力を行使することこそが、国家理性の目的とされたのである。

フーコーによれば、国家理性の台頭を予兆づけるのが、マキャヴェッリによる『君主論』である。この『君主論』が十六世紀に著された背景には、神学的コスモロジーへと接続された、神によって創造された合理的一般的諸法則――「自然の原則」（*principia naturae*）―の領域としての「自然」から、それとは異なった、合理性を持つ領域としての「国家」（*ratio status*）が分離されたという事情があるという。十三世紀の神学者トマス・アクィナスは、主権者たる王による統治は、神が創造した世界の神による支配と類比されるものでなければならないと主張した。つまり、神と王は類比的に連続しており、国家はこの連続の中に位置づけられるものとして理解され、王は神の打ち立てた諸原則へと国家を従わせることをその統治の目標とする、とされていたのであった。ここでは、「主権の行使からの延長で（中断のない連続性において）主権者は統治でき」（同書：二九〇頁）、それは自然の一般的法則に従うということを、意味していたのである。十六世紀に登場し始めた科学的言説は、こういった神の一般原則＝「自然の原則」を解明することをその目標としていた。それに対して、マキャヴェッリによる非倫理的で現実主義的な統治論としての『君主論』は、国家と政治特有の領域の誕生を示すものであった。なぜなら、そこで議論されていたことは、神の打ち立てた自然の諸原則とは別の独自の合理性とシステムを持つものとして、国家が認識されるようになったということを意味していたからである。ここに、主権者が主権とは別の問題として、統治を試行せざるをえなくなるという事態が生じたのであった。

しかし、『君主論』は、いまだ権力を行使する者＝主権者・君主の権力を高めることを目的としており、その意味で統治権力としては、いまだ完全なものではなかった。そして、このような『君主論』的な議論に対して、統治の対象としての国家を構成する要素それ自体の持つ、合理性に即した統治を可能にする原理と技術として見出されたものこそが国家理性であったのである。フーコーは次のように主張する。すなわち、「マキャヴェッリが救済・救出しようとしているのは国家ではなく、君主が支配を行使する当のものとのあいだにもつ関係」であり、「マキャヴェッリは最終的に統治術の時点で退けられ」（同書：三〇〇―三〇一頁）、それに対して統治術としての「国家理性という革新」（同書：二九八頁）は、「ガリレイのスキャンダルと同じくらい大きなスキャンダルを惹き起こした」（同書：二九九頁）と。

国家理性に従った統治技術の典型として注目すべきなのが、十七世紀以降、内政もしくは警察という意味を持ち始める「ポリス」（*police*）である。ここでのポリスとは、今日的用語とは異なり、「良い国家秩序を維持しつつ国力を増強しうる諸手段の総体」（同書：三八九頁）のことを意味し、それは、ヒンデスが述べるように、「社会の発展と個人の生活の改良という関心において、社会生活の包括的な制御に対する責任」（Hindess, 1996, p. 120）を持つものとみなされていた。とりわけドイツでは、このポリスの基盤となる学知が独自の発展を遂げ、十七世紀末までに内政学あるいは警察学《ポリツァイヴィッセンシャフト》（*Polizeiwissenschaft*）として、理論的に構成されていった。このポリツァイヴィッセンシャフトは、「人間たちの共存と交流」（フーコー 二〇〇七b：四〇三頁）をその対象領域としており、「ただ生きるというよりましなこと、ただ生きるという以上のこと」（同書、四〇四頁）を問題にしながら、「「国家の壮麗さと個々人の外的な至福」を確保する諸手段のなす総体」（同書：四〇五頁）に関する知の構築を目指すものであった。つまり、ポリスを通じて諸個人の生に介入し、その生がただ生きる以上のものとなるように導いてやることで、「人間たちの共存と交流」の全体である国家の繁栄を目指すという方法を確立することこそが、ポリツァイヴィッセンシャフトの目的であったのだ。ここに、諸個人の生を対象とする政治権力、すなわち生-政治（*biopolitique*）の問題系が誕生することになる。そして、このようなポリスを通じた生-政治によって増強されるべき国力の要として見出されるものこそが、人口（*population*）なのである。フーコーは、「第一に「統治性」とは、人口を主要な標的とし、政治経済学を知の主要な形式とし、安全装置を本質的な技術的道具とするあの特有の（とはいえ非常に複雑な）権力の形式を行使することを可能にする諸制度・手続き・分析・考察・計算・戦術、これらからなる全体のこと」（同書：一三二頁）であると主張するが、このような「統治性」は、ポリスにおいてようやく整い始めると言えよう。

ポリスによる統治の対象として、人口という問題が前景化し始めるに伴い、その人口集団の外縁を決定する必要が生じ始めた。そして、このような外縁を決定するために動員されたのが生物学的な知であり、その結果生じたのが人種主義である、とフーコーは主張する。「人間種の生物学的連続体において、諸々の人種が現れ、人種間の区別やヒエラルキーが設けられ、ある人種は善いとみなされ、ある人種が反対に劣るとされるなどして、権力の引き受けた生物学的な領域が断片化されていく」（フーコー　二〇〇七a：二五三頁）ことによって生じるのが、人種主義なのである。このように、生-政治的に、介入し促進すべき生を持つ個人によって構成される人口集団と、そうでない人口集団とを切り分けるために、「人間種」という概念が発明され、統治される集団を境界づけるために活用されたのであった。

四　統治性と権力としての自由主義

十七世紀におけるポリスの誕生ののち、十八世紀にそれとはまた別の新しい統治性が誕生する。ポリスは国家理性に基づき、国家を構成する要素である人口集団特有の合理性を見出した上で、それに個別に介入しようとするが、その主要な「道具は統制・勅令・禁止・司令」（フーコー、二〇〇七b：四二二頁）であった。すなわち、「内政は統制という様式で介入する」（同上）のであり、このような統制的介入こそが合理性を達成手段であるとみなされていたのである。例えば、教育を受け、特定の職業に就き、不衛生な生活集団を改めることで自己の健康に配慮するということを、諸個人に対して強制することで個別の生を高めつつ、最終的には集団全体の力を高めるということを可能にしようとしたのである。しかし、一世紀後に現れた新しい統治性は、このようなポリス的な統治的合理性に対して、全く新しい合理性を提起するものであった。そのような合理性は、人為的な統制や強制ではなく所与の調整メカニズムに従うほうが、合理的な秩序は保たれると批判した。これこそが、経済的理性に従った統治を目指す（政治）経済学である。この経済的理性の誕生は、「国家理性に取って代わろうとしていた、というより、国家理性に新たな内容を与えようとし、つまりは国家の合理性に新たな形式をあたえようと」（同書：四二六頁）するものであったのである。

経済的理性が統治に利用すべく見出したものとは、「社会の自然性」である。この自然性は、神によって世界の本性として打ち立てられたような自然性＝自然の諸原則とは異なり、「人間どうしの関係に特有の自然性、人間たちが共住したりいっしょにいたり交換したり労働したり生産したりするときに自発的に起こることに特有の自然性」(同書、四三一頁)である。経済学者は、このような自然性のうちに内在する合理性が存在すると主張し、それを分析対象にしようとした。ここで浮上したのが、「人間に固有の自然性に特有な領域としての社会」(同書:四三二頁)、すなわち「市民社会」である。「社会」とは、経済的理性に基づいた司牧的権力=国家理性が見出した統治の対象であり、その意味で「市民社会とは、統治の思想(十八世紀に誕生した新たな形の統治性)が国家の必要な相関物として出現させたもの」(同書:四三三頁)なのである。また、このような「社会」の発見に伴い、人口にも新たな意味が付与されることになった。人口は単に一定の領域に住んでいる人の集団ということだけではなく、集団特有の自然的な法則を持つものであると認識されるようになったのである。つまり、「人口に内属する自然性」(同書:四二四頁)が経済的理性によって見出され、人口は「調整の内的メカニズムを備えている」(同書:四三五頁)とみなされるようになったというわけなのだ。

このような、経済的理性によって見出された「社会の自然性」、あるいは「人口に内属する自然性」は、そこに内在する合理性が最も効果的に計測される場所が想定されている。もちろん、それは市場である。経済的理性にとって、市場とは、自然的な調整メカニズムに従って合理性が形成される「真理陳述」(フーコー 二〇〇八:四四頁)の場所であり、そしてこのような「真理陳述」を可能にするために配慮されねばならないものこそが、諸個人の自由なのである。自由に振る舞う諸個人の相互的な関係性があってこそ、市場=社会の自然の調整メカニズムは効果的にかつ合理的に機能する。そして、経済的理性にとっての統治の目的とは、諸個人が自由に振る舞えるように、個別の生に介入する、ということなのである。こういった統治性を可能にする原理こそが、自由主義(liberal-ism)である。この新たな統治性としての自由主義は、「自由を生産し、自由を吹き込み、自由を増加させること、より多くの自由を導入することを、より多くの管理と介入によって行おうとするメカニズム」(同書:八三頁)を成立させようとするものである。このような自由主義が、政治的な解法を意味するのでは全くないことは言うまでもないであろう。自由主義的統治性の出現とは、「個々人の自由および個々人の根本的法権利を尊重するような法的骨組みを統治が自らに与えるようになる」（同書：七六頁）ということでは全くなく、「統治には経済的なメカニズムをその内奥の複雑な自然本性において認識する義務がある」（同上）ということを意味しているのにすぎない、というわけなのだ。

このような自由主義的な統治性の一つの極としてフーコーがみなしているのが、戦後のドイツ新自由主義、いわゆるオルド自由主義である。オルド自由主義の目指したものは、自由主義的統治性を完全に達成するため——つまり、完全な市場の自由を達成するため——に、大掛かりな社会介入政策——「社会本位政策」（*Gesellschaftspolitik*）——を遂行する、というものだ。そこでは、国家と市場との関係の転倒が見られる。フーコーは次のように言う。「国家によって規定され、いわば国家による監視のもとで維持された市場の自由を受け入れる代わりに——経済的自由の空間を打ち立てよう、そしてそうした空間を国家によって限定させ監視させよう、というのが、自由主義の最初の定式化でした——オルド自由主義者たちが主張するのは、この定式を完全に反転し、市場の自由を、国家をその存在の始まりからその介入の最後の形態に至るまで組織化し規則づけるための原理として手に入れなければならない、ということです」（同書：一四三頁）と。つまり、オルド自由主義とは、国家統治の合理性を完全に市場の合理性に委ねるものであり、仮に市場を通じて問題が起きたとしても、それは市場の問題ではなく、それを取り巻く国家と社会の問題である、と主張するのである。一方で市場の完全なる自由放任を目指し、その一方ではその実現のために社会への大掛かりな介入をおこなう統治。これこそが、オルド自由主義が理想とする統治である。このような統治性によって実現される社会とは、あらゆるものが民営化され、それに抵抗する要素は全て取り除かれる、

「競争のダイナミズムに従属した社会」（同書：一八一頁）であり、このような社会こそは今日における新自由主義（Neo-liberalism）が理想とするところのものである、と言えるであろう。

おわりに

以上、統治性の系譜について、簡単に見てきた。それによって、主権とは別の系譜を持つものとして、フーコーが統治性を論じていることが確認された。このような予備的な考察をおこなった上で、われわれが再び注目せねばならないことこそが、主権と統治、そして規律訓練の交錯という問題であろう。

フーコーは、統治という問題系が近代国民国家において浮上したということは、主権が政治的議論の舞台から退場したということを意味するのではない、と主張する。むしろ、統治性の浮上とは「主権の創設に関する問題をさらに先鋭化させるもの」であり、「ここにあるのはじつは主権・規律・統治管理という三角形」（フーコー　二〇〇七b：一三二頁）である、と述べている。つまり、統治性と主権、そして規律訓練という、近代国民国家において作動する権力の原理的差異に留意しつつ、それぞれの相互的な関係性を理解することが必要であるということだ。そして、その上で「聖なるもの」がこれら権力の相互的関係――あるいはドゥルーズの言葉を借りればダイアグラム(8)――にどのように関わっているのか、あるいは関わらないのか――もしくは関わっていたものが乖離していっているのではないか――ということを解明する必要があるだろう。

これは、フーコーによって予告されながら、最終的には明らかにされなかった問題系でもある。もとより、これこそが本巻の主要な目的であり、そして以下に続く諸章においては、このような主権と統治の関係が包摂と排除のメカニズムにどのように関わっているのか、そして、これらとの関係において「聖なるもの」がどのように展開してきたのか、ということが、論じられることになるであろう。

註

（1）アガンベンの「ホモ・サケル」プロジェクトの全体像に関しては、上村忠男の著作を参照（上村　二〇二〇）。なお、「聖なるもの」をめぐる西洋の宗教思想史に関しては、佐々木雄大の論考を、日本の宗教思想史に関しては、佐藤弘夫の論考をそれぞれ参照されたい（佐々木　二〇一八、佐藤　二〇一四）。

（2）「聖体示現《ヒエロファニー》」については、以下のエリアーデの文章の通りである。「人間が聖なるものを知るのは、それがみずから顕われるからであり、しかも俗なるものとはまったく違った何かであるとわかるからである。この聖なるものの顕現をここでは聖体示現（ヒエロファニー）という語で呼ぶことにしよう。（中略）およそ宗教の歴史は（中略）多数の聖体示現、すなわち聖なる諸実存の顕現から成り立っていると言ってもよかろう。最も原始的な聖体示現（たとえば何かある対象、石とか木に聖なるものが顕れること）から最高の聖体示現（キリスト者にとってイエス・キリストにおける神の化身）に至るまで一貫した連続が流れている。われわれはいつも同じ神秘な出来事に直面する」。（エリアーデ　一九六九：三―四頁）。

（3）なおアガンベンの引用に際して、ダニエル・ヘラー＝ローゼンによる英訳を参照しながら訳文に一部変更を加えている。

（4）なお、アガンベンはここでよく知られている通り、ドイツの法学者カール・シュミットの主権者に関する定義を踏襲している。「主権者は例外状態について決定する者である」と定式化するカール・シュミットの『政治神学』における冒頭部分を参照されたい。

（5）アガンベンにおける包摂と排除の問題系は、ハンナ・アーレントの人権についての省察を範例にしている。アーレントは、無国籍者たちには人権が付与されているにもかかわらず、国民国家の保護を受けない根無し草である限り、彼らが絶滅収容所に通じる死をもたらす暴力をこうむることを論じていた。

（6）宗教本質主義が斥けられるのは、聖なるものと俗なるものの二項対立が、実際には近代以降に編成されてきた諸言説の一部であるからである。例えば、以下のアサドの文章が参考になる。「聖なるもの（the sacred）と俗なるもの（the profane）の対立は普遍的とされるが、これを前近代の文章中に見出すことはできない。中世の神学において、もっとも支配的な対立は、神的なもの（the divine）と悪魔的なもの（satanic）――いずれも超越的な権力――、あるいは教会のもの（the spiritual）と俗界のもの（temporal）――いずれも現世的な制度――であって、超自然的な聖なるものと自然的な俗なるものとの対立ではなかった」（Asad 2003＝アサド 二〇〇六：三八頁）。なお、アサドの引用に際しては原著を参照しながら訳文に一部変更を加えている。

（7）「「聖なるもの」という用語は、フランス革命期に盛んに用いられるようになり、世俗的権力の堂々たる響きを獲得した。たとえば、一七八九年の『人間および市民の権利の宣言』の序文は「譲渡されえぬ、聖なる自然権」について語っている。第十七条では所有権が聖なるものだとされている。「祖国への聖なる愛」は十九世紀によく使われた表現である。（中略）今やそれ（筆者注：聖なるもの）は、近代の世俗国家の機能と大望にとって不可欠な言説の一部となったのである」（Asad 2003＝アサド 二〇〇六：四二頁）。

（8） ドゥルーズは、フーコーが論じる権力について、次のように述べている。「権力は力のある関係なのだ。あるいはむしろ、どんな力の関係も一つの「権力関係」なのだ（中略）力は決して単数で存在するのではなく、他の様々な力と関係していることが、その本質である。したがってどんな力もすでに関係であり、すなわち権力なのだ」（ドゥルーズ 二〇〇七：一三一頁）。そして、このような力の関係性の表出を、ドゥルーズはフーコーに倣ってダイアグラムと呼ぶ（同書：一三六頁）。

参考文献

Agamben, Girogio. 1998 [1995]. *Homo Sacer: Sovereign Power and Bare Life*, trans. by Daniel Heller-Roazen. Stanford: Stanford University Press.（二〇〇三『ホモ・サケル――主権権力と剝き出しの生』高桑和巳訳、以文社）
Asad, Talal. 2003. *Formations of the secular: Christianity, Islam, modernity*, Stanford: Stanford University Press.（二〇〇六『世俗の形成』中村圭志訳、みすず書房）
上村忠男 二〇二〇『《ホモ・サケル》の思想』講談社。
ヴュナンビュルジェ、ジャン＝ジャック 二〇一八［1981］『聖なるもの』川那部和恵訳、白水社。

エリアーデ、ミルチャ　一九六九［1957］『聖と俗――宗教的なるものの本質について』風間敏夫訳、法政大学出版局。

――　一九六八［1958］『大地・農耕・女性――比較宗教類型論』堀一郎訳、未來社。

オットー、ルドルフ　二〇一〇［1917］『聖なるもの』久松英二訳、岩波文庫。

佐々木雄大　二〇一八「〈聖なるもの〉のためのプロレゴメナ」江川純一・佐々木雄大・斎藤幸平編『ニュクス〈第一特集　聖なるもの、第二特集　革命〉』第五号、堀之内出版、一〇―二七頁。

佐藤弘夫　二〇一四「聖なるものへ」『岩波講座　日本の思想〈聖なるものへ〉』第八巻、岩波書店、三―二八頁。

シュミット、カール　一九七一［1934］『政治神学』田中浩・原田武雄訳、未來社。

スミス、ウィリアム・ロバートソン　一九四一［1894］『セム族の宗教〈前篇〉』永橋卓介訳、岩波文庫。

ダグラス、メアリー　二〇〇九［1966］『汚穢と禁忌』塚本利明訳、ちくま学芸文庫。

デュルケーム、エミール　二〇一四［1912］『宗教生活の基本形態――オーストラリアにおけるトーテム体系〈下巻〉』山崎亮訳、ちくま学芸文庫。

ドゥルーズ、ジル　二〇〇七［1986］『フーコー』宇野邦一訳、河出文庫。

バタイユ、ジョルジュ　二〇〇一［1961］『エロスの涙』森本和夫訳、ちくま学芸文庫。

Hindess, Barry. 1996. *Discourses of Power: From Hobbes to Foucault*, Oxford. Blackwell.

フーコー、ミシェル　二〇〇七a［1997］『社会は防衛しなければならない』ミシェル・フーコー講義集成Ⅵ〈コレージュ・ド・フランス講義 1975–76〉石田英敬・小野正嗣訳、筑摩書房。

――　二〇〇七b［2004］『安全・領土・人口』ミシェル・フーコー講義集成Ⅶ〈コレージュ・ド・フランス講義 1977–78〉高桑和巳訳、筑摩書房。

――　二〇〇八［2004］『生政治の誕生』ミシェル・フーコー講義集成Ⅷ〈コレージュ・ド・フランス講義1978–79〉慎改康之訳、筑摩書房。

フレイザー、ジェームズ・ジョージ　二〇一七［1890］『金枝篇――呪術と宗教の研究〈第七巻：穀物と野獣の霊〈下〉〉』神成利男訳、国書刊行会。

フロイト、ジークムント　二〇〇九［1913］『トーテムとタブー〈フロイト全集　第十二巻　1912–1913〉』門脇健訳、岩波書店。

第1部　差別と国民国家

——理論的考察——

第一章　近代主権国家における排除と差別の論理
――「公共圏」「統治」「聖なるもの」――

大村一真・苅田真司

近代国家は差別とは無縁のものなのであろうか。この章では、近代国家の正統性の根拠を再構成し、近代国家の原理に内在する排除と差別の契機を、「主権」と「統治」という二つの側面から摘出することを試みる。

はじめに

現代においても、差別はさまざまな形で存在している。特定の民族や人びとに対する伝統的な差別が賦活化される一方で、かつては存在しなかったさまざまな根拠に基づいて新たな差別が生み出されている。現代において差別生成のメカニズムはますます多様化しつつあるようにすら思える。すべての人間の平等な尊重という理念に立脚しているはずの近代国家において、なぜ差別はなくならないのであろうか。

現代における差別は、前近代のさまざまな制度や観念の残存であるという議論がしばしばなされる。こうした議論では、近代の政治的な原理は本来差別や排除とは無縁のものであり、したがって、その徹底こそが差別の解消につながるものと考えられている。しかし、近代主権国家がその姿を現してから二百年以上が過ぎた現在においても、なお差別が解消されない現実を見るとき、こうした「近代化の不徹底」論には疑問を抱かざるを得ない。むしろ、近代国家の原理の中にこそ、排除と差別を助長し、持続させるものがあるのではないだろうか。

本章では、近代固有の排除と差別の論理を、近代の政治的構成との関係で理解することを目的とする。近代主権国家は、法的には人民主権論と立憲主義によって構成されるが、そうした法的構成に政治的正統性を提供しているのは、「公共圏」における「人民」の合理的な討論という想定である。ここでは、この正統性の論理自体に内在する排除と差別の契機が検討の対象となる。

以下では、チャールズ・テイラーに倣って、近代主権国家の正統性の論理を簡単に整理した上で、そこに内在する二つの排除の契機について分析がなされる。第一に、ユルゲン・ハーバーマスの「公共圏」論を手がかりにしつつ、「公共圏」と「人民」という想定が持つ排除的な側面について検討する。ここでの排除は、合理性と同質性という、「公共圏」と「人民」が有すると想定されている属性そのものに由来するものである。第二に、この同質的な「人民」の概念が現実の統治対象と重ね合わされたときに生じる差異の問題を検討する。同質的な「人民」という前提は、現実の統治対象である人びとの間にある差異を際立たせる方向でも作用する。そうして特定された差異ある人びとに権力が行使されることで、差異が序列化され、排除の対象となる。こうした側面は、近代主権国家における「統治」の論理による排除とでも呼ぶべきものである。この排除も、「人民」という想定の帰結であり、それゆえ近代の主権国家概念と不可分の関係にある。近代主権国家は、正統性の論理から生み出される排除と、統治の論理から生み出される排除という、二つの排除を本来的に伴っており、それが現代における差別の再生産の基底にある。さらに、こうした「同質性」に基づく排除の論理は、近代的な主体の「二重の視点」に基礎を置くがゆえに、国家以外の主体による差別の根拠ともなりうることを本章では示唆したい。

ここで検討の対象とする近代主権国家の正統性の論理は、ヨーロッパにおけるそれを理念化したものである。もちろん、歴史的に見れば、ヨーロッパにおいてすら、こうした理念的な正統性の論理が純粋な形で実現したことはないであろう。しかし、この正統性の論理は、ヨーロッパにおいても、それ以外の地域においても、長らく規範的な力を有していたし、その事情は現在でも大きく変わらない。そして、その規範的な力そのものが、排除と差別の形成においては重大な意味を持つ。理念的に純粋化された近代主権国家の正統性の論理の内部において、なお排除と差別のメカニズムが作動しているかどうかを見定めることは、近代国家と差別の本質的な関係を考える上で重要な意味を持つであろう。

一　近代の「社会的想像」

近代主権国家の正統性原理の生成過程を論じた著書の中で、テイラーは、宗教改革以降に展開した近代の秩序理解の主要な特徴を、ウェーバーのプロテスタンティズム論を踏まえつつ四点に整理している。第一に、前近代的な階層的秩序が否定され、秩序の基盤が個人に置かれるようになったこと、第二に、その結果として、階層構造によって人間の存在が意味づけられるのではなく、自由に行為する個人が作り出す互恵的な関係の一部として個人の意味づけが与えられること、第三に、個人が、自由に行為しつつ互恵的な関係から利益を得るために、自らを規律し訓練しなければならないという理解が生まれ、そこから近代の主体性の感覚が生まれてくること、最後に、こうした自由や相互利益は、すべての参加者に対して平等に保障されているという了解である（テイラー　二〇一一：二六―三〇頁）。

それでは、「個人」「互恵性」「自律」「平等」を構成要素とする「近代」の秩序理解は、西洋において具体的にはどのような形をとったのであろうか。テイラーは、ここで「社会的想像（social imaginary）」という概念を導入する。社会的想像とは、「人が自分の社会的な実存について想像するしかた」のことであり、社会全体のイメージとその内部における自己および他者のあり方を規定しているものである（同書：三一頁）。つまり、われわれがどのようにして相互的に期待し合いながら自らの生活を方向づけるか、そして、この相互的期待と方向づけに基づいてどのように社会的に行動するのかを説明するものである。近代においては、個人は自らの存在をこの社会的想像との関係で理解するのである。テイラーが近代の社会的想像として具体的に挙げているのは、「経済」「公共圏」「人民」である。

これらの社会的想像の間にはいかなる関係があるのであろうか。社会的想像としてテイラーが挙げる第一のものは、「経済」である（同書：九七—一一七頁）。テイラーは、「経済」を「日常生活の聖化」というプロテスタンティズムの帰結であり、個人から出発する近代の秩序理解が到達する最初の社会的想像として理解している。「経済」は、個人による行為が相互に利益を生み出すような形で結びつけられた、内在的な因果関係によって駆動する自律的社会秩序として想像される。

「経済」という「社会的想像」の成立が重要なのは、それによって各行為主体が、行為を遂行するという行為者の視点に立つと同時に、客体として理解された社会秩序の一部として自らの行為を理解することが可能になるからである。テイラーは、これを「二重の視点（bi-focal）」の獲得と表現している（同書：一一一頁）。つまり、行為者は、自らの日常生活としての経済的行為を行っているのだが、それと同時に、自らの行為を、他の人間の行為との間で因果的な連鎖をなした一つの「全体」を作り上げているものとして理解し、そうした「全体」の一部として自己を了解するのである。個々人の経済活動の総体として、日常的な行為を超える「全体」が、想像の産物として生まれることになる。つまり、「社会的想像」とは、個人が何らかの形で結びついた「全体」を想像できる視点を獲得することなのである。そして個人は、この「全体」の同質的な構成部分として捉え返される。

こうして獲得された、自らを含む「全体」を想像するという視点から、第二の社会的想像である「公共圏」が生まれる（同書：一一九―一四五頁）。「公共圏」とは、直接の対面形態や多様なメディアを通じて、社会の成員が互いに出会うことが想定されている一つの共同空間のことである。この共同空間の中では、人びとは、平等な発言権を持ち、共通の利害に関わる問題について討論し、共通の意見を形成できるようになるものと想定される。もちろん、現実の意見のやりとりは、地理的にも人的にも限られた範囲でしか行われないであろう。しかし、この「公共圏」は、そうした現実に存在する局所的な共同空間の経験の上に、あらゆる人を包含する一つの想像上の共同空間を想像することによって成立する。その意味で「公共圏」は、非局所的な共同空間であり、「超場所的な（meta-topical）」空間なのである（同書：一二四頁）。

テイラーは、「公共圏」が他に依存することのない自律した存在であり、それゆえ自らを支配する根拠を自らの内部から生み出しうるものと考える。政治権力は、自律的で、それ以上遡ることのできない根拠としての「公共圏」に基礎づけられたとき、初めて正統なものとなるのである。しかし、他方で、「公共圏」は、政治権力そのものではない。「公共圏」は政治権力に正統性を与えるものではあるが、それ自体は、あくまで政治権力の外部にある。そして、そのことによって、「公共圏」には、政治権力を正統化するだけでなく、政治権力を外部から監督し抑制するという役割が割り当てられることになる（同書：一二四―一三一頁）。

こうした「公共圏」の勃興とともに生じるのが、第三の社会的想像である「人民」である（同書：一五七―一六二頁）。「人民」とは、政治権力よりも先に存在し、政治権力を創設するものとして想定される、「超場所的な」行為主体のことである。つまり、政治権力に正統性を与えるものとして「公共圏」がイメージされるようになると、そこでの集合的な行為主体として「人民」が想像されるようになるのである。こうして、「公共圏」における討論によって世論を形成する「人民」が、国家の正統性根拠を提供し、政治権力の源泉となるという、近代主権国家の原理が成立する。

以上が、テイラーが理念的に再構築した「近代」の政治的原理の図式である。この図式の歴史的な描像としての正確性についてはさまざまな批判があり得ようが、近代主権国家の正統性の論理を簡潔に図式化したものとして議論の出発点とすることは許されるであろう。

次に、このテイラーの図式を前提として、近代主権国家の別の側面を検討してみたい。テイラーによれば、近代主権国家は、「人民」によって構成される「公共圏」によって正統化されるが、同時に、「人民」は客体的な支配を受けるカテゴリーとしても成立する。ルソーの言を俟つまでもなく、「人民主権」における主体的行為者としての「市民」と、支配の客体としての「臣民」とは、表裏一体のものである(1)。

それでは、「客体」としての「人民」に対して、支配の作用を及ぼすのは誰であろうか。近代主権論の論理に従えば、人民主権によって構成される国家がその役割を担うように思われる。しかし、上述のテイラーの説明によれば、「公共圏」は国家を作り出すものではなく、国家に対して正統性を与えるものにすぎない。そこでは、国家なるものが公共圏とは別に存在しているかのように、テイラーは語っている。実際、テイラーは、「超場所的」という概念を説明する中で、公共圏に先行する「超場所的存在」として「国家」と「教会」を例示しており、公共圏に先行する存在としての国家の存在を示唆している（同書：一二四頁）。ここでの国家は、「公共圏」の中から生み出されるものではなく、それに先んじて存在し、それによって批判される国家である。[2]

ここで論じられている国家というのは、どのような存在であろうか。自律的な活動としての「経済」という社会的想像を論じる中で、テイラーは、「共同体全体に関わる事柄、あるいはそうした事柄の管理運営」という公共性が、「経済」によって代替されることを論じている（同書：一五一―一五六頁）。ここで前提にされているのは、近代の「社会的想像」に先立つ「共同体に関わる事柄の管理運営」の存在であり、それを担う主体の存在である。つまり、客体としての「人民」に支配を及ぼす国家は、「公共圏」の外部にある、近代以前において「共同体に関わる事柄の管理運営」という役割を担ってきた主体である。ここで、国家が担ってきたこの役割のことを、「統治」と呼ぶことにしよう。

「統治」の問題圏についての思想史的な分析を行った大竹弘二によれば、「統治」の起源は以下のようなものである。[3]宗教改革の混乱が、それまでの政治的な安定を破壊した結果、法に基づく支配が後退し、一時的な安定を目指して、君主が個別的な事態に秘密裏に介入する政治が常態化した。国家理性やタキトゥス主義と呼ばれる君主の権限に基づく支配形態である。近代主権国家に先行する国家は、このように個別的なものに配慮する「統治」の主体であったのである（大竹　二〇一八：一八八―二一六頁）。しかし、自律的な経済関係に基づく等価交換の原則と「公平性」という観念が浸透した結果、タキトゥス主義的な権力が依拠してきた個別的なものへの配慮としての統治が批判の対象となる。先のテイラーの「公共圏」の議論を重ね合わせてみれば、公共圏が批判の対象とした国家は、近代以前に存在していた「統治」の主体としての国家であることは明らかであろう。

テイラーは、近代における「公的」という言葉が、「共同体全体に関わる事柄」と「アクセスや公開性に関わる事柄」という二つの意味論上の軸を持っていることを指摘している（テイラー　二〇一一：一五一頁）[4]が、それらはともに、近代以前の「統治」が持っていた個別主義的かつ秘密主義的な性格への対立概念として成立したものである。したがって、「公共圏」は、秘密主義を排除した「アクセスや公開性」という意味での公共性を重視し、個別的な配慮を恣意的なものとして批判して、個人を平等に扱う一般的な法の下での支配を正統化する。「公共圏」による政治権力の特定の形態の正統化は、近代に先行する「統治」の議論との対比で初めてその意味が明らかになる（大竹　二〇一八：一一七―一四八頁）。

もちろん、近代国家の正統性の論理においては、「統治」は「執行」に名を変え、「主権」の下に置かれていると論じられる。しかし、執行権力をどのような形で法的に構成するにせよ、その権力行使の対象が個別的なものである限り、執行権の権力行使は、一般的な形でのみ法を規定することのできる「主権」の意思と食い違う可能性が常にある。それゆえ、ジョン・ロックは、人民の信託を受けて立法権を行使する議会とは区別された執行権が、「公共の善」のために法に反する大権を行使する可能性を論じたのであるし[5]、ジャン＝ジャック・ルソーは、主権者である人民自身による執行権の行使という観念に疑念を差し挟んだのである[6]。「主権」と「統治」のずれは、一般的な規定を個別的なものに適用するという形式そのものの中から生じる。例えば、個別的なものを構成する要素を明示し同定する作業の中に出現し、また、そうした個別的なものを一定の抽象化によってカテゴリー化する局面においても現れるであろう。

したがって、近代国家は、ある範囲内において通用する一般的な法に基づく支配を行う「主権」と、個別性をその本質とする「統治」の二つの領域から成立している。ジョルジョ・アガンベンが『王国と栄光』の中で論じているように、近代国家には二つの次元が存在する[7]。「人民」によって作られる「公共圏」によって正統化される「主権」国家と、近代国家以前から存在する、さまざまな対象に対して、個別の事情に応じた支配を及ぼす「統治」の国家である。そして、その両者は、「主権」によって定立された一般的な法規定を、「統治」が個別事例に適用するという図式には収まらない、多様な関係を有している。あるいは、そうした適用が行われるために必要な前提作業があり、それは「統治」に委ねられている、というべきかもしれない。

二 「公共圏」と「統治」における排除と差別の契機

テイラーの議論の特質は、近代社会に帰属する人びとに共有されているはずの社会像を「社会的想像」という形で類型化して提示したところにある。重要な点は、これらの社会的想像が、人びとにとって、自らの社会的意味を規定するものととらえられていることである。近代における自我は、社会的想像によって、社会的主体としての自らの位置と役割を認識する。前近代の社会において、「聖なるもの」が各人の生の意味づけを与えると同時に、その社会的な位置を指定していたとすれば、近代においては、これらの社会的想像が「聖なるもの」の一部を代位していることになるであろう。したがって、それは規範として、その社会における正常なものを規定し、自己のあり方を規律する。もっとも、近代の社会的想像は自律的な因果的体系であるので、その作動のために超自然的な存在を必要としていない。その意味で、近代主権国家は「世俗的」なものである。(8)

それでは、こうした社会的想像を基盤とする近代国家の論理のどこに排除と差別の契機があるのであろうか。テイラーの「公共圏」の議論の下敷きとなったユルゲン・ハーバーマスの公共圏論を引きつつ、近代的公共圏の特質について、さらに検討してみたい。

『公共性の構造転換』の中でハーバーマスは、公共圏を、「前近代的公共圏」(一般民衆が出入りする教会や一般民衆に公開される祝賀会および宮廷内部で行われる豪華絢爛たる社交の場）とは異なる「近代的公共圏」として描き出している。ここでの前近代的公共圏を統べる思想的原理は、階層的な価値体系を定立し、これによって日常性を超越する神的権威を実在化させる「聖なるもの」であると言えるだろう。この公共圏では、国王君主や高位聖職者および地方の支配身分といった特定の人格の権威が神々しい「聖なるもの」として顕現する。その方法は、宗教的儀礼、修辞的話法（荘重な語り口）、身体的挙措（会釈や佇まい）、風貌（服飾や髪型）、位章（印綬や武具）によってである。政治的な観点からすれば、この聖なるものの可視化は、カール・シュミットが初期近代における絶対主義国家に、あるいはエルンスト・カントーロヴィチが王の崇高な政治的身体に看取した通り、特定の政治的支配の正統性を付与し、政治的および社会的な秩序を統一された形で構成することを可能とするものである。

これに対し、近代的公共圏を統べる思想的原理は、「推論する理性」である。上述したようないかなる権威に対してもその妥当性を問い直し、その権威が特定の因習や偏見に基づくものであれば、この権威そのものを解体する理性の働きが、近代的公共圏では発揮されることになる。その方法は、当該の権威に基づく決定に対して論理的一貫性と形式的妥当性を要求することによってであり、その決定の手続きを透明化させる公開性の原則を要求することによってであり、このような一連の要求を集約した公論＝政治的意思を形成することによってである。この推論する理性は、「聖なるもの」によって掌握されていた政治的支配の正統性の付与を代位するものであり、国家権力が何らかの超越的な実体によって基礎づけられることを拒絶し、国家権力の外部に位置しながら、その正統性を「内在的」に創出することを可能とするものである。ここで「内在的」とは、推論する理性が、そこで行われる論証以外の力を借りずして、正統性を創出することである。

この推論する理性の支えになっているのは、人間性の理念である。人間性の理念とは、身分、民族、宗教、国家に対してではなく、ただ「人間」であるという観点から、私生活上の個々の男性や女性および子どもという人間的実存やその個性（主観性）に対して、優先的に配慮しようとすることである（ハーバーマス　一九九四：五四頁）。この理念は、親密圏および文芸的公共圏によって、さしあたり涵養されるものである（Cohen, Arato 1992, pp. 210–212）。第一に親密圏（家族）は、他者との感情的な一体性を形成する機会を与えると同時に、個々人それぞれが主観性を形成し、これにより、家族、パートナー、友人、自己自身へと配慮する能力を向上させる領野である。第二にこの親密圏の拡大された形態である文芸的公共圏（サロンやコーヒーハウス）は、そこに参加する個々人に、その出自や身分に応じた地位や評判という先入見なしに批評を実践する機会を与える領野である。この二つの能力の向上が、「人間」のための権利を要求する人間性の理念を醸成することになる。そしてこのような人間性の理念こそが、公共圏における理性の推論にとっての主導的な動機となるのである。

以上のように、「公共圏」は原理上、「聖なるもの」から成り立つ前近代的公共圏とは一線を画し、推論する理性および人間性の理念を通じて公論＝政治的意思を内在的に創出するものと解される。しかし、ハーバーマスの議論を子細に検討すればわかるように、「公共圏」の論理は、完全に内在的に閉じているわけではない。問題は、テイラーが「人民」と呼んだ、「公共圏」における討論の主体にある。ハーバーマスは、公共圏においては人間性の理念が主導的な役割を果たすと主張するが、その人間性の理念は親密圏と文芸的公共圏に由来するものである。文芸的公共圏では、文学作品に関する批評と応答とによって、親密圏における感情的一体性が、共感に基づいて自然に拡張されていく。つまり、文芸的公共圏は、批評の共同体であると同時に、相互の批評行為によって形成される感情的な同質性を伴った共同体でもあるのである。したがって、文芸的公共圏が公共圏の母体であるとするハーバーマスの議論に従えば、公共圏における理性的な討論が成立する背景には、そうした討論を行う主体の間の感情的な同質性が前提されていることになる。テイラーの表現を使えば、「公共圏」は、親密圏と文芸的公共圏で涵養された感情的な同質性を持つ「人民」の存在によって、初めて成立するものなのである。「想像」であるにしても、こうした同質性の存在するところに、排除と差別の契機が生じることは明らかであろう。

次に、近代国家を特徴づけるもう一つの側面である「統治」は、排除や差別とどのような関係を持つのであろうか。上述したように、「統治」は、「客体」としての人民から成る「全体」の維持と繁栄を目的としている。前近代の国家は、「聖なるもの」としての王を頂点とする階層秩序に基づく国家であり、国家そのものが「神秘的な全体」として「聖なるもの」と見なされていた。前近代的公共性が提示するのは、神的権威としての国王の身体であると同時に、それが代表する「全体」としての国家なのである。そして、前述のように、前近代における「統治」は、この「全体」としての国家の保存と繁栄のための、支配者の個別的な介入の側面を強調するものである。その対象となるのは、差異あるものとして特定された人びとである。なぜなら、差異なきところに個別化は存在せず、したがって個別的な介入も存在し得ないからである。

その意味で、「統治」の対象としての「人民」は、近代主権国家の正統化原理の想定する同質的な「人民」ではなく、差異と個別化に伴われた「人民」である。それゆえ、「共同体全体に関わる事柄の管理運営」という意味での公共性を、「統治」に代わって近代主権国家が担うことはできない。他方で、この意味での公共性が、テイラーがいうように自律的な体系としての「経済」に吸収されたとしても、そこにはやはり「統治」の役割が残存する。「経済」という体系の下で自由と利益を両立するためには、自己もまた、自律性を持つ一定の形式に規格化されなければならないからである。そうした規格化に応じる能力を持たない個人がいる場合、国家はその個人をさまざまな形で教育・訓練しなければならない。

したがって、「統治」は近代国家においても不可欠なものである。「共同体全体に関わる事柄の管理運営」を担うものとしての国家の役割が依然として必要とされるのは、社会的想像としての同質的な「人民」が到達不可能な想像であり、「経済」の恩恵にあずかることのできる自律的な個人は常に実現可能というわけではないからである。「統治」は、「全体」のために個別的なものに介入する。同質的な「人民」を作り出すために、あるいは、自律的な個人を作り出すために、そこからはみ出す存在を教化し、教育・訓練の対象とする。そして、その過程において、「人民」の内部に無数に存在する差異から「統治」の対象である個別的なものを維持し、作り出し続ける。それは、共同体全体の繁栄や運営のために障害となるものを除去するための介入であり、それによって、「経済」や「公共圏」の構成員にふさわしい存在へと、人びとは「主体化」されるのである。そして、そうした基準にそぐわない人びとは、特定され、個別化された上で、排除されたり、規律化されたり、「生きさせ、死ぬがままに」されたりするのである。

公共圏における集合的行為主体としての「人民」と、統治の対象となる客体化された「人民」という、二つの「人民」概念は、「主権」と「統治」という、二つの近代国家像の帰結である。そして、この「人民」の両面に、排除と差別の契機が内在しているのである。

三　近代における差別の論理

すでに確認してきた通り、「公共圏」は、人間性の理念に基づいて推論する理性を使用するに際して、「人民」という同質的な行為主体を前提としていた。このような「人民」という同質的なカテゴリーとそれに基づく主権の構成という観点から、「公共圏」における排除の契機を明らかにすることができる。同質性を創出するメカニズムと連動しているのは、同質性に属さない異質なものを排除する現象であるからである。

ハーバーマスのいう近代的公共圏における排除の局面は、従来しばしば、近代的公共圏がブルジョワ的な公共圏であったという歴史的事実から導き出されてきた。すなわち、近代的公共圏が保護しうる「人間」はブルジョワ男性に他ならず、この「人間」＝ブルジョワ男性という等式から除外される女性、労働者、無産者、被植民地民、移民、性的少数者等は、公共圏の構成員と見なされていなかったという点が、批判の対象となっていた。しかし、近代的公共圏の問題点は、特定のカテゴリーに属する人びとが歴史的に排除されていたことそれ自体にあるのではない。むしろ、そうした特定のカテゴリーの人びとの排除を許容する契機が内在している点が問題なのである。

近代的公共圏における排除の契機は二つに区別できる。まず、第一の排除の契機は、「推論する理性」に関わるものである。「公共圏」は、推論する理性を用いて行われる討議空間として定義されている。したがって、そうした推論する理性を有していない存在は、本来的に排除されることになる。例えば、知的障がい者や精神病者のような理性を持たないと見なされた存在は当然のように「公共圏」からは排除されるし、宗教的な情念に囚われているために理性を行使することができない「狂信的な」信仰者も、ここからは排除される[9]。

第二の排除の契機は、「公共圏」の行為主体である「人民」が一定の感情的同質性を持っているという想定に関わるものである。ここから、そうした感情的同質性を有すると見なされない存在が排除の対象になる[10]。上述した近代的公共圏の「ブルジョワ男性」的な偏向は、家父長制的家族制度のもとにある市民層からなる文芸的公共圏を基盤として、一八世紀の公共圏の行為主体が構築されたことの帰結である。現代においても、民族的・宗教的少数派や移民に対する差別はその例となろうし、帝国の下における植民地住民への差別も、このカテゴリーに当てはまるであろう(11)。

この公共圏における排除の問題をめぐるハーバーマスの応答は、第二の契機を主題とするものであった。例えば、彼は『公共性の構造転換』の再版に際して、公共圏を「自己言及的なもの」であるとし、同質性を共有しない他者との関係を絶えず築き上げていく「自己転換のポテンシャル」を有する領域として定式化している(ハーバーマス 一九九四:xi頁)。その一環として、彼は、世俗的市民とは異なる感性を有している非宗教的市民を、どのように公共圏へと包摂することができるのかを構想している。そこでは、私事化されかつ曖昧な宗教的言語を理性的に「翻訳」することを通じて、公共圏のなかで非宗教的市民と宗教的市民が新しい関係を築き上げる包摂のプロジェクトが提唱されている(ハーバーマス 二〇一四:二八頁)。

しかし、こうしたハーバーマスの応答にも関わらず、依然として第一の排除の契機は公共圏に残存している。このことを強調する議論を展開するのが、タラル・アサドである。彼によれば、公共圏にとって不可欠となるのは「言葉を話す身体的能力」ばかりではなく、むしろ「話を聞いてもらう身体的能力」である(アサド 二〇〇六:二四二頁)。彼からすれば、いかに公共圏が包摂のプロジェクトを試みたとしても、このプロジェクトでは聴取し得ない他者は無数に存在し続けることになる。すなわち、どれほどまでに「人民」と「人民ではないもの」が新しい関係を結ぼうとしても、この関係に解消されることのない無数の曖昧で不可解な他者が存在することになる。アサドは『リベラル国家と宗教』の中で、宗教的言語が世俗的言語へと翻訳されるべきであるとするハーバーマスの包摂のプロジェクトに対し疑義を示している。彼によれば、ハーバーマスによる翻訳は理性による実践的活動である限り、あらかじめ「自律的で自己支配的な行為主体」を前提しており、そこには一定の制約が存在し続ける。換言すれば、ハーバーマスの翻訳という試みは、結局のところ翻訳可能なものの範囲でしか行われず、翻訳し切れない残余が存在するという翻訳不可能性という問題を看過している（アサド　二〇二一：六四―六五頁）。アサドからすれば、普遍化し切れない部分を包摂しようとするハーバーマスの議論は、依然として、普遍化可能な部分／普遍化不可能な部分という二項的な前提を想定しており、この前提に解消し尽くすことのできない残余の存在を見落としてしまうのである。

それゆえ、「公共圏」における排除は、近代主権国家に本質的なものである。「公共圏」は、「人民」の同質性を維持するために、その外部に位置する「人民でないもの」を絶えず再生産せざるを得ない。アサドの議論が示唆しているのは、公共圏の包摂の力学を強調するばかりではなく、包摂の徹底によってもそこから排除される残余はなお存在し続けることを念頭に置く必要があるということであり、どのようにして実際に公共圏で「人民」が表象されているのかを絶えず解読していかなければならないということであろう。

次に、「統治」が生み出す差別の論理について検討しよう。上述したように、統治は、支配の対象としての「人民」に個別的に作用する。「統治」の対象となる個別的なものとは、現実の人びとが持っている差異である。近代の「統治」は、客体としての「人民」を規範としての近代的な社会的想像と重ね合わせることで、「人民」の間にある差異を認識可能にし、「人民」の内部に境界線を引いてカテゴリー化する。こうして、近代の社会的想像は、「統治」の論理を通じて、「人民」の内部に存在する差異を再確認させ、強化し、場合によっては新たに創出しさえする。

このカテゴリー化は、社会的想像としての「人民」を規範として認識されるため、差異ある人びとは、その規範にそぐわないものであり、劣った地位にあるものとして理解されることになる。こうして統治による差異の確認あるいは創出が、差異の序列化を生み出し、その差異に対する否定的な価値観を伴った感情である差別を生み出す。

過去の差別構造を解消するための諸政策ですら、差別されている人びとの存在を再確認させることにつながる。その意味で、近代の普遍的な「平等」の理念に依拠する差別解消の主張は、常に両義的であらざるを得ない(11)。

しかし、「統治」によるカテゴリー化と序列化は、劣ったものとして特定された人びとを、共同体の外に排除することではない。それは、共同体の内部にいるからこそ「統治」の対象なのであり、「統治」の作用は、共同体の内部にそうした人びとを留める一方で、そうした人びとをスティグマ化するのである。

近代国家は、一方ですべての「人民」を平等に扱うという論理を使いながら、他方で、「統治」のために、「人民」をカテゴリー化し、差異化している。それによって、「人民」に新たな差異が作り出され、あるいは、「人民」に存在するさまざまな差異が再活性化され、価値的な序列が成立することで、差別へとつながっていくのである。

四 「聖なるもの」と「排除」

近代主権国家の正統性の論理そのものの中から生み出される差別の論理には、二つのものを区別することができる。一つは「公共圏」に基づく正統性の付与という論理から生み出される差別である。それは、ある特定の範囲の人びとを「人民」という主権の構成主体として想定することに由来する。「人民」は常に示差的な形でしか定義できず、「人民でないもの」を引照することによってしか定義することができないとすれば、「人民」の定義は常に「人民でないもの」との間に境界線を引くことによってのみ可能になる。主権とは、公共圏の内部と外部を分割する境界線を引くことによってのみ成立する。したがって、正統性の論理における排除は本質的なものである。もう一つの近代が生み出す差別は、「統治」に関わるものである。そこでは、客体化された「人民」がカテゴリー化され、「人種」化され、社会的想像という規範に照らして権力が行使される。そうしたカテゴリー化は「統治」に不可欠なものであり、不断に繰り返される。そして、そのカテゴリー化された集団が、統治作用の結果として、不断に外部に表示されることで、「平等」であるはずの人びとは分断され、序列化されて、差別へとつながっていく。

それでは、こうした「人民」と排除の論理は、「聖なるもの」とどのように関係しているのであろうか。上述したように、ハーバーマスは近代的公共圏から、主権の正統化原理としての「聖なるもの」を放逐しようとした[12]。しかし、「聖なるもの」は、完全に消滅したのであろうか。テイラーは、「社会的想像」に基づく近代国家の正統性の論理を詳述した後で、こうした正統性の論理は、偶有的な集団よりもはるかに強い帰属関係を人びとが受け入れる場合にのみ、「人びとの同意を取り付けることが可能になる」(テイラー 二〇一一：二七四―二七五頁)と論じる。この「人民」を形作る想像上の帰属意識は、純粋に文芸的公共圏から生じることはなく、現実には何らかの共通性や共同性を背景にして成立せざるを得ない[13]。そうした感情的同質性の感覚のことをテイラーは「政治的アイデンティティ」と呼んでいるが、それは、その政治的共同体が持つ特別な凝集性の根拠となるものである。テイラーは、こうした政治的アイデンティティが、現実には、実体的に存在する文化的・民族的共通性によって確保されると論じる。その結果、さまざまなエスニックな要素を用いた政治的アイデンティティの確立が行われるのである。普遍的な原理に基づくはずの公共圏の議論が、ナショナリズムと結びつく所以はここにある。そして、この政治的アイデンティティを生み出す最も重要な要素として、宗教あるいは神が存在するのであり、それこそが近代国家における宗教の位置であるとテイラーは論じる。「神こそは政治的アイデンティティの中でも際だった存在である」からである。ここでは、ナショナリズムと結びついた特定の宗教的要素が、人民主権を支える政治的アイデンティティの基礎になっているという意味で、前近代的な「聖なるもの」と結びついた宗教が、依然として近代国家の中で特別な位置を占めている（同書：二七六―二八二頁）。

テイラーは政治的アイデンティティへの同一化に対する自発性の要素を重視しているが、国民国家批判で夙《つと》に論じられてきたように、特定の民族的・文化的アイデンティティへの一体感は、自然なものであるというよりは、作り出されたものである。人びとは、近代国家の政治的アイデンティティに自然に一体化するのではなく、それに一体化するように教育・訓練されるのである。その意味で、こうした政治的アイデンティティは、特定国家における主体の形成過程に不可分に結びついている。民族的あるいは文化的な共通性が人為的に構築されるとき、それはネーションの感情的一体性と同質化の感覚を強く促すものとして機能する。そして、「統治」がその権力行使の対象とする差異は、こうした政治的アイデンティティと一体になったときに、初めて対象として立ち現れるのである。

ところで、近代における「聖なるもの」は、このような形で「同質性」を補完するために近代国家の正統性原理に埋め込まれた、前近代的なものに限定されるのであろうか。テイラーの政治的アイデンティティ論は、近代国家の正統性の基礎にある「人民」という「社会的想像」を現実化するために必要とされている。この「人民」という「社会的想像」の本質的な役割は、個人を包含しつつ、個人の力の及ばないところにある、個人を超越したある領域を、個人に現前させるところにある。その領域は、潜在的ではあれ、ある境界線によって成立するという意味において、その内部に一定の同質性を想定させる。序章の議論を踏まえるならば、公共圏によって構成される主権は「人民」に含まれる対象と、そこから排除される対象との間に境界線を引く一方、統治はこの境界線そのものを規律訓練権力や統治性権力を介しながら強化していく。この主権と統治の両局面によって創出され、維持される境界線内部の領域の存在の感覚、すなわち個人が帰属する、しかし個人の力をもっては動かしがたいある領域の存在の感覚こそが、近代における「聖なるもの」として経験されるのではないだろうか。テイラーがいう政治的アイデンティティも、前近代の「聖なるもの」が、同じ性質を近代でも持ち続けていると理解すべきではなく、むしろ近代における「人民」という同質的な領域を象徴するものとして、新たに「聖なるもの」としての性格を帯びるのではないだろうか。その意味では、近代における「聖なるもの」は、人びとの間に走る境界線とそれによって分割された同質的な領域として経験される。それは、個人の力によって作り出されたものではなく、個人の力をもっては動かしがたいものであるからこそ「聖なるもの」としての性質を帯びるのであり、個人の生を超えた至上の価値を有するものと見なされるのである。

このような同質的な領域として想像されるものは、主権国家によって分節化される「人民」だけではない。それは、近代的な主体が獲得した「二重の視点」に由来するものである以上、さまざまな境界線が同質的な領域を構成するものとして想像され、個人の力をもっても動かしがたい「聖なるもの」とされ、価値的に上位にあることが自明であるかのごとく見なされうる。この視点の獲得が近代的主体の条件である以上、同質的領域の想像に基づく排除と差別の論理は、近代国家の正統性の原理を超えて、あらゆる同質的領域に一般化されうる。そして、何かが同質的な領域として想定されることによって、それを規範として差異が認識され、その差異を劣ったものと見なして匡正《きょうせい》しあるいは生かす権力が駆動する。そうした権力行使の主体もまた、国家以外のさまざまな行為主体に拡張されうる。近代国家の正統性の論理は、近代における排除と差別の範型としても機能しているのである。

排除と差別の論理は、近代国家の正統性の論理に内在するものであり、それゆえ近代国家に常につきまとうものである。近代国家は、それ自身の正統性の論理に忠実であればするほど、排除と差別の対象となる存在をますます強調していく側面を持つ。主権を構成する「公共圏」における「人民」の創出と「非人民」の排除、この分割を補強し再生産する「統治」を介した差別、そしてこの排除と差別に付随する同質性の感覚としての「聖なるもの」。

これらを抜きにして、現代における排除と差別を語ることができるのであろうか。近代国家は「排除」や「差別」と不可分なのである。

註

（1）テイラーも「行為主体の領域」と「客体化の領域」という二つの視点の存在とその相互補完性を指摘するとともに、「客体化の領域」が自律的な因果関係によって規律されている結果として、「行為者の目に見えない形で生じたり作用したりする、操作・分類上のカテゴリーが含まれている」ことを指摘している（テイラー　二〇一一：二三五―二六五頁）。

（2）抽象的に見えるテイラーの「公共圏」の議論にも、「公共圏」と特定の「国家」との関連性を示唆する要素がいくつかある。「公共圏」による国家批判の議論はその一つである。また、「人民」が討論で用いる言語の問題を考えるとき、完全に文化的な要素から離れた普遍的なものとして「公共圏」を構想することは困難であることがわかる。

（3）この部分の記述は、大竹（二〇一八）に依っている。

（4）この「公共性」についての分類は、アレントの「欲求や必要に駆り立てられる」私的領域と「親密なもの」についての議論と重ね合わせることができるかもしれない。アレントの理解では、テイラーのいう「経済」が「社会的なもの」として公的な領域に侵入し、肥大化した結果、それと対比される形で、第二の「私的なもの」としての「親密圏」が生じたという関係になる。アレント　一九九四：五一頁および六一頁参照。

（5）「法の規定によらず、時にはそれに反してでも、公共の善のために思慮に基づいて行動するこの権力が大権と呼ばれるものに他ならない」（ロック　二〇一〇：四八九頁）。

（6）「執行権は、すでに述べた原理から、立法者としての、また主権者としての人民一般には属し得ないことはすぐに理解できる。この権力は個別な行為だけにかかわるものだからであり、個別な行為は法律の規定する範囲にはないし、主権者の権限の範囲にもない。〔……〕だから公共の力には適切な代行機関が必要である」（ルソー　二〇〇八：一一九頁）。

(7) アガンベン　二〇一〇を参照。なお、大竹の議論は、アガンベンの議論の政治理論的な意味を、カール・シュミットと結びつけることによって解明している。大竹　二〇一八：二七二―二八六頁参照。

(8) 近代の「公共圏」が「徹底的に世俗的」であることを、テイラーは再三強調している（テイラー　二〇一一：一三四―一四六頁）。

(9) アサドによれば、宗教的情念の排除は、世俗国家の当初の目的の一つである。本書一七三頁参照。

(10) 格差原理による不平等容認の引照基準となる「もっとも不遇な人びと」を定義するに際して、ロールズは「全員の身体的ニーズおよび心理的諸能力が通常の範囲に収まっていると想定」し、身体障がい者や知的障がい者を「正義の理論の埒外」におく。なぜなら、こうした人びとは「自分たちとは隔たって」おり、「憐憫と不安をかき立てる人びと」であり、「私たちの道徳上の識別能力までをも動転させかねない」からである（ロールズ　二〇一〇：一三一～一三二頁）。

(11) 実際には、両者のカテゴリーはしばしば混同されて用いられるので、どちらによる排除であるかが確定困難な場合も多い。例えば、女性や労働者の近代的公共圏からの排除の根拠は、ブルジョワ男性的な感情を共有していないことと同時に、感情を抑制して推論的理性を行使する能力を有していないことに、求められたのである。

(12) アサドが指摘するように、近代国家における「平等」概念は、本質的に曖昧なものにならざるを得ない。アサド二〇二一：三三三―三三四頁を参照。

(13) ハーバーマスは、このことを「公共圏論」からだけでなく、後の『コミュニケイション的行為の理論』におけるデュルケームの読解を通じた「近代論」からも描き出している。デュルケームにとって、「聖なるもの」は道徳的な力であったことを踏まえ、ハーバーマスは、この「聖なるもの」に由来する「道徳的な力」が、まさに近代において合理化されるという「聖なるものの言語化」の議論を展開している（ハーバーマス　一九八六：三〇一頁）。彼によれば、近代という時代は、人びとを拘束する「権威」が、動かしがたい力である「聖なるもの」にではなく、むしろ人びとの対話による「合意」に基づきながら成立する時代である。

(14) テイラーは、帰属意識が公共圏から生じる「共和主義的」類型と、外部から同質的なものを導入する「政治的アイデンティティ」の類型を区別しているが、前者が純粋な形で成立しうることは示されていない。

参考文献

Agamben, Giorgio. 2011, *The Kingdom and the Glory : For a Theological Genealogy of Economy and Government*, Stanford University Press.（二〇一〇『王国と栄光　オイコノミアと統治の神学的系譜学のために』高桑和巳訳、青土社）

Arendt, Hannah. 1958, *The Human Condition*, University of Chicago Press（一九九四『人間の条件』志水速雄訳、筑摩書房）

Asad, Talal 2003, *Formations of the secular : Christianity, Islam, modernity*, Stanford, California : Stanford University Press（二〇〇六『世俗の形成』中村圭志訳、みすず書房）

Asad, Talal 2018, *Secular Translations : Nation-State, Modern Self, and calculative Reason*, New York : Columbia University Press（二〇二一『リベラル国家と宗教――世俗主義と翻訳について』茢田真司訳、人文書院）

Cohen, Jean / Arato, Andrew 1992, *Civil Society and Political Theory* (Studies in Contemporary German Social Thought), The MIT Press.

Habermas, Jürgen, 1981, *Theorie des kommunikativen Handelns*, Suhrkamp（一九八六『コミュニケイション的行為の理論（中）』藤澤賢一郎他訳、未來社）。

Habermas, Jürgen 1990, *Strukturwandel der Öffentlichkeit.* (originell in 1962, Neuauflage mit einem neuen Nachwort 1990), Suhrkamp（一九九四『公共性の構造転換――市民社会の一カテゴリーについての探究　第2版』細谷貞雄・山田正行訳、未來社）

Habermas, Jürgen 2011, "'The Political' : The Rational Meaning of a Questionable Inheritance of Political Theology", in *The Power of Religionin the Public Sphere*, Columbia University Press（二〇一四「〈政治的なもの〉」――政治神学の曖昧な遺産の合理的意味」『公共圏に挑戦する宗教――ポスト世俗化時代における共棲のために』、箱田徹・金城美幸訳、岩波書店）

ロック　ジョン二〇一〇〔1690〕『完訳　統治二論』加藤節訳、岩波書店

大竹弘二　二〇一八『公開性の根源――秘密政治の系譜学』太田出版

Rawls, John, 1999 *A Theory of Justice*, revised edition, Harvard Unversity Press（二〇一〇『正義論　改訂版』川本隆

史・福間聡・神島裕子訳、紀伊國屋書店）
ルソー、ジャン＝ジャック二〇〇八〔1762〕『社会契約論／ジュネーヴ草稿』中山元訳、光文社
Taylor, Charles. 2003, *Modern Social Imaginaries*, Duke University Press.（二〇一一『近代　想像された社会の系譜』上野成利訳、岩波書店）

第二章　神・天皇・非人

――日本列島における差別の発生と深化の構造――

佐藤弘夫

本論では、日本列島をフィールドとして、そこから「穢れ」の観念が立ち上がり、劇的な変容を遂げながら次々と新しいタイプの差別を生み出していくプロセスを、有史以前から近代までの長い射程のなかで概観する。

はじめに

人は差別する存在である。それがどこまで顕在化するかは個人差があるとしても、自分と他人とを比較し、自身のうちになんらかの特殊性・優位性を見出そうとする指向性は、人間のもって生まれた本性といっていい。問題はそれが自己満足を越えて集団のレベルにまで拡大し、特定のグループに対するいわれなき差別や迫害を生み出すことである。それは、人権の理念が国境を越えて共有されるようになる近代以降についても例外ではない。現代社会でも、「民族」や「性別」、「宗教」などを根拠とする一部の人々に対する執拗な排撃が続いている。なぜこうした社会的な偏見と差別が発生するのであろうか。それが知識と情報の共有が進展する近現代社会において、かえってエスカレートするようにみえるのはどうしてであろうか。

ここで注目されるのは、そうした差別がしばしば「穢れ」や「不浄」といった概念によって根拠づけられていることである。そのため「穢れ」との関わりにおいて差別が発生するメカニズムについての研究が進められ、「聖／俗」「ハレ／ケ／ケガレ」といった分析概念を用いた、いくつかの影響力のある仮説が提示されている(1)。

しかし、そうした理論は特定のフィールド、とりわけ無文字社会を素材にしたものが多く、それを一般化して図式化するという形をとっている。そのため、どこにでも通用する図式を描こうとしながら、結局どこにも適用できないものになってしまっているようにみえる。いま求められているものは、人類普遍の差別の構造ではない。ある地域における差別発生のメカニズムの解明であり、それがどのように変化していったかという歴史的視点からの実証研究の蓄積なのである。

わたしは先ほど、ある面では近代以降、差別がエスカレートしているようにみえると述べた。いま日中・日韓の間で激しく燃え広がっている相互嫌悪の意識の背景に、国境の島の領有権をめぐる争いがあるが、近代以前には、僻遠の無人島の領有をめぐって、国家同士が国民感情をも巻き込んで争うような現象は想像もできないことであった。国民国家の誕生が、国家レベルでの民族差別を助長しているのである。こうした近代化の歪みを照らし出すためにも、近代を相対化できる歴史的視点の設定は重要である。

この論考においては日本列島をフィールドとして、そこから「穢れ」の観念が立ち上がり、変容を遂げながら次々と新しいタイプの差別を生み出していくプロセスを、有史以前から近代までの長い射程のなかで概観してみたい。その作業を通じて、いまわたしが構想している、穢れと差別の関係についての仮説と見取り図を提示し、大方のご批判を仰ぎたいと考えている(2)。

一　「穢れ」の発見

大小便や血、唾や嘔吐物、死骸などに対する嫌悪感＝「穢れ」の意識は、人が普遍的にもつ感覚である。犬・猫などのペットや野生動物においても、居住環境の悪化を避けるために、排泄物は生活の場から周到に遠ざけられている。動物は、居住地内における汚染の蓄積が、みずからの生存を脅かす事態を引き起こすことを本能的に察知していた。

人類は誕生以来、移動生活を行ってきた。人々が遊動を続ける限り、排泄物などが引き起こす環境汚染が大きな問題になることはなかった。だが、数万年前から、日本列島についていえば縄文時代に入って、人々が定住を開始するようになると、汚染が深刻な問題として浮上してきた(3)。集落が形成され集団の規模が拡大すると、この問題はいっそう重大化した。排泄物や死骸を無秩序に放置すれば、景色や臭気などの面で環境の悪化をもたらし、ひいては疫病の蔓延などの深刻な事態が生じることになるからである。

日本列島では、最古層の文献資料にみえるカミ（超越的存在一般を示す場合は「カミ」と表記する）は常に「清浄」性に結びつけて把握されていた。古代ではしばしば神は山に棲むとされているが、その理由は山が清浄な地だったことによる。以下に紹介するのは、『常陸国風土記』（久慈郡）に収録された伝承である。

かつて村の松の木の股に、天から降った神がいた。この神は厳しい祟り神で、人が神の方角に向かって大小便をしたりすれば、激しい災いが降りかかった。困り果てた村人は神に対して、「ここでは「百姓」の家が近くて、どうしても「朝夕に穢臭（けがらは）」しいという状況に陥ってしまう。どうか移動して、「高き山の浄き境」にお鎮りください」と懇願したところ、神はその願いを聞き入れて賀毘礼の高峰に移り住んだ。

大小便など普段の生活に必然的に伴う現象が「穢臭」とされる一方で、山はその対極にある「浄き境」とされている。神が神としてその機能を正常に発揮するためには、清浄なる環境が確保されている必要があった。山はまさにそれに相応しい地だったのである。

『延喜式』には「祟神遷却」という祝詞が収められている。この祝詞は、天皇の身体近くにいて祟りなす神を、見晴らしのよい「山川の清地」に遷して、その祟りを鎮めることを目的としている。ここにいう「祟神」は、かつては外部から去来する疫神を指すと考えられていた。だが、祝詞の対象となる神が「皇御孫の尊の天の御舎の内に坐す皇神」と表現されていることから、現在では、最初から宮中に棲む由緒正しき神とされている[4]。なんらかの不浄に触れて祟をなすに至った神は、本来のパワーを蘇らせるべく速やかに清らかな地に移す必要があったが、そこが「山川の清地」だった。世俗社会としての宮中との対比において、郊外の山川が清浄な地と認識されているのである。

『日本書紀』仁徳天皇紀では、天皇が淡路島に狩りをしたとき、島にいるイザナギの神が従者の刺青の傷を嫌い、「血の臭きに堪へず」という託宣を下している。神は排泄物や血といった人間の世俗生活に伴う穢れから、徹底して遠ざけられる必要があった。山は日常生活の場と対比されるこの世でもっとも清浄な地であり、それゆえに、汚染に触れて不全に陥った機能を回復させるために、神を送り遣るべき所と考えられていたのである。

ここに描かれた神の嫌うものが、どれも「大小便」「血」などまったく抽象化を経ていないモノであることは注目される。人間が本能的に忌避する対象に対しては、神もまた同じように嫌悪感を抱いた。黄泉の国を訪問したイザナキが逃げ出した理由は、死の穢れという抽象的な観念による忌避ではない。イザナミの腐乱した死骸を目にしたからである（『古事記』上巻）。スサノオが鼻・口・尻から取り出した食べ物を奉ったオオゲツヒメを殺害したのは、それを「穢汚」と感じたからだった（同前）。穢れと清浄に関する神と人間の感性は完全に一致している。日々の生活が生み出す穢れを人と同じレベルで嫌うという神の性質から、日本列島においてカミが浮上してくる背景には、定住に伴って浮上する生活環境の汚染問題にどう対応するかという課題があったことが推定されるのである。

人は清浄を尊ぶカミを想定し、そのカミを呼び寄せての定期的な心身と居住地浄化の儀式＝祭りを開催することによって、日常生活から生じる汚染に対応し、ひいては集団の秩序を維持するためのシステムを作り上げようとした。カミが日常生活の汚染を徹底して嫌うということは、逆にいえば、共同体におけるカミの重要な機能が、当該集団内での清浄性の確保にあったことを意味している。カミの名のもとに集落全体の清浄性の実現が求められるようになった。カミの祟りは、生存環境を快適に保つために用いられる汚染の警報装置としての役割を与えられていたのである。

二　神の嫌う〈ケガレ〉

しかし、それはやがて予想もしない事態を惹き起こすことになった。排泄物や死体の不浄は日々の生活に必然的に伴うものだったが、清浄なる環境を要求するカミと関係づけられることによって、単なる物理的な汚染以上の意味が付与されていくのである。それは一転して、不浄を探知し共同体の安寧を実現する機能を担うカミの存在感と役割を、急速に拡大させていく原因となった。

カミの清浄との対比によって、排泄物や血や死骸に対し、本能的な嫌悪感を抱かせるモノを越えた、より抽象的・精神的な意味を付与する道が開かれた。例えば出血による汚染は、本来洗浄し拭い去れば完全に除去できる、きわめてシンプルな事件（穢れ）に過ぎなかった。それが神による不浄視の対象と位置づけられることによって、日常の出来事とは異なった意味づけがなされ（ケガレ）、完全な除去のためにはカミの承認と儀式が不可欠となった。

死についても、本来は腐乱した死骸に対する嫌悪であったものが、「死」という観念そのものの忌避へと変化し、伊勢神宮や斎宮の「忌詞」のように、死を連想させるものが聖なる存在から遠ざけられるという現象が生じてくる。『日本後紀』延暦一六年（七九七）正月二五日条には、山城国愛宕・葛野郡では「死者あるごとにすなわち家側に葬る」という「積習」があるが、「京師」に近く「凶穢」の原因となるので今後これを厳禁する、という勅が引用されている。この史料について、死の穢れを気にしない一般民衆と、死穢に過敏な律令貴族との意識上のコントラストを読み取ろうとする見解がある。[5]だが、その指摘には若干の補足が必要である。まだカミと穢れを深く結びつけることのない愛宕・葛野郡の民衆が嫌ったのは、嫌悪感を抱かせる死体そのものであり、死の穢れといった抽象的な概念ではなかった。たとえ家の近辺であっても、きちんと遺体が埋葬処理されていれば問題視されることはなかった。逆に、日常的に人目につかない場所で衛生的に問題がなければ、古代・中世の墓地にみられるように死体をそのまま遺棄しても構わなかったのである。[6]

カミと関係づけられることによって生じるもう一つの変容は、穢れの内容に物理的な意味での汚染を越えて、共同体の秩序を乱すさまざまな行為が加えられたことである。「六月晦の大祓」の祝詞には、「天津罪」と「国津罪」が列挙されている。そこには「屎戸」（汚物を撒き散らす行為）といった人間が本能として嫌う穢れ、本来的な意味での生命の危機を連想させる穢れに加えて、もともと汚染とはまったく関わりのない畔放ち（田のあぜを破壊する罪）や近親相姦・獣姦などが、一括りにされて登場している。

カミが嫌うものと規定されることによって、日常生活に伴う汚染と共同体に違背する行為が、ともにカミの保持する秩序に対する反逆＝〈ケガレ〉と位置づけられた。それは本来、穢れよりも罪の範疇で捉えられるべき「畔放」「溝埋」など反共同体的な行為をも、同等の意味を有する罪悪として〈ケガレ〉の範疇に繰り込む結果となった。そのため、罪と穢れはしばしば同質のものとして把握されることになり、その除去にはいずれもカミの許しが不可欠の前提となるのである。

こうしたプロセスを経て、〈ケガレ〉の概念は多様化し、それに対処するための宗教儀礼も複雑なものとなっていった。カミの存在もまた、どこまでも肥大化した。本来は生存のための道具であったカミが、人間の言動を規定し、人を支配する時代が到来するのである。

文化人類学ではメアリ・ダグラス以降、社会秩序の中心をなす象徴概念として、「不浄」「穢れ」との対比において「清浄」が想定されている(7)。そこでいう「穢れ」とは、秩序に対する脅威などとして理解されている。だがこれらはいずれも人類固有の原初的な観念などではなく、超越的存在と結びついた〈ケガレ〉の意識が生まれた後に誕生する歴史的な概念である、とわたしは考えている。

人類の最古層にある穢れの意識は、生命に直接危険をもたらす物理的な汚染に対するものであり、人間の生存への本能にもとづくものだった。その対極にある清浄性の観念が聖なる存在＝カミと結びつけられることによって、カミの嫌うものの多様性に対応して「穢れ」もまた複雑な意味を付与されることになった。カミの観念と〈ケガレ〉の観念は、相互に深く関わりながらどこまでも膨らみ続け、人々の生活を深く規定するようになるのである。

三　国家による〈ケガレ〉概念の統一　古代

唐・新羅連合軍との白村江の戦い（六六三年）における敗北は、日本の支配層に大きな衝撃を与えた。その後、天武・持統朝に推進される大規模な改革運動は、大陸で行われていた律令制度などを導入することによって、中国や統一新羅に対抗可能な強力な集権国家の構築を目指そうとするものであった。それは、それまで氏族単位で行われていたカミの名のもとでの秩序の維持を、国家的なレベルに引き上げて一元化することを意味した。

それを実現するために、支配者集団は国家の頂点に位置する「天皇」という制度を創設するとともに、皇祖神アマテラスから現天皇に至る神々の系譜を創り上げることによって、その地位を神聖なものに引き上げようとした。また、アマテラスの下に諸氏族の神々を組み入れ、『古事記』と『日本書紀』にみられる壮大な神統譜を構築した。これらの神々が国土を覆う天蓋となって天皇と国土を防御し、力を合わせて邪悪な存在を排除するというイメージが共有されていくのである。

守護者としての神々の機能を十全に引き出すために、八世紀に入ったころから神社の境内を清浄に保つべく、「清掃」を命ずる指示が繰り返し下されるようになる。[8]他方では、国家レベルでの〈ケガレ〉の内容確定と、その除去のシステム化が進められた。不浄に起因する神の祟りが起こった場合、直ちにそれに対応できるような詳細なマニュアルが作成された。それによって、祟り神の速やかな確定と穢れの除去が可能となったのである。

いまわたしたちが確認できる最初の国家レベルでの〈ケガレ〉概念の集成が、『西宮記』巻七「定穢事」の触穢に関する規定である。そこでは、「弘仁式」からの引用として、「穢に触れて忌むべき」日数が、死は三〇日、産は七日、六畜の死は五日、産は三日、肉食・弔喪・問疾は三日というように、事細かに規定されている。九世紀前半には国家としての〈ケガレ〉の概念の規格化が進められていた。個々の共同体で施行されていた神のもとでの平和を国家的な次元に統一することによって、国家は〈ケガレ〉管理の権限をみずからの手の内に一本化していった。それは神の秩序維持の機能を国家が独占に至ったことを意味するものであったが、他方で、〈ケガレ〉の管理責任の頂点に位置する「現御神」（アキツミカミ）としての天皇自身が、他の神の祟りを受けるというリスクを背負い込む結果となった。

天皇が神の祟りを受けて体調を崩すというエピソードは、古代を通じて文献に散見する。神亀六年（七二九）二月一三日、聖武天皇はにわかに身体の不調を訴えた。祟りの可能性が高いと考えた神祇官と陰陽寮はただちに卜占を実施し、「巽方の太神」が「死穢不浄の咎」によって起こした祟りであるという結果をえた（『太神宮諸雑事記』）。巽方とは東南の方角であり、京都からみたときその方角の「太神」とは伊勢しかありえない。ただちに宣旨が伊勢国司に下され、伊勢神宮のチェックと「死穢不浄」の除去が実施された。国家レベルでの〈ケガレ〉除去の義務が果たされないとき、神の祟りは天皇自身に及ぶのである。それは皇祖神である天照大神についても例外ではなかった。

天皇自身が祟りの対象であるという認識を端的に示す儀式が、毎年六月と一二月に行われる恒例の「御体御卜」であった。これは宮主が天皇の神体への祟りの有無を占う行事であり、あらかじめリストアップされてある神々の名が順に呼び上げられ、その祟りの有無が判定されるという形式がとられた。ここでも天皇に作用を及ぼす、より威力のある神の存在が前提とされている。

天皇に課された最重要の使命は自身の聖別ではなく、神々の周辺の清浄性の保持だった。神がその機能をフルに発揮できるよう、環境を整えることが求められた。その任務をまっとうできない場合、天皇であっても神の祟りを避けることはできないのである。

ただし、それは「現御神」としての天皇が、必ずしも他の神々の風下に立つ劣位の神であることを意味するものではなかった。以下に示すものは、叛逆が未然に発覚したことを神に感謝する称徳天皇の宣命の一部である。

盧舎那如来、最勝王経、観世音菩薩、護法善神の梵王・帝釈・四大天王の不思議威神の力、かけまくも畏き開闢けてより已来御宇しし天皇の御霊、天地の神たちの護り助け奉りつる力に依りて、其等が穢く謀りて為る厭魅事皆悉く発覚れぬ。

（「称徳天皇宣命」『続日本紀』神護景雲三年（七六九）五月二九日条）

ここでは天皇を守護してくれた神々の名が列挙されているが、東大寺の大仏（盧舎那如来）、経典（最勝王経）、諸天善神（梵王・帝釈・四大天王）、代々の天皇（天皇の御霊）など、現代人のわたしたちからみると到底「神」の範疇で括ることのできない雑多なものたちが同列に扱われている。

古代では絶対神は存在せず、天皇を含むさまざまなカミは、その威力と機能において基本的に同じレベルのものとして把握されていた。そのため、天皇が他の神の祟りを受けることがある一方で、天皇が自身の威力によって在地の神を威圧するケースもあったのである(9)。

四 〈ケガレ〉を超越する非人 中世

国家的な次元での〈ケガレ〉への対処のシステムの形成は、一一世紀から一二世紀にかけての古代から中世への転換期において、物理的次元での汚染の排除を任務とする「キヨメ」「非人」などと呼ばれる身分階層を生み出していった。それらの身分に属する人々は、一般人が不浄視し神が忌避する死骸等の処理を一手に引き受ける存在であるがゆえに、他の身分の人々による差別視の対象になっていった。キヨメや非人は、一目でその身分に所属していることがわかるような風体をとることを強要された。

中世は、神仏の名にかけて何事かを誓約し、もしそれを破った場合は当該神仏の罰を受けても構わないとする文書（起請文）が大量に作成された時代だった。そこでは違反した場合の罰として、「白癩黒癩」（癩病）を身に受けるという表現が常套句となっていた[10]。これはいま目の前にいるハンセン病患者に、本来まったく無関係な過去世の罪業を背負わせる言説にほかならず、差別の固定化と強化につながった。

しかし、中世ではそうした差別観が一方的に膨らむことはなく、被差別身分の人々に対してはある種の畏怖観が常につきまとった。その背景には、この時期に形成される中世固有のコスモロジーの存在があった。古代の場合、人間が住んでいる世界と人間以外の世界、例えば死者・神仏の世界がほとんど重複していた。人も神仏もこの世界のなかで完結する因果の理法に支配されており、この世を超えた救済、生死を超えた悟りという観念は、古代には存在しなかった。神としての天皇が祟りを避けられないのはそのためだった。

ところが、一一世紀を転換点として、こうした世界観は大きく変容する。現世に対して、人間以外のものが住む他界（あの世・彼岸）のイメージが肥大化してくる。わたしたちが認知できない世界、目に見えない世界が宇宙のどこかにまぎれもなく実在して、それがいま生きているこの世界（この世・此岸）よりも重要な意味をもっているという見方が、人々の共通認識となっていくのである[11]。

あの世とこの世が分離していくことに伴って、それぞれの世界に属する二種類の神仏（超越的存在＝カミ）が誕生する。衆生の本源的な救済を担当する〈あの世のカミ〉と、現世に出現して〈あの世のカミ〉と被救済者を結びつける役割を果たす〈この世のカミ〉である。わたしたちが目にする仏像や聖人や日本の神々は皆、遠い〈あの世のカミ〉がこの世の衆生に救いの手を差し伸べるために具体的な姿をとってこの世に化現＝垂迹した存在とされた。

中世の説話には、差別視に晒される社会的弱者が実は人々を浄土に導くために出現した垂迹であり、〈この世のカミ〉であるという話がしばしば登場する。

『古事談』『十訓抄』などの説話集に収録されて、よく知られた話である――「生身の普賢」を目の当たりにしたいと願っていた書写山の性空の夢に、神崎の遊女の長者に会うのがよい、というお告げがあった。性空が指示通りに長者の家を訪ねると、客を迎えての遊宴乱舞の最中だった。長者は奥座で鼓を打って今様を謡っていたが、性空が目を閉じると白象に乗った普賢菩薩の姿になり、目を開けると長者に戻った。感涙を流して帰ろうとする性空に、長者はこのことを口外しないよう語った後、頓死した。

交通の要衝神崎の遊女は、酒宴の相手を務めるだけでなく、性的交渉を行うような女性たちであり、差別の眼差しに晒される人々であった。その長が、ここでは普賢菩薩の化身とされているのである。

もう一つの例は、『今昔物語集』巻一七にある一話である――昔、西の京に一人の僧がいたが、「生身の地蔵」に会って浄土に引接してもらうことを長年の願いとしていた。この僧が諸国回遊の折に常陸を訪れたときのことである。宿を借りた家に地蔵と呼ばれる牛飼いの童がおり、主人の折檻を受けて泣き叫んでいた。この少年こそが地蔵ではないかと思った僧が一晩祈念し続けたところ、はたして童は地蔵の化身だった。ここでは身分の低い牛飼い童が「生身の地蔵菩薩」とされている。先の遊女の話と同様、卑賤視の対象となるような人物が、実は聖性を体現する存在であることが示されているのである。

日ごろ差別される人々を聖なる存在の化身とする発想は、非人についてもみることが可能である。中世の非人は、平民によって構成される共同体から排除され、独自の集団を形成して寺社の清掃や葬送に従事していた。〈ケガレ〉の排除を担当していたがゆえに、〈ケガレ〉にもっとも深く関わる存在であった。中世では、文殊菩薩がこの非人の姿をとって社会に出現すると広く信じられていた。『今昔物語集』巻一六には、長谷の観音が、死体処理や処刑を担当する放免（釈放された囚人）として化現する話がみえる。非人救済で有名な叡尊などは、実際に非人を生身の文殊菩薩に見立てた法会を行っている。[12] 弱者や社会の底辺に位置する人々であっても、根源者と結びつくことによって、現世の序列を超えて一挙に聖性を帯びた存在に上昇すると信じられていたのである。

聖なる存在はこの世の底辺の人々を救済する使命を帯びて、あえて穢れた姿をとって現れる――こうした認識を背景として、中世の被差別民は、差別の眼差しとともに、常人がもつことのできない不思議なパワーを背負った存在として、畏怖の目で見られることになったのである。

日本の中世において、〈ケガレ〉の対極にある聖なる存在としてしばしば天皇が挙げられる。京都の天皇を焦点として、聖から俗、そしてケガレへと同心円状に外部に広がっていく構図が多くの研究者によって共有されてきた。[13] 同心円の外側、すなわち「日本」の領域外には異形のものの棲む世界が広がっており、そこは領域内部に入り込んだ邪悪な存在を追放すべき場所だった。中核をなす天皇はどこまでも聖別された存在でなければならなかった。

しかし、三橋正氏や片岡耕平氏によって、聖なるものの中心にあったのは天皇ではなく神だったことが実証的に明らかにされるに至って、この図式は存在意義を失った。[14] さらに私見を付け加えるならば、中世における究極の聖性はこの地上には存在しなかった。一見神聖にみえる〈この世のカミ〉も、その根源的なパワーは〈あの世のカミ〉の代理人であることに起因するものだったのである。

天皇の権威の凋落は神よりもさらに激しかった。天皇の祖先神であるアマテラスが〈この世のカミ〉として位置づけられたことによって、天皇は垂迹としての地位に就くことすら不可能となった。そのため宗教的権威はきわめて限定的なものとならざるをえなかった。「即位灌頂」など聖性を身にまとうことを目的としたさまざまな試みがなされたにもかかわらず、天皇が再び神に上昇することはなかった。むしろ神仏の罰を受けて地獄・悪道に落ちたという記述が文献に頻出するに至るのである。(15)

五　世俗的な身分秩序としての非人へ　近世

一五・一六世紀を転換期として、日本列島は再度大きな世界観の転換に見舞われる。世俗化の進行のなかで、中世に肥大化した目にみえない他界〈あの世〉のリアリティが縮小し、日々生活するこの世の重みが増してくるのである。死後のことも大事かもしれないが、それは死にそうになったときに考えればいいことであって、まずは日々の生活をエンジョイしようという近現代人に通ずる発想が、時代の主流となってくるのである。

中世にみられた現実社会の根元に実在する普遍世界の縮小は、社会構造そのものの転換と連動していた。中世では身分編成の根本にあった原理は宗教であり、カミだった。現実とのギャップは存在したものの、身分序列の頂点に位置づけられるのは〈あの世のカミ〉にもっとも近接する聖職者だった。聖なる存在の顕現とされることによって、卑賤視された人々にも世俗的な身分秩序を一気に超越する道が開かれており、そのため彼ら彼女らは、しばしば宗教的な畏怖の対象となった。

不可視の他界の縮小は、〈あの世のカミ〉がもはや身分編成の原理としての力をもちえないことを意味した。現世の権力を超える主宰者としての神観念を有し、「進めば極楽　退けば地獄」をスローガンとして掲げる一向一揆と、強力な救済神の観念をもつキリスト教に対する徹底した弾圧が、その方向性を後押しした。身分制度が純然たる世俗的な原理によって構築され、宗教的な要素がそれを後追い的に正当化する近世社会が誕生するのである。

それは、この世の〈ケガレ〉の一切を押し付けられることによって、いわれなき差別を強要されている人々にとっては、解放の道筋が完全に消滅したきわめて重苦しい社会の到来を意味することになった。中世の非人が国家制度のなかの身分か、身分外の身分呼称かについては議論の別れるところであるが[16]、近世では非人は明確に身分制度の最下層に位置づけられた。また、漂泊民としての性格を強くもっていた中世の非人とは異なり、移動の自由を奪われて被差別部落という閉じられた空間に押し込められた。

近世における差別の固定化と強化に果たした宗教、とりわけ仏教の役割は重大なものがあった。「石女地獄和讃」「血盆経和讃」「女人往生和讃」といった和讃類や差別戒名などが担った差別イデオロギーとしての機能については、門馬幸夫氏の詳細な研究がある[17]。

「血盆経」や和讃の流布によって、血の汚れが一方的に女性と結びつけられ、近世に数多く制作された地獄絵では「血の池地獄」で苦しむ女たちの姿が生々しい筆致で描き出された。女人禁制の制度や、出産・月経中の女性が籠る「産小屋」などの習俗が、その起源も定かでないまま地域ごとに定着していくのである。

〈あの世のカミ〉の凋落を経た近世社会において、身分秩序の頂点に位置し、カミに代わる身分編成の原理として機能したのが天皇だった。彼岸世界のリアリティが失われたいま、アマテラスの子孫として聖俗両面の要素を併せもってこの世の身分秩序の頂点に君臨する天皇は、制度的には歴史上もっとも安定した地位を確保することに成功した。天皇はもはや、中世のように根元的なカミの罰を受け地獄に落ちることはなかった。身分秩序において天皇の対極に位置づけられたのが非人などの差別される人々であった。

〈あの世のカミ〉の衰退は、他方では、中世まで自国優位の主張を制約していた理念的な外枠の消失を意味することになった。中世的な神国思想の中核をなすものは、他界の仏が神としてこの列島に垂迹しているという理念だった。日本が神国であるのは〈あの世のカミ〉が神として化現したからであり、インドが神国と呼ばれない理由は、他界の仏が釈迦として垂迹した「仏国」だったからである[18]。現実の差別相を超克する普遍的真理の実在に対する強烈な信念があり、それが自民族中心主義へ向かって神国思想が暴走することを阻止する歯止めとしての役割を果たしていた。

しかし、中世後期に生じた彼岸表象の衰退に伴って、諸国・諸民族を相対化していた視座は失われた。普遍的世界観の後ろ盾を失った神国思想には、もはや日本の一方的な優越を説くにあたってのいかなる制約も存在しなかった。幕末の国学者中嶋広足は、日本がありがたい「神国」であるのに対し、「外国は、先祖も正しからぬ獣類同様の人種」(『童子問答』付録)であるとして、日本の絶対的な優越を強調している[19]。

江戸時代の中期以降、神道家や国学者がしばしば神国に言及するようになるが、そこでは多くの場合、日本とそれ以外の国々との区別を、神の子孫か「獣類」の子孫かといった先天的・固定的なものとして捉え、神国日本の偉大さが口を極めて力説された。〈ケガレ〉が国内の身分差別の根拠とされるとともに、当時の国際秩序の枠組みを説明する際の論拠となっていくのである。

社会的な実態としてみれば、近世では江戸幕府が圧倒的に巨大な権力を保有していたが、将軍の地位と権限を保証していたのは天皇だった。そのため、幕府の力が揺らぎ、国家権力の争奪戦が起こる幕末になると、身分編成を可能にする唯一の原理としての天皇が大きくクローズアップされ、その権限をどの陣営が掌握するかが、勝敗の帰趨を決定するもっとも重要な要因となるのである。

六　「身分」から「人種」へ　近代

幕末の動乱を経て、日本列島に天皇を頂点に置く新国家が誕生した。幕藩体制の崩壊をもたらした要因はさまざま考えられるが、見逃すことのできない重要なものとして、固定した身分制度に対する人々の不満の高まりを挙げることができる。身分制の桎梏からの解放の願望は、幕末期に叢生する民衆宗教に見出すことができる。そこではしばしば、教団の構成員が身分に関わらず「神」であることが強調された。きわめて観念的なレベルであっても、人々はみずからカミになることによって、しばし厳しい現実の身分差別からの開放感を味わっていたのである。

下関市の桜山神社には、吉田松陰をはじめ幕末の動乱で命を失った多数の死者が祀られている。武士階層をはじめ、農民・町人・神官など多彩な身分階層の人々の名がみえる。姓をもたない人物も多い。それらの人々がすべて同じ大きさの石柱に名を刻まれて、神として顕彰されている。長州藩では明治維新を待つことなく、身分を越えて多様な階層の人々の主体性を引き出そうとする試みが実行されていたのである。

こうした広範な民衆の水平化の願望の後押しを受けて誕生した新政府が、従来の身分制に固執することは論外だった。維新政府は権力を奪取するや速やかに四民平等の布告を出し、民衆の期待に応えようとした。

身分制を廃し、新たに近代的な国民国家としての道のりを歩み始めた日本の前に、一つの重要な課題が浮かび上がった。それは新国家の統合の基軸を何に求めるかという問題である。すでに江戸時代において身分編成の核をなしていたのは天皇であった。新国家においても、選択肢は天皇以外にありえなかった。

その際に問題となったのは、幕末における民衆の水平化の願望が神への上昇という形で顕現していたことである。

それに応えるために、戦死者を神として顕彰する行為もすでに実践されていた。そのため、ヒトガミとしての臣民を統御する天皇は、他の国民とは次元を異にする強大な宗教的権威を身に帯びることを求められた。天皇が現人神としての超越化の道をどこまでも追求しなければならない理由はこの点にあった。こうして日本では、多くの近代国家・国民国家が歩んだ世俗化への道のりとは異なり、元首が宗教的にも超越的存在であることを宿命づけられることになったのである[20]。

かくして天皇制国家の前に、あらゆる人的資源が動員される体制が作り上げられた。それにそぐわない人々あるいは集団が非国民とされる、新たな差別の構造が構築された。明治四年（一八七一）には「穢多非人」の称を廃して「平民同様」とすることを命ずる太政官布が出された。被差別部落民に対する差別の眼差しは一見すると江戸時代のそれを引き継いだようにみえるが、固定化された身分制を前提としていない点において、差別の構造はまったく別であった。

しかし、明治政府が被差別民に対する解放のための具体的な手立てを実施しないこともあって、前代以来の厳しい差別の眼差しは容易に解消することはなかった。その際、「身分」に代わって、近代の差別を根拠づける新たなキーワードとなったものが「人種」だった。関口寛氏が指摘されるように、西洋から移入された「進化」や「遺伝」などに関する最新の科学的な知見が、皮肉にも差別の論理としての「人種」の概念を裏打ちし、被差別部落の存続を正当化する役割を果たすことになるのである[21]。

おわりに

人間のみならず動物も、みずからが好む匂いと嫌う匂いをもっている。悪臭が自身に害をなすものであることを、本能的に認知する能力を備えているのである。人が排泄物や死体を嫌悪するのは、それが悪臭を放つ物体であり、不用意に接近すれば生命に関わる不利益を被ることを、本性として刻み込まれていたからだった。人が特定のものを〈穢れ〉と感じて避けようとするもっとも原初的な形態は、こうした本能にもとづく行動であるとわたしは考えている。

穢れの忌避は、最初は個人的なレベルでの行動だった。しかし、人類が遊動生活に終止符を打ち、集団での定住生活を開始すると、その放置は共同体の存続にかかわる深刻な事態を引き起こす可能性があるため、構成員全体で対応することが求められるようになった。その過程で浮上してきたものが、〈穢れ〉の対極にある聖なる存在＝カミだった。穢れを嫌う清浄なカミを想定し、定期的にカミを招き入れることによって、集団内部での汚染の蓄積を回避しようとしたのである。

カミの導入は、穢れの意味内容に決定的な変容をもたらすことになった。一つは、穢れの観念の抽象化である。本来は悪臭を放つ腐乱した死骸に対する嫌悪であったものが、カミと関係づけられることによって、「死」という観念そのものの忌避へと変化していくのである。もう一つは、穢れの内容に物理的な意味での汚染を越えて、同じくカミが忌避する対象として、共同体の秩序を乱すさまざまな行為が付け加えられていったことである。新しい〈ケガレ〉観念の誕生は、穢れを判定する役割を担ったカミの存在感をどこまでも膨張させていく結果となった。

穢れを除去するための装置であったカミが、逆に人々の言動を監視し支配する存在となっていくのである。〈ケガレ〉概念の確定とその肥大化は、〈ケガレ〉とかかわる集団、あるいはその除去を担当する集団に対する差別意識を生み出していった。しかし、不可視の他界の存在が前提となっていた中世では、被差別民が他界の超越的存在の「垂迹」＝化身であるという認識も共有されており、非人や遊女に対しては畏怖と差別の二つの眼差しが交錯することになった。不可視の彼岸のリアリティが衰退する近世になると、他界のカミを後ろ盾としてもたない非人に対する差別の視線だけが一方的に強まり、移動を禁止された被差別部落の成立とあいまって、厳しい差別の構造が固定化していくのである。

身分を規定する最重要の要因が他界のカミであった中世とは異なり、近世では被差別民の対極に置かれたのが、現人神としての天皇だった。幕末における民衆の水平化への願望がヒトガミへの上昇という形で噴出したため、それを統御する天皇は、一般国民とは次元を異にする強大な宗教的権威を身に帯びることを求められた。こうしたプロセスを経て、世俗化を前提とする西欧とは著しく風貌を異にする国民国家が生み出されるのである。

かくして明治維新を経て近代に入ると、現人神としての天皇を頂点とする国家のために、あらゆる人的資源が動員される体制が作り上げられていく。それにそぐわない人々あるいは集団が「非国民」とされる、新たな差別の構造が構築されるのである。

註

（1）穢れの研究史については北條勝貴氏の簡潔にして要を得た整理がある（「〈ケガレ〉をめぐる理論の展開」『ケガレの文化史　物語・ジェンダー・儀礼』［新装版］森話社、二〇〇八）。

（2）本論の前提となっている日本列島における世界観と神観念の変遷については、佐藤弘夫『ヒトガミ信仰の系譜』（岩田書院二〇一二、英語版・韓国語版、二〇一六。中国語版、二〇一八）、同「聖なるものへ」（『岩波講座日本の思想』八、二〇一四）を参照されたい。

（3）西田正規『人類史のなかの定住革命』講談社学術文庫、二〇〇七（新曜社、一九八六）。

（4）斎藤英喜「託宣・祝詞・「遷却祟神」祝詞を中心に」『説話の講座』二説話の言説――口承・書承・媒体、勉誠社、一九九一。

（5）高取正男『神道の成立』平凡社、一九七九。

（6）勝田至『死者たちの中世』吉川弘文館、二〇〇三。

（7）メアリ・ダグラス『汚穢と禁忌』ちくま学芸文庫、二〇〇九（原本初版・一九六六）。

（8）櫛木謙周「古代の「清掃」と国家の秩序」『日本古代の首都と公共性――賑給、清掃と除災の祭祀・習俗』塙書房、二〇一四。

（9）桜井好朗『神々の変貌　社寺縁起の世界から』東京大学出版会、一九七六。

（10）黒田日出男「中世民衆の皮膚感覚と恐怖」『境界の中世　象徴の中世』東京大学出版会、一九八六。

（11）古代から中世に向けてのコスモロジーの変容とその背景については、前掲註(2)の拙稿で論じている。阿部謹也氏は、「大宇宙」「小宇宙」という概念を用い、ヨーロッパではキリスト教世界の形成に伴い、この二つの宇宙が一元化される過程で差別が深化してくることを論じておられる（『中世賤民の宇宙――ヨーロッパ原点への旅』筑摩書房、一九八七）。

（12）細川涼一「叡尊・忍性の慈善救済――非人救済を主軸に」『論究　文学研究科篇』中央大学大学院、一一―一、一九七九。

（13）大山喬平「中世の身分制と国家」『岩波講座日本歴史』第8巻　中世4、一九七六（『中世農村史の研究』岩波書店、一九七八に再録）、村井章介「中世日本列島の地域空間と国家」『思想』七三二号、一九八五（『アジアのなかの中世日本』校倉書房、一九八八に再録）。

（14）三橋正『日本古代神祇制度の形成と展開』（法藏館、二〇一〇）、片岡耕平『穢れと神国の中世』（講談社選書メチエ、二〇一三）。

(15) 佐藤弘夫「中世の天皇と仏教」『神・仏・王権の中世』法藏館、一九九八（初出・一九九四）。
(16) たとえば大山喬平氏は国家の認める身分として位置づけ（「中世の身分制と国家」『日本中世農村史の研究』岩波書店、一九七八〈初出・一九七六〉）、黒田俊雄氏は身分外の身分とする（「中世の身分制と卑賤観念」『日本中世の国家と宗教』岩波書店、一九七五、初出・一九七二）。
(17) 門馬幸夫『差別と穢れの宗教研究――権力としての「知」――』岩田書院、一九九八。
(18) 佐藤弘夫『神国日本』（ちくま新書・二〇〇六、講談社学術文庫・二〇一八）
(19) 江戸後期における天皇の浮上とナショナリズムの高揚については、前田勉『近世神道と国学』（ぺりかん社、二〇〇二）所収の諸論考に詳しい。
(20) 佐藤弘夫「ヤスクニの思想と語られる死者の系譜」『思想』一〇九五号、二〇一五。
(21) 本書第3部第八章所収の関口寛「近代日本における生―権力と包摂／排除のポリティクス」参照。

第三章　情動的存在と「モノ」の政治
――デジタルメディア社会における差別とネット右翼――

川村覚文

デジタルメディア技術の革命的進歩により、今日の社会は大きな変容を遂げ、人間の在り方が大きく変わりつつある。このような状況の中で生じる差別について、「情動」に注目しつつ、原理的に考察する。

「生」とは、より以上か以下かという程度の問題に過ぎず、ただ相対的かつ状況のなかでのみ同定できるものでしかない。生命と非生命の間にはどっちつかずの中間的事例は多くある。たとえば、ウィルスについて、あるいはコンピューターに依拠した「人工生命」について考えてみよう。最も単純な物理学的プロセスにしても、大抵ぼくらが見てとるよりずっといきいきしており、またこれ以上なく曖昧さをそぎとった生けるプロセスにしても、相対的にみて非生命的なプロセスの中に埋め込まれており、これとほどけないほど絡みあっている。生気＝活力 vitality は不均等に分布していて、いたるところではたらいている。こういう理由で、「諸対象の民主制」もまた「同輩としての民主制」なのである。

（シャヴィロ　二〇一六：九四頁）

それを云うなら、あなた達のＤＮＡもまた自己保存の為のプログラムに過ぎない。生命とは情報の流れの中に生まれた結節点のようなものだ。

（人形使い、『攻殻機動隊　Ghost in the Shell』、一九九四）

はじめに

一九九〇年代以降、インターネットの普及に伴い我々をとりまく環境は劇的に変化した。とりわけ二〇〇〇年代半ば以降の情報技術、なかでもデジタルメディア技術の「革命的」な進歩は、我々の政治的・社会的・経済的・文化的条件を一変させてしまった。数年前までは単なるSF的な物語であると思われていたもの、たとえば、サイバースペースに常時接続されたサイボーグ、AIによる社会統治、あるいは生命科学技術による人間身体の拡張や代替などが、いまや現実のものとなりつつある。そして、こういった変化の中で問われ始めているのは、我々人間はもはや主体という特権的な位置から転落しつつあるのではないのではないか、ということである。特に技術という観点から見た場合、我々はそれを扱う側ではなく、扱われる対象＝客体へと変化しはじめているということが顕著になりつつある。こういった変化を鑑みて、哲学者のロージ・ブライドッティは現在の状況を分析しうる言説を「反ヒューマニズム」とも「ヒューマニズム」とも異なる、「ポストヒューマニズム」的なものであると主張している（ブライドッティ　二〇一九：六〇―六一頁）。いわゆる「ポスト構造主義」として知られる「反ヒューマニズム」は、世界の中心に君臨する主体としての、西洋の白人男性中心主義的な「ヒューマニズム」に対して、それに含まれていない他者としての「ヒューマン」＝人間である非白人、女性、非健常者などの存在を突きつけることで、人間概念の権力性の再考を迫るものであった。それに対し、「ポストヒューマニズム」とは、（有機物／無機物の双方を含めた）人間ではない他者の存在が、人間のあり方にどのように深く影響しているのかを明らかにすることで、これまでの人間概念とは根本的に異なる人間と世界の関係性を提示しようとするものなのだ。すなわち、「ポストヒューマン理論は、人間中心主義の傲慢や、超越論的カテゴリーとしての〈人間なるもの《ヒューマン》〉という「例外主義」に意義を唱える」（同書：一〇四頁）ものであり、人間と非人間との間に引かれている主体（subject）と客体／対象（object）という一方的な境界線を、揺るがすものなのである。

　こういったポストヒューマンな議論という潮流の中には、たとえば北米の哲学者であるグレアム・ハーマンによるオブジェクト指向存在論（Object Oriented Ontology／ＯＯＯ）のようなものがある。[1] ＯＯＯは、これまで思考主体による一方的な客体として扱われてきた対象＝モノ（object）に焦点を当て、その自律性と把握不可能性について論じている。ハーマンによれば、思考主体と思考対象の関係性は、対象と対象の関係性に対して、なんら優越性を持つものでもないという。つまり、人間は他の非人間的存在であるモノよりも、モノのことがわかっているという訳ではないというのだ。ハーマンが描く世界は、アルフレッド・ノース・ホワイトヘッドが主張した「人間的存在者と非人間的存在者は皆、他の事物を抱握（*prehend*）し、それに対し何らかの仕方で関係する限りにおいて、いずれも等しい身分を持っている」（ハーマン　二〇一七：七六頁）という世界であり、そこでは人間もまた他のモノと同じ地平に置かれる、言い換えれば人間もまた一つのモノとなるような世界なのである。

　このような人間の中心性が失われたモノとモノとの世界、あるいはスティーヴン・シャヴィロの言葉を借りれば「モノたちの宇宙」は、巷間に流布し手垢にまみれた概念としての、伝統的な「日本的」自然観や宗教的精神性なるものに、近似したもののように感じられるかもしれない。たとえば、梅原猛が主張していたような、「山川草木悉皆成仏」の精神に体現された、人間以外のすべての存在を等しいものとみなし、その「共生と循環」を主張する「日本仏教的」な精神性なるもの。[2] あるいは、西田幾多郎が主張した、主体と環境が相互限定し、個物的多と全体的一との間における「絶対矛盾的自己同一」的な弁証法が作動する場所としての、皇室を奉じる「日本文化」なるもの[3]。しかし、これらの「日本文化論」的議論とポストヒューマン的議論との決定的な違いは、モノに過剰性を認めるか否かであるといえよう。すなわち、梅原や西田が主張するような、調和的で弁証法的な全体性によっては決して把握できず、さらにはそういった全体性を常に脅かし破壊するような過剰な潜在性をはらんだものとして、ポストヒューマン的なモノは提示されているのである。ハーマンが言うように、「意識に対する諸事物の現象的な実在性は事物の存在を組みつくしはしない」(ハーマン 二〇一七:六六頁)のだ。

そして、今日のデジタルメディア技術の革命的進歩がもたらしつつあるものとは、人間もまた一つのモノとして、すべてのモノが同じ地平に置かれるという状況であるとともに、このようなモノにはらまれる過剰性をめぐる政治であるのだといえよう。このようなモノとなった人間は、他のモノとの関係性において過剰性を帯びるがゆえに、その過剰性をいかに馴致するかということが、統治の最重要課題となるのである。そして、このような過剰性は、モノが他のモノから「情動」(affect)を触発されることによって、生じるのだ。

本章で展開されるのは、デジタルメディア技術によってもたらされた、すべてがモノ化する空間における政治と差別をめぐる、理論的な考察である。我々人間が、デジタル情報技術によってその中心性や主体性を剝奪され、他のモノと同じように操作あるいは統治されるモノとなりつつあるなか、モノの過剰性がいかに統治に利用されているかということに関する考察が必要となるであろう。そしてそれは、これまでのような主体と権力の関係を前提にした差別とは異なる、差別の様相の出現を理解することにもなるだろう。このような考察のために本章で注目するのが、モノの過剰性を引き起こす原理としての「情動」である。本章では、まず今日のデジタルメディア技術によってもたらされた社会的状況を検討したのち、そのような社会における主体のモノ化と情動の関係を論じる。その後、そこで引き起こされている差別の問題について、ネット右翼に焦点を当て、批判的に考察する。

ネット右翼に関しては、ジャーナリスティックなものも含めて多くの論考が存在するが、そのほとんどがレイシズム論やナショナリズム論、あるいはポピュリズム論などから論じるものである。しかし、これらのようなアプローチでは、ネット右翼がどのように登場してきたのか、その来歴はある程度説明できても、なぜそれが可能であったのか、その出現や生成を支えている原理がいかなるものであるのかを、説明できないのではないだろうか。そこで本章では、その存在を可能にしている技術論的条件から、ネット右翼について検討することを目標にしている。あらかじめ結論を言ってしまえば、ネット右翼とは従来の「主体」概念で理解することができる存在ではなく、デジタルメディア技術によってモノ化した存在なのだ。このことを明らかにすべく、以下順を追って議論を展開していこう。

一　デジタルメディア技術とプラットフォームによる統治と管理

一九七〇年に出版された『消費社会の神話と構造』においてジャン・ボードリヤールは、すでに人間と人間の関係が、モノとモノとの関係へと取って代わられつつある状況を指摘している。「われわれはモノの時代に生きている。つまり、モノのリズムに合わせて、モノの絶えざる連続に従って生きているのだ」（ボードリヤール　一九九五：一二頁）。それは、生産よりも消費の方が資本主義を規定するようになった現代の消費社会において、購入と消費へと向かう欲望を喚起することが至上命題となり、そのような欲望を喚起するメカニズムがどのように構築されたのか、という分析においてであった。消費への欲望を喚起するものは、商品の持つ記号性、すなわちイメージであり、そしてこのイメージは他の商品との関係性において決定され、補強される。たとえば、ベンツはそれ以外の車との関係性においてそのイメージが決定され、そしてベンツ以外の高級な商品との関係において、その高級さというイメージが補強されるのだ。つまり、ベンツに乗るということは、それに見合うだけのファッションやライフスタイルなどを消費する人々の仲間入りを果たすということを意味し、そのような意味作用が機能することによって、ベンツのイメージもまた強化されるのである。そして、この結果として、人々は他の人々を、その人が購入し消費するモノによって判断することになる。「そこでは個人が自分自身を映してみることはなく、大量の記号化されたモノを見つめるだけであり、見つめることによって彼は社会的地位などを意味する記号の秩序の中に吸い込まれてしまう」（同書：三〇三頁）。

一九八〇年代から九〇年代を通じて盛んに参照されたこのような議論においては、しかし、まだ人間とモノとの区別が可能であったが、デジタルメディア技術によって支えられた今日の社会的状況では、人間自体がすっかりモノへと変化してしまったといえよう。しかもそれは、消費社会的な資本主義を支えるものとして問題となっていた、消費への欲望を喚起させるメカニズムが、より洗練されることで、出来した事態であるのだ。デジタルメディア技術の登場以前には、欲望の喚起は、たとえばテレビCMなどのメディアを通じた（アルチュセール的な意味での）イデオロギー的なものであった。そこでは、呼びかける主体としてのメディアと、その呼びかけに応じる主体としての消費者、といった構造が存在しており、主体間の折衝や交渉の余地が存在していたのである。

それに対して、今日のデジタルメディア技術が可能にしたのは、よりダイレクトな形における、消費への欲望の喚起である。デジタルメディア・ネットワークによって媒介された我々は、どのような情報にどのように反応しているのかということを、ネットワークにインフラストラクチャーとして実装されたプログラムによって、常に観察・分析され、データとして収集されている。そして、このようにして蓄積されたデータはビッグデータとして分析され、その分析を基に導き出された情報によって、我々はより効率的に消費への欲望を喚起されるのである。ここでは、我々は情報に影響されるモノであると同時に、データを収集するための対象＝モノとして扱われているのだ。デジタル政治経済学者のニック・スルニチェクは、このようなネットワークに実装されたインフラ＝プログラムとしてのプラットフォームによるデータの分析が核となって駆動する資本主義を、「プラットフォーム資本主義」(4)と呼び、次のように主張する。すなわち、「この二十一世紀において、デジタル技術の諸変化を基盤に、データはますます企業と、企業と労働者、顧客、そして資本家との関係性にとって中心的なものとなりつつある。プラットフォームは新しいビジネスモデルとして台頭しつつあり、それは膨大な量のデータを抽出し制御することを可能にするものである。そして、この変化とともに、我々は巨大独占企業の出現を目の当たりにしつつあるのだ」(Srnicek 2016, p. 6) と。

デジタルメディア技術の発展によって、データを収集する対象＝モノとして個人が扱われるという事態については、ジル・ドゥルーズが一九九〇年の論考において次のように指摘していた。「いま目の前にあるのは、もはや群と個人の対ではない。分割不可能だった個人は分割によってその性質を変化させる「可分性」となり、群れの方もサンプルかデータ、あるいはマーケットか「データバンク」に化けてしまう」(ドゥルーズ　二〇〇七：三六一頁)と。ドゥルーズによれば、現代社会をその権力の作動によって特徴づけた場合、管理社会として理解でき、そしてその管理社会の特徴とは、個人＝「不可分なもの」(*individus*＝individuals) が「可分的なもの」(*dividuels*＝dividuals)＝「分人」となってしまうことにあるという。デジタルメディア技術は、個人をさまざまな属性やデータの集積体へと還元してしまうことで、個人を管理することを可能にする。そして、そのような管理においては、人間が主体として存在するための基盤が掘り崩されてしまう。超越論性、統覚、実体、自己、人格、あるいはアイデンティティなど、人間が主体であるためには、同一性を保持し反省能力を有する主観性が前提とされてきた。しかし、分人化が引き起こす事態とは、個人を個別の来歴を持つ断片化されたデータの結節点（node）として扱うことで、そういった前提を無効化してしまうといったものなのだ。デジタルメディア技術は、断片化されたデータに基づいて、個人を一時的で場当たり的な欲望喚起にさらし続けてしまうことを可能にする。「管理は短期の展望しか持たず、回転が早いと同時に、もう一方では連続的で際限のないもの」（同書：三六四頁）なのだ。つまり、個人はデータに影響されるモノとして、管理されてしまうことになるのである。このような状況においては、個人は一つの統一されたパースペクティブを維持することが困難となり、主体性の座から転落してしまうこととなる。

メディア思想史家のマーク・ポスターが指摘するように、このような分人化＝データ化に基づく個人の管理は、一九七〇年代からその可能性が議論されていた。そして、八〇年代には相当程度普及しており、データベースを利用する諸組織・企業の「リストはますます増えていっている」（ポスター　二〇〇一：一六二頁）のであった。ポスターによれば、このようなデータベース的管理権力の増大は「超パノプティコン」を出現させ、個人はパノプティコンからの「眼差しに従属する主体として自己構築」（同書：二一四頁）しているのだという。しかし、今日のデジタルメディア技術が可能にした管理社会は、もはやパノプティコンのモデルでは捉えきれない。なぜなら、今日の管理社会において最も重要なことは――個人が主体ではないということのほかに――データの分析や分類、あるいは序列化自体が、上位の権力主体や審級が措定する規範や価値に従ってなされるのではなく、むしろ情報相互の自由な流通＝コミュニケーションによって実現されているということにあるからだ。ここでは、パノプティコンあるいは規律訓練権力ではなく、むしろ同じくミシェル・フーコーがその後期において唱えた統治性権力が、機能していると考えるべきであろう。フーコーは、超越的な原理ではなく内在的な原理によって機能する権力こそが、統治性権力の本質であると規定し、そしてそのような権力の典型こそがリベラリズムであると主張した。すなわち、リベラリズムとは、諸主体の自由な活動を通じて内在的に生成する秩序に沿って機能する権力であり、このような秩序の生成のために、「私はあなたが自由であるために必要なものを生産しよう。私は自由に振る舞う自由をあたえよう」（フーコー　二〇〇八：七八頁）ということを目指すべく、主体の自由を可能にする環境を構築し、管理する権力であるのだという。

デジタルメディア・ネットワークという環境の中では、諸個人の生産するデータが相互に関係することで、そのデータを判断するための情報が内在的に生じ、その情報に従ってデータが分類・序列化されることになる。このような情報の内在的な生成を支えるものこそが、Google や Facebook、Instagram などのプラットフォームである。これらのプラットフォームは、最も多く訪問者のあったウェブサイトや、最も多く「いいね！」やフォローがあった情報を提示する、あるいは、諸個人のこれまでの傾向を分析した結果、好みそうであると思われる情報を薦めるなどの方法で、個人を一定の方向性へと導くものである。しかし、重要なことは、この導きは超越的な権力によるものではなく、メディア・ネットワーク内における、データの自由な流通＝コミュニケーションによって担保されているということだ。メディア・ネットワーク上でどのようなサイトを訪問するか、あるいはどのような情報をフォローするかは自由であり、このような自由が担保された環境から採取されたデータを基に、内在的な秩序の生成を管理することこそが、プラットフォームの機能なのである。ここでは、統治性権力と同じ原理がはたらいていることが認められよう。

しかし、フーコーが統治性権力を論じる際に想定していた状況とは異なる事態もまた、ここには存在する。なぜなら、フーコーにとって自由とはあくまでも主体の自由であったのに対して、デジタルメディア・ネットワークにおける自由とは、畢竟、データ流通の自由に還元されるからだ。ここでは、個人はあくまでもそこからデータが採取される対象＝モノであり、かつ情報によって影響されるモノに過ぎない。社会学者のスコット・ラッシュもまた、今日の「テクノロジー文化においては、主体はものと同じ世界にある。以前にあった超越性と二元論は内在性と一元論に取って代わられている」（ラッシュ　二〇〇六：二七九頁）と指摘しているが、ここに至って、この主張の意味をより明瞭に理解できるであろう。それはすなわち、我々はもはや自身の主観的意志によって行為を決定する存在ではなくなっており、権力もまたそのような意志に介入することを目的としていない、ということだ。我々は、あたかもキューでついたビリヤードの玉のように、特定の情報に対して一定の反応を示すだけの存在として扱われ始めているのである。ウェブサイトへの訪問も、情報へのフォローや「いいね！」も、自由な主体の行為というよりも、情報によって影響された一つの反応を示しているに過ぎないのだ。そして、デジタルメディア技術によって支えられた権力の目的とは、このような反応のパターンを計測することなのである。言い換えれば、プラットフォームの目的とは、情報と個人の反応の関係を予測あるいは先制することで、効率よく消費への欲望を喚起させることができるシステムを構築することなのだといえよう。

このように、デジタルメディア技術によって支えられた今日の管理社会、あるいはプラットフォーム資本主義社会においては、分人化されモノ化された個人による反応パターンをめぐって、権力が作動することになる。そして、こういった反応パターンを司るものこそ、情動（affect）なのだ。情動とは、モノが他のモノによって触発されることで生じる、運動あるいは強度の経験のことである。しかも重要なことは、情動とは本来潜在的なものであり、必ずしも一定のパターンを生じさせるものではない、ということだ。つまり、モノが他のモノによって触発される情動には、予測不可能な動きの可能性という、過剰性がはらまれているということである。したがって、今日の権力の目的とは、この潜在性あるいは過剰性を管理あるいは制御し、パターンへと収斂させていくことにあるといえよう。この問題をより明らかにするために、次節においては情動の問題について、より深く考察することにしたい。

二　情動という問題系

情動は、ここ十数年ほどの間に、主に文化理論やカルチュラル・スタディーズの領域で注目され始めた議論である。文化・政治理論研究者のジェレミー・ギルバート（Gilbert 2004）が指摘するように、この背後には次のような事情がある。すなわち、記号論的な分析方法によって文化を意味という観点から分析するというのが、これまでの文化理論の支配的な手法であったが、近年そういった手法への限界が意識され始めてきたということだ。たとえば、音楽を通じて共振する身体という事例を考える場合、その音楽によって表明されている意味がどのようなものなのか、という以上の問題がそこにははらまれている。意味という観点からのみでは、非常に攻撃的でラディカルな歌詞でもって、黒人差別と白人支配を糾弾するようなヒップホップ・ダンスミュージック（パブリック・エネミーなど）が、白人の、しかも社会的な問題意識がおよそ高いとは思えない若者によって、熱狂的に支持される、といった現象について理解することが困難になってしまうのだ。そのため、このような支持の背後には、意味や反省的な意識には還元できないレベルでの影響が、音楽を媒介にして生じていると考えるべきであり、そういった領域を分析する枠組みとして、情動が注目され始めたのである。

とりわけ、情動をめぐる議論において最も強い影響力を持っているのが、哲学者ブライアン・マスミによる議論であるといえよう。マスミはもともとドゥルーズの研究者・翻訳者として知られていたが、ドゥルーズがスピノザ研究をつうじて明らかにした「アフェクチオ」（*affectio*）＝「アフェクトゥス」（*affectus*）＝情動（affect）の概念を発展させ、新しい文化理論として提示してみせたのであった。

ドゥルーズによるスピノザ解釈によれば、我々の存在は端的に力＝「コナトゥス」（*conatus*）として捉えることできるという。このコナトゥスは他の存在＝コナトゥスによって触発され、変容させられる。この触発＝変容こそがアフェクチオであり、このアフェクチオの結果、我々のコナトゥスは弱くなったり強くなったりするし、またどういった方向へと向かうのかということも決定される。そして、アフェクトゥスとは「その身体自身の活動力能がそれによって増大あるいは減少し、促進あるいは阻害されるような身体の変容をいう」（ドゥルーズ　一九九四：一六七頁）という。つまり、我々の存在の強度と方向性は他の存在との触発―情動的関係によって決定されるということであり、ここには主体化や意識化以前の、潜在的な関係が働いている。言い換えれば、我々の意識や主体性とは、こういった情動によって触発された力――それは潜在的にはさまざま形で現れる可能性を持っている――が、ある特定の形として現れたものを、事後的に解釈したものに過ぎないのであり、こういった事後的な解釈こそが、「イマギナティオ」（*imaginatio*）＝「表象」なのである。

このようなドゥルーズ―スピノザによる情動をめぐる考察を受け継ぎながら、「情動論的転回」（affective turn）と呼ばれるムーブメントを起こすほど大きな影響を及ぼしたのが、マスミによる一九九五年の論考、“The Autonomy of Affect”である。この論考では、ホワイトヘッドやジルベール・シモンドンなどの議論も参照しつつ、主観的な意識によって自分自身を一つの個人＝個体であると、我々が認識し始めるような状態以前――シモンドン流に言えば「前個体的なもの」（*the preindividual*）――において作用するものとして、情動が検討されている。マスミによれば、情動とは、前個体的なものから、個体が創発するための原理であるという。前個体的なものとは、さまざまな潜在性がはらまれる領域のことであり、個体とは、そのさまざまな潜在性から偶発的に一つの形態として出現＝「創発」したものなのである。しかし、この創発は一回限りのものではない。なぜなら、個体は前個体的なものへと常に回帰し、そこでまた潜在性へと開かれることになるからである。そして、情動とはこのような前個体的なものから個体を生じさせる契機となるものであり、それは一種の強度として経験されるものなのだ。マスミは、個体が生じる「それぞれの領域において、形姿あるいは構造が形を成し始めるが、しかしすぐさまそれは分解し始めるのであり、それはその領域が緊張関係にあるその他の領域との関係において変化するからである」（Massumi 2002, p. 34）と述べているが、つまり、このような他の存在との緊張関係こそが、情動であるのだといえよう。

ここで述べた情動と前個体的なものとの関係については、ギルバートが、シモンドンの「過飽和」（*sursaturation*＝supersaturation）という概念を使って、より簡潔に説明している。ギルバート（Gilbert 2014, pp. 108–109）によれば、シモンドンが想定した前個体的なものから個体化への変容とは、自然界における過飽和溶液中の結晶化に、その一般的なモデルを求めることができるものであるという。結晶とは、特定の構造を持った一つのモノ（object）であり、予測可能なプロセスの結果生じるものである。しかし、それにもかかわらず、実際の個々の結晶の形は、それぞれの個別性に応じて独特の形を持っている。しかも、それが溶液中の中から結晶化したものである場合、その結晶は、溶液や、溶液中に含まれている基質、あるいは溶液の構成要素などから、完全に独立した実体では決してない。「結晶化は、ある一定のレベルの過飽和に達した溶液中においてのみ、生じるものであり、そしてこの結晶化は、溶液中の構成要素間の極端な不均衡として理解できる」（Ibid., p. 109）のである。そして、過飽和溶液における結晶化は、なんらかの触発を与えることで起こり始めるのであり、情動とはまさにこの触発のことなのだ。つまり、結晶化こそが個体化であり、そして前個体的なものとは常に過飽和状態の溶液であり、さらにはそこから結晶化を引き起こす不均衡こそが、情動によって引き起こされる強度的経験なのである。

ギルバートは、このような過飽和状態の前個体的なものを、「関係性の領域」(*field of relationality*) として捉えている (Ibid., p. 108)。すなわち、個体化とはさまざまな潜在的関係性の中から、個を規定する一つの関係性が偶発的に強調され、現実化された状態なのである、ということだ。我々は、重層化されしばしば互いに矛盾し合っている多様な関係性の中を生きているが、その中でどのような関係性が自己を成り立たせているものとして意識されるかは、その時々に受ける刺激や触発によって情動的に規定されるのである。このようなものの典型例の一つとして挙げられるのが、いわゆる「反日抗議活動」という刺激による「ナショナリズム」の高揚であろう。海外における日本の歴史や政府の態度への抗議活動という情報に触発されることで、自身を取り巻く特定の関係性が析出され、普段意識していなかった「日本人」という自己意識＝個体化が、突如としてせり出してくるのである。

この場合注意しなければならないのは、このような「日本人」という自己意識は、実際にはありうべきさまざまな関係性の理解のうちの一つに過ぎない、ということだ。これは、なぜなら情動的経験は非意識的経験、すなわち無意識ではないが反省も分節化もされていない意識上の経験として、経験されるものであるからだ。つまり情動的経験とは、なんらかの衝撃を受けた時にとっさに体が動いてしまうというような、身体と思考が未分化な経験のことなのである。

情動はしばしば感情 (emotion/sentiment) と混同されるが、この点において、両者は異なる。感情とは、完全に意識的なものである。たとえば、何かに触発されて涙を流した場合、「悲しくて」あるいは「嬉しくて」涙を流しているのだ、と主観的意識において理解しているものが感情である。しかし情動とは、そういった判断以前に、身体が泣いてしまっている物理的反応状態のことなのだ。言い換えれば、それは「悲しい」のか「嬉しい」のかは、いまだ潜在的なまま、両方の可能性が担保された状態である。そのため、情動によって構成された身体性について、マスミは「通常は対立しているものがそこで共存し、融合し、結合する場としての、生きられたパラドクス」(Massumi 2002, 30) であると述べている。これは身体の持つ潜在性についての説明であると理解できるが、厳密には、ここでは潜在性は二重化されているといえよう。まず、第一のレベルは、触発によって身体は泣くのか、あるいはそれ以外の情動を生じさせるのか、という潜在性である。泣くという情動的反応自体が、その身体が置かれている前個体的なもの、あるいは関係性の領域に潜在している、一つの関係性の現れなのだ。そして、第二のレベルが、泣いたことに関する、感情的な解釈の潜在性である。このように、情動の持つ潜在性は、あらゆるレベルに付いて回るのであり、そういった意味においてマスミの主張も理解されるべきであろう。

このため、「反日抗議活動」という触発もまた、それが引き起こす情動的経験がどのような身体的=物理的反応なのかは、潜在的なものであり、あらかじめ決定されてはいないということになる。さらには、それぞれの身体的=物理的反応がどのような自己意識=感情へと繋がるのか、ということも潜在的なものであり、引き起こされた情動が「ナショナリスト」的な意識へと直結するものでは必ずしもないのである。

以上のように、情動という問題系においては、個体とは自身において、つまり主体として個体化するのではなく、他の存在との関係における触発を通した物理的反応によって、対象=モノとして個体化するものとして、理解される。したがって、このような情動を通した個体化は、人間に限ったものではなく、「岩の形成や、木や、細胞器官」(Gilbert 2014, p. 108) など、生命体も非生命体も含めた、すべての存在するものに当てはまる原理なのだ。そして、それはすべての個体、あるいはモノには、潜在性がはらまれていることを意味する。言い換えれば、その現実上の見かけを超えて、すべてのモノの背後には過剰なものが潜んでいるのである。

そして、このようなモノの持つ情動的な過剰性を馴致し管理することこそ、今日のデジタルメディア技術に基づいた、プラットフォーム資本主義的な権力なのである。それは、メディア研究者のマーク・アンドレジェヴィックが指摘するように、「情動の調整」(modulation of affect)を目指すものであり、そういった「戦略は［データの］集合的な流れについての即時的かつ進行中の監視に依拠している」(Andrejevic, 2013, p. 53)のだ。前節ですでに明らかにしたように、我々は今やデジタルメディア技術によって、モノと化している。しかし、モノは本質的に過剰な存在であり、その情動がどういった方向へと向かうのかあらかじめ決定することは、原理上不可能であるということが、本節では確認された。それに対して、今日のデジタルメディア技術的な管理とは、膨大なデータを採取することで、諸個人の情動的な反応の傾向性を事後的に分析し、それに基づいてより強い情動を触発する情報を析出させ、その情報を活用することで諸個人を一定の方向性へと導くこと、なのである。ここでは、どのような感情を諸個人が持っているかは問題ではない。むしろ、さまざまな感情が混在しつつも一つの方向性へと収斂させることこそが、重要なのである。このように、情動の「調整とは継続的な調節のことを意味し、それは予測された結果としてのモデル化された未来を現在へと持ち込むことを目的とするが、その方法は未来を説明することで現在を変化させるというものである」(Ibid., p. 57)のだ。それゆえ、このようなデジタルメディア技術による管理は、「先制的でかつ生産的」(preemptive and productive)(Ibid.)なものなのである。

デジタルメディア技術が膨大なデータを収集し、それによって傾向性を分析・提示することが可能であるということは、メディア・ネットワーク上の傾向性が全体として一つのものへと収斂することを意味しない。むしろそれによって提示されるのは、互いに分断されたさまざまな諸傾向である。こういった諸傾向は、それぞれ異なった情報によって情動を強く触発される諸個人＝分人を生み出し、むしろ社会的な分断を強くしてしまう。アンドレジェヴィックが主張するように、「情動的事実に結び付けられた様々に相違する物語の増殖」（Ibid., p. 60）を出来させてしまうのだ。そして、このようなものの典型こそが、今日の日本のメディア・ネットワーク空間におけるネット右翼であるだろう。そこで、次節においては、これまでの議論によって得られた考察を基に、ネット右翼について批判的に検討を加えることにしたい。

三　デジタルメディア社会における差別：「ネトウヨ」の問題

ネット右翼、いわゆる「ネトウヨ」がどういった存在なのか、を厳密に定義することは難しいであろう。たとえば、「在日特権を許さない市民の会」（略称：「在特会」）などの集団を、ネトウヨが可視化されたものとして扱うことは、ネトウヨの全貌を理解するには十分ではないと考えられる。あるいは、ネトウヨと極右政治団体である「日本会議」(5)との関係性を問題にして、ネトウヨの広がりと反動的な政治的理念やイデオロギーの浸透を議論することは、問題意識は理解できるものの、しかしネトウヨの持つ特質を見失う恐れがある。これらの議論は、深刻な問題であることは認識できるものの、その実像をつかみづらいネトウヨについて、それを特定の政治集団と結びつけることで、なんとか理解可能なものの範囲に収めたいという欲望の現れなのではないだろうか。むしろネトウヨとは――前節までの議論を敷衍すれば――実際のところ、利害や信念、あるいはイデオロギーなどを共有していない、個々ばらばらの諸「個人／分人」がメディア・ネットワークを通じて媒介されることで、抽出され誘導された傾向に過ぎないのではないかと思われる。

まずはこの傾向について最低限の定義づけをしておく必要があるであろう。よく知られているように、ネトウヨ的言説の一番の特徴とは、そのレイシスト（人種差別主義）的性格である。とりわけ、韓国・朝鮮半島や中国大陸の出自を持ち日本に在住する人々に対する、差別的な言辞にその特徴があることは、よく知られている。また、それに相関する形で、中国や韓国から批判の対象となっている戦前日本の帝国主義的植民地主義を美化し、自分たちの「日本人性」を称揚する「ナショナリズム」的なものとしても、理解されている。そして、そうであるがゆえに、ネトウヨを構成する人々は、いわゆる自国中心主義的で反動的な「ナショナリスト」（いわゆる「ジンゴイスト」＝jingoist）である、と一般的には受け止められているといえよう。

しかし、こういった一見反動的で戦前回帰的なネトウヨ的ナショナリズムには、日本の近代史において問題となってきたようなタイプのナショナリズムとは、異なっている点が多く見られる。一般に、近代日本のナショナリズムは、天皇を中心に据えつつ、それ以外の国民を平準化することで、均質的で国民的な共同体といった理念を提示するものとして、理解できる。橋川文三（橋川　一九六八：七八—八〇頁）が指摘するように、それは吉田松陰から二・二六事件に至るまで連綿と続いたものであり、天皇の前の平等を重視するということの延長上において、資本主義にすら反対する契機を持ちうるものだ。さらには、とりわけ一九三〇年代から四〇年代に猛威をふるった皇道・国体主義的ナショナリズムに顕著なように、日本文化の独自性や優越性を唱えるがゆえに、反西洋あるいは反米的な態度をしばしば正当化するものでもあった。しかし、近年の研究（高　二〇一五：一二一—一六二頁）が明らかにしている通り、一般の大学生を対象にした実証調査では、ネトウヨ的な志向性を持つレイシスト的意識は、「社会支配的傾向」とは正の相関関係を持つものの、右翼的権威主義とは相関関係が見られないという。つまり、ネトウヨ的ナショナリズムには、従来の右翼のような天皇や皇室への崇敬が見られず、水平主義的な思考を持つどころか、資本主義的競争によってもたらされた格差や不平等を是認するような、新自由主義者的特徴が見出せるというのだ。そして、中国や韓国・朝鮮からの攻撃や挑戦から守ってくれるものとして、ネトウヨがむしろ親米的傾向を見せているということは、よく知られている通りだ。このようなネトウヨ的ナショナリズムについては、山崎望が主張するところの「奇妙なナショナリズム」であると言うこともできる。とりわけ「「われわれ」の実態的な国民統合」の「追及には消極的」な姿勢を見せ、「グローバル化と新自由主義によって融解する「友の分解」への関心は希薄」（山崎　二〇一五：一四頁）という特徴は、そのままネトウヨ的ナショナリズムに当てはまるであろう。

ネトウヨ的ナショナリズムが、近代日本における従来のナショナリズムとは異なり、「奇妙なナショナリズム」であるということは、それが主体化された個人による国民主義的なナショナリズムではないということを、示していると考えられる。言い換えれば、この「奇妙なナショナリズム」は、ナショナリズムとしてのイデオロギー的な一貫性を欠いており、したがって、それは主体が本来保持しているはずの自己同一的な内面を充塡する原理としては機能しえない、ということである。

柄谷行人は、内面を持ち風景を遠近法的に見る近代的な主観性、すなわち「固定的視点をもつ一人の人間」（柄谷　二〇〇八：二三頁）が、近代日本において「発見」され、制度として確立していく様を分析している。つまり、他人とは異なる内面を持つ「一人の人間」＝一つの個人としての自覚、あるいは内面＝（超越論的／自己同一的）主観性の獲得は、近代という特定の時代において初めて生じた事態であるということだ。こういった内面を根拠に、自身の行為を決定する主体としての自己が確立されるのであり、イデオロギーとは、このような主体的決定の根拠として常に参照されるものなのである。そして、このような個人の出現こそが、国民共同体へと向かうことを自己の意思において何よりも優先させる、国民的主体を誕生させるのだ。

加えて酒井直樹は「バラバラにされた個人を無媒介的に（集団としての）国民の全体性に一気に結びつける」（酒

井　二〇一五：八頁）ものとしてのナショナリティ（＝国体／国民性）を指摘しているが、このような機制は、近代的個人＝主体その決定の根拠として、常にイデオロギーとしてのナショナリズムを参照することによって可能となっているのである。それと比較すれば、ネトウヨの「奇妙なナショナリズム」は、主体が主体であるために参照すべきイデオロギーとしてはあまりにもデタラメであると言わざるをえない。それは、自分たちが主体たるべきイデオロギーとしてのナショナリズムを、ネトウヨという傾向性に導かれている諸個人は必要としていない、ということを意味しているであろう。

つまり、ネトウヨへと導かれる個人はもはや主体ではないのだ。彼ら・彼女らは、いまや分人化されたモノであり、アドホックな形で情動を触発され、場当たり的な感情に従うように導かれる存在なのである。そしてこれを支えているのが、プラットフォームによる「情動の調整」が作り出す、一つの傾向を析出し強化するというサイクルなのだ。この意味で、ネトウヨなる存在は存在しない。存在するのは、情動が触発されることでレイシズムやジンゴイズムへとひきつけられ、そしてこのようなレイシズムやジンゴイズムをさまざまな情報やデータと、イデオロギー的な一貫性や論理的な分節化のないまま接合していってしまう、結節点としての諸個人／分人のみなのである。こういった個人／分人に対して、その情動は事実に基づいていない、間違っている、と批判しても無駄である。なぜなら、分人化されモノ化された諸個人にとって、いわゆる事実を構成する次元はもはや失われているからだ。素朴に事実なるものが存在するという想定はさすがにナイーブに過ぎるが、メディアによって構成される想像的な共同主観性としても、事実はもはや存在しない。なぜなら、そのような共同主観性を担保する主体が、デジタルメディア環境においては欠如させられているからである。もはや、実証的事実かフェイクニュースかは問わず、情動を触発するものが、諸個人／分人にとっての「情動的事実」として機能し続けるのだ。

このような存在しない「ネトウヨ」の「存在」を同定し批判するといった行為は、「ネトウヨという存在」を実体として過大評価することに貢献するものなのではないだろうか。つまり、反「ネトウヨ」もまた、「ネトウヨ」によって情動が触発された諸個人／分人から抽出された傾向として、結果としてネトウヨとの間に情動の連鎖的な共犯関係を結んでしまっているものであると考えられる。そして、このような共犯関係が、国家の統治によって、その統治の正当化のために利用可能なものとなるのではないだろうか。ここに、「情動の調整」による先制という統治性と、国家の統治性が交錯する契機が生じるといえよう。ネトウヨや反ネトウヨなる存在は存在しないにもかかわらず、政治的空間はそういった集団によって支えられていると我々は誤認してしまう。結果、ネトウヨ的傾向へと情動は触発されないが、反「反ネトウヨ」へと情動が触発されるという傾向が、自らは政治的空間に積極的にコミットしていないと認識している諸個人／分人の間に新たに生じる。そして、このような「ネトウヨ」的傾向と反「反ネトウヨ」的傾向から、国家の統治性はその正当性を調達することが可能になるのである。このような正当性、言い換えれば国家の統治性への支持は、本質的にイデオロギー的なものでもなく、主体的な決定でもないのだ。

おわりに

ここまで、ネトウヨ的傾向が生産される背景にある技術―社会的条件と、それによって規定されている我々の存在論的条件を検討してきた。この結果、我々にはどのような介入の可能性がある、と考えられるであろうか。少なくとも、ネトウヨ的傾向に導かれる諸個人を復古主義的な存在として、あるいは反知性主義的な存在として、捉え批判することではないであろう。むしろ、彼ら・彼女らと我々は、同じ社会―技術的条件に置かれている以上、我々もまたいつ何時でもそういった傾向へと導かれてしまうような諸個人／分人として、考える必要があるのだ。重要なのは、情動の潜在性を押し広げ、プラットフォームによる「情動の調整」に絡み取られない過剰性を、構想することである。ここには、宗教の持つ可能性を再考する道も開けていると思われる。なぜなら、内面的な信仰＝ビリーフ（belief）の問題としてではなく、儀礼＝リチュアル（ritual）あるいは実践＝プラクティス（practice）の問題として宗教を捉えた場合、(6)身体レベルでの情動的な共振のあり方として、宗教を考察することができると思われるからだ。その意味では、現在のデジタルメディア技術社会に固有の宗教的なもの、を見出すことも可能なのではないだろうか。

註

（1）じつは情動論の代表的論者であるマスミは、ハーマンによるOOOやそれも含まれるとされる今日の思想潮流の一つである思弁的実在論（Speculative Realism）を批判している。その批判や対立は無視できるものではないが、本章では、これらが旧来の主体─客体図式に則った哲学的思考への批判を行っているものとして、ポストヒューマン的傾向を共有しているという、シャヴィロ的な認識に立って議論を進めている。

（2）梅原の議論については、川村（二〇二一）を参照。

（3）西田（二〇〇七：四六─一二四頁）参照。しかし、西田哲学に関するポストヒューマン的な解釈については、ここでの批判にとどまらず、ポジティブな潜在性もはらんでいるであろうことも指摘しておきたい。とくに、第三節でのマスミとシモンドンの前個体化の議論と、西田の主客未分概念を比較検討することで、西田を批判的かつ創造的に読み直すことも可能であると思われる。

（4）ちなみに、スルニチェクによるプラットフォームについての定義に関しては、「二つ以上の集団の相互交流を可能にするデジタルインフラストラクチャー」（Srnicek 2016, p. 43）であり、「データ抽出のための理想的なモデル」（Ibid., p. 134）であるという。

（5） 日本会議をめぐる分析としては、菅野完（菅野 二〇一六）ならびに、山崎雅弘（山崎 二〇一六）による著作が詳しい。

（6） 近年では、宗教学や人類学の内部から、宗教概念を身体実践という観点から再検討しようという試みが見られる。磯前（二〇一二、三六頁）を参照。

参考文献

Andrejevic, Mark. 2013, *Infoglut : How too much information is changing the way we think and know*, London : Routledge.

ボードリヤール、ジャン 一九九五［1970］『消費社会の神話と構造』今村仁司・塚原史訳、紀伊國屋書店。

ブライドッティ、ロージ 二〇一九［2013］『ポストヒューマン――新しい人文学に向けて』門林岳史監訳、フィルムアート社。

ドゥルーズ、ジル 一九九四［1981］『スピノザ――実践の哲学』鈴木雅大訳、平凡社。

―――― 二〇〇七［1990］「追伸――管理社会について」宮林寛訳『記号と事件――1972-1990年の対話』河出文庫。

フーコー、ミシェル 二〇〇八［2004］『生政治の誕生』ミシェル・フーコー講義集成Ⅷ〈コレージュ・ド・フランス講義 1978-79〉、慎改康之訳、筑摩書房。

Gilbert, Jeremy. 2004, "Signifying Nothing : 'Culture,' 'Discourse' and the Sociality of Affect," *Culture Machine*, Vol. 6 (2004) : "Deconstruction is/in Cultural Studies," https : //culturemachine.net/deconstruction-is-in-cultural-studies/signifying-nothing/

―――― 2014, *Common Ground : Democracy and Collectivity in an Age of Individualism*, London : Pluto Press.

ハーマン、グレアム 二〇一七［2011］『四方対象――オブジェクト指向存在論入門』岡嶋隆佑・山下智弘・鈴木優花・石井雅巳訳、人文書院。

橋川文三 一九六八『ナショナリズム――その神話と論理』紀伊國屋新書。

磯前順一 二〇一二『宗教概念あるいは宗教学の死』東京大学出版会。

菅野完 二〇一六『日本会議の研究』扶桑社新書。

柄谷行人　二〇〇八『定本　日本近代文学の起源』岩波現代文庫。岩波書店。
川村覚文　二〇二一「第五章　ポスト世俗主義時代の技術と資本主義、そしてアニメの潜在性」島薗進・末木文美士・大谷栄一・西村明編『近代日本宗教史　第六巻』春秋社。
ラッシュ、スコット　二〇〇六［2002］『情報批判論――情報社会における批判理論は可能か』相田敏彦訳、ＮＴＴ出版。
Massumi, Brian. 2002, "The Autonomy of Affect," *Parables for the Virtual: Movement, Affect, Sensation*, Durham and London: Duke University Press.
西田幾多郎（二〇〇七）「国体（哲学論文集第四補遺）」『エッセンシャル・ニシダ　国の巻　西田幾多郎日本論集』書肆心水。
ポスター、マーク　二〇〇一［1990］『情報様式論』室井尚・吉岡洋訳、岩波現代文庫。
シャヴィロ、スティーヴン　二〇一六［2014］『モノたちの宇宙――思弁的実在論とは何か』上野俊哉訳、河出書房新社。
Srnicek, Nick. 2016, *Platform Capitalism*, Cambridge: Polity Press.
酒井直樹　二〇一五『死産される日本語・日本人――「日本」の歴史―地政的配置』講談社学術文庫。
高史明　二〇一五『レイシズムを解剖する――在日コリアンへの偏見とインターネット』勁草書房。
山崎雅弘　二〇一六『日本会議――戦前回帰への情念』集英社新書。
山崎望　二〇一五「奇妙なナショナリズム？」山崎望編『奇妙なナショナリズムの時代――排外主義に抗して』岩波書店。

第2部

差別と共生

――世界の事例から――

第四章　被差別／非差別の主張とカースト制度

——「不可触民」であること、インド人であること——

舟橋健太

個人と集団の関係を手がかりにして、差別の問題はいかに考えることができるだろうか。本章では、インドの「不可触民」による被差別／非差別の主張の様相を分析することから、集団性と差別に関する考察を試みたい。

そのとき、非存在はなかった。存在もなかった。(1)

（『リグ・ヴェーダ』宇宙開闢の歌、十・一二九）

存在は関係のなかにある。……対立するものの必然的な、そして階層化された共存、それがまさにカーストシステムの本質である。

（ルイ・デュモン『インド文明とわれわれ』三四頁）

一　関係のなかに生きる——カースト制度概略

社会は——本書の主題に従って換言すれば、国家は——人と人の関係から成り立っている。そうした関係性の要諦となっているものは、それぞれの時代や地域によってさまざま挙げられようが、ことインドに関していえば、「カースト」をその枢要なひとつとして挙げることに異論はないだろう。インドの人びとは、アイデンティティ／

カテゴリーとしてのカーストをすでに常にその身に負いつつ、関係のなかに生きていると捉えられる(2)。

このように、共同体（カースト集団）とそれぞれの関係性が重視される社会において、「個人」はどのように存在し、さらにそこでの差別事象（ならびに反差別の動き）の現出はいかなるものとなるだろうか。本章では、個人と集団のあり方の検討を軸に、現代インドにおける「不可触民(3)」による被差別／非差別の主張の様相を分析することから、国民国家や共同体との関係における差別問題の考察の一助をなしたい。

以下、カースト制度の概略を踏まえたうえで、西洋近代において普遍的とされる「個人」概念について、「集団」との関係において再考を行う。そこでは、近現代インドの不可触民解放運動（ダリト運動(4)）の嚆矢であるB・R・アンベードカル（Bhimrao Ramji Ambedkar, 1891–1956）の思想と活動を紹介し、アンベードカルにおける個人と集団の相克の様相を検討する。それらを受けて、現代インドにおける不可触民による被差別／非差別の主張のあり方を具体的に取り上げて検討し、最後に小考察を提示したい。

1　「カースト制度」形成史——古代から中世

カースト制度が、一般的に流布するインド古来の伝統的社会制度であるとの認識に反して、イギリス帝国による植民地支配の経験によって強く規定され、構築されたことは、改めて強調するまでもないだろう。またカースト概念という観点からも、西洋列強との出会いと交渉が、従来の共同体概念に大きな影響を及ぼしたことを指摘することができる（Dirks 2004）。本節においては、まずは以上の点について確認していきたい(5)。

カースト制度に関連する基盤となる用語として、ヴァルナ、ジャーティ、カーストの三つを挙げることができる。「ヴァルナ（varna）」は、「色」を意味するインドの現地語であり、後期ヴェーダ時代（紀元前一〇〇〇～前六〇〇年頃）に成立したとされる、バラモン教における社会制度である「ヴァルナ制度（四姓制度）」の根幹をなした概念である。最初にヴァルナの語を確認できるのは、インド最古の文献とされる『リグ・ヴェーダ』内においてとなる。紀元前一五〇〇～前一二〇〇年にインド亜大陸に進出したアーリヤ人が、自分たちと先住民たちとを区別してこの語を用いたことが端緒であるとされる。すなわち、「アーリヤ・ヴァルナ」「ダーサ・ヴァルナ」という二区分である。アーリヤは「高貴な」という意味で自分たちを指し、対して、肌の黒い先住民を指して「ダーサ」と呼んだ（のち、ダーサは「隷属」との意味を持つに至った）。

もともとはアーリヤ人からみた自集団／他集団の二つの大きな範疇化であり認識枠組みであった二ヴァルナであるが、時代が下り、紀元前八世紀頃までには四ヴァルナとなった。そこでは、職業と結びついたかたちで、社会の構成員が四つのカテゴリーに大別された。それぞれ、バラモン（司祭者）、クシャトリヤ（王侯、軍人）、ヴァイシャ（農民、商人）、シュードラ（隷属民）であり、順に位階性を有した[6]。前三区分については、バラモン教の聖典である『ヴェーダ』に基づく儀式を受けることが可能である「再生族」、シュードラについてはそれが不可能である「一生族」とされた。また、『リグ・ヴェーダ』内の原人プルシャ讃歌においては、プルシャの口からバラモンが、腕からクシャトリヤが、腿からヴァイシャが、そして足からシュードラが生まれ出でたと記されている。ただし、プルシャ讃歌については、後世において付加されたものとみなされており、すなわち、「社会階層の存在を神の創造の業に起因するものとして説明しようとするイデオロギー」（小谷　一九九六：一四）であると解釈される。

次いで「ジャーティ（jati）」は、「生まれ」の意を持ち、出自を同じくする集団を指すものとなる。内婚制に則った血縁的結合関係に基づく世襲制の伝統的職能集団であり、現在一般的に流布しているカーストと同義となる。先のヴァルナが四区分であったのに対して、ジャーティはインド全土で二〇〇〇～三〇〇〇あるとされる。七～一二世紀の中世インド社会において、バラモンにとっての理念的社会像（四姓制度）の基となったヴァルナ概念から区分されて、血縁的結合関係に基づくより実体的な集団として、ジャーティ概念が明確化したと考えられている。そして、両者が入れ子的に重なり合うかたちで、社会的身分制度としてのヴァルナ＝ジャーティ制度が成立することになった。

この時代は、ひとつに、バラモン教が先住民文化との融合をみて、現在みられるようなかたちでの信仰体系——ヒンドゥー教——として成立したグプタ朝期（三二〇～五五〇年頃）に続く時代となる。またいまひとつに、八世紀に兆しがみられ、一一世紀以降本格化する、イスラーム勢力のインド亜大陸進出の影響が次第に色濃くなっていった時代である(7)。すなわち、確立していくヒンドゥー教と歩を合わせるかのごとく、また拡大してくるイスラーム勢力に対抗するかのごとく、社会構造——ヴァルナ＝ジャーティ制度——が固まっていったとみることができるだろう。

さて、上述のヴァルナ＝ジャーティ制度における身分的序列の大枠となったのは、先の四区分であるバラモン、クシャトリヤ、ヴァイシャ、シュードラであり、そこに、中世において本格的に成立した賤民身分概念である「不可触民」を加えた五つのヴァルナであったと考えられる。ここで、同一ヴァルナ内におけるジャーティ間の序列は、地域社会の慣習法的秩序によったとされる(8)。すなわち、地域社会を基盤にしたジャーティは、一次的に地域社会における序列関係を基盤として、二次的に、隣接地域社会の同一ジャーティとの間に結合関係を有するものとなった。ここで、社会集団としてのジャーティは、婚姻と共食を紐帯として成立・維持されたと考えられる。一方、中世におけるジャーティは固定的な社会集団ではなく、階層分解や分業の発展、新しい宗派の成立などによって、分裂したり再統合されたりする流動的なものであったと考えられている。

そしてこうした流動性・不確定性から、中世後期からは自律的に集団間の秩序を維持し得ず、国家権力に依存することになった。また国家権力の側でも、社会秩序の維持をヴァルナ＝ジャーティ制度に依拠するという状況がみられた。すなわち、中世インド後期において、ヴァルナ＝ジャーティ制度と国家権力との相互補完的関係を認めることができる。

2　近現代インドにおけるカースト制度――「カースト」をめぐる理論とともに

上記の「ヴァルナ」「ジャーティ」がインドの現地語であるのに対して、現在、より普及していると考えられる「カースト（caste）」は、ヨーロッパ語起源である。一五世紀末の大航海時代にインド亜大陸に進出したヨーロッパ諸国の人びとが、ヴァルナやジャーティによって形づくられていた社会のあり方に関して、自分たちの概念・用語を充てて理解を試みたことに始まる。すなわち、ポルトガル語で「家柄」「血統」を意味する「カスタ（casta）」に由来し、その後のイギリス帝国の興隆に伴い、カースト概念が大きく流布することとなった。つまり、イギリスによる植民地統治下の国勢調査（センサス）をはじめとする支配体系において、インド人の自己意識としても定着し、当概念がより深く社会の全域において浸透することになっていった。

こうしたカースト概念および制度の実体化・本質化・内面化において、とりわけ、イギリスの植民地政策としての「分割統治」がもたらした影響は大きい。植民地インドにおける分割統治の基準となったのは、大きく「宗教」と「カースト」の二つのカテゴリーであったと考えられる。すなわち、インド社会に存した（されど流動性もみられた）共同体のカテゴリーを基盤として、統治の必要から、イギリスの権力と権威によって、いわば一方的かつ強制的に諸カテゴリーの境界が明確に引かれ、実体化していったものと捉えられる。ここで後者の「カースト」共同体の枠組みとなったのは、上述のジャーティであった。それは特に、国勢調査における調査者と被調査者の応答において顕著であり、各人の（より正確には各世帯の）「カーストを問われ、ジャーティを答える」という一連の所作によって、ジャーティを基準としたカーストが実体化かつ内面化され、植民地近代において、インドがより「カースト化」された社会になったと考えられる。

またその際、イギリス植民地政府に重用されたのが、主に、インド社会の知識人層と任じられたバラモンであったことから、「バラモン的インド社会像」がイギリスのインド社会観の基盤となったことも注意すべき点として挙げられる。つまり、バラモンが理想とするインド社会――たとえば、ジャーティに細分化されたかたちではなく、四ヴァルナを基本区分とするインド社会――が、ここで再び、古代から復興してきたと考えることができる。ここにおいて、先述のジャーティ・カテゴリーの重視と重なり合うかたちで、いわゆるヴァルナ＝ジャーティ制度がカースト制度と認識されることとなった。

以上の経緯から、現代インド社会において観察されるカースト制度は、近代の植民地支配によって強く方向づけられ、構築されたものとなる。独立以降、カーストをはじめとする出自に基づく差別は、インド憲法において明確に禁じられている一方、実際のインド社会においては、カーストは弱体化するどころか、その重要性はより強まっていると考えられる(9)。つまり端的にいえば、政治的な動員や権益の要求に際してのカテゴリーとしてであり、婚姻や共同体間の交渉にあたっての自己主張と自己認識におけるアイデンティティとしてである(10)。換言すれば、現代インド社会において、カーストは、国家からの統治の必要に利用可能なものとしてあり、かつ、人びとにおける「自己統治」の要請に参照可能なものとしてある――ゆえに依然重要なものとしてある――と考えることができよう。

ところで一方、先述したように、近代において「カースト」をめぐる概念ならびに制度が大きな変容をみたとはいえ、現在みられるカースト制度の土壌として、古代から中世において形成されてきたヴァルナ＝ジャーティ制度が認められることもまた確かである。それゆえに、この「古来より連綿と続くカースト制度」は、数多の研究者の関心を惹き、さまざまな観点からの把捉・解釈の試みがなされてきた。百家争鳴の趣がある「カースト論」であるが、本章の主題との関わりから、ここでは、代表的にルイ・デュモンによる理論を取り上げたい。

デュモンは、主著である『ホモ・ヒエラルキクス』（デュモン 二〇〇一）において、近代西洋社会における個人主義的平等的人間との比較という視点から、インド社会では「全体主義的階層的人間」観が通底しているという主張をなした。そして、階層を規定する主要な原理として「浄・不浄」観念を提唱し、そこにおいては、最浄の存在であるバラモンと最不浄たる不可触民が対置され、両者を極として、その間に浄性に従って各カーストが位階的に位置づけられるとした。またここで、バラモンと不可触民が相互補完的に、社会を（思想としても制度としても）成立せしめているとした。さらに、浄・不浄観念に代表される宗教的原理によって、政治・経済的領域が包含されており、つまり、政治経済的領域は、宗教的領域に従属する二次的なものと捉えられた。

デュモンの理論からは、次の観点を抽出することができる。すなわち、西洋社会における個人とは異なるかたちで、インド社会における人間観がみられること。それは全体との関わりにおいて、位階的に位置づけられる共同体としてあること。また特にバラモンと不可触民の関係にみられるように、それぞれの共同体が相互補完的に社会を成り立たせていること。位階を決定づけるものとして、「浄・不浄」観念があること。

これら明確な（そして過度な）二元論に基づくインド社会（カースト制度）解釈に、さまざまな論点から多くの疑義が呈されることになった。たとえば、M・マリオットによる一元論（サブスタンス＝コード）の主張に基づく批判や（Marriott 1976）、J・P・メンチャーによる「下からの」観点に基づく経済的搾取としてのカースト制度批判がある（Mencher 1974）。また、政治経済的領域を従属的・二次的と捉えることからくる、王権や吉凶概念の等閑視に対して、それらを重視する立場からの批判がある（田辺　二〇一〇など）。さらに、バラモン的価値観からの浄性の絶対視に対して、「ケガレ」論からの反駁を挙げることができる（関根　一九九五）。

以上、カースト制度の概略と、種々のカースト解釈・理論についてみてきた。それらから、インド社会における人間存在のあり方として、カーストを基盤とした集合性（集団性）と位階制、相互依存性を特徴として挙げることができよう。次節では、この点についての考察をさらに進めていきたい。

二　個人と集団の相克――B・R・アンベードカルにみる「解放」の道程

前節において、デュモンの理論にみられる、近代西洋社会における個人主義的平等的人間と、インド社会における全体主義的階層的人間の比較について確認した。本節では、デュモンの比較設定を参照しつつ、パルタ・チャタジーによる「政治社会」（チャタジー　二〇一五）の提唱を軸に、個人と集団、そして国家との関係を考えていきたい(11)。またそこから、チャタジーをして「ユートピア的な（個人に根差す）均質性と現実の（集団を基盤とする）異種混成性との緊張関係がドラマティックに展開した例」（同上：三二一、丸括弧内は引用者による補足）と言わしめる、B・R・アンベードカルの生涯をたどり、不可触民をめぐる／による解放運動と解放実践の検討へと論を進めたい。

1　「市民社会」と「政治社会」――パルタ・チャタジーの議論から

チャタジーによれば、現代の民衆《ポピュラー・》政治《ポリティクス》のあり方を考えるにあたって、次の二つの社会のかたちを検討する必要があることになる。すなわち、「市民社会」と「政治社会」である。簡略に記せば、市民社会は、個人の人権と人間の同一性による平等を基盤とした、普遍主義的理念に基づく社会の姿であり、一方、政治社会は、人間の差異に基づく多様性を基盤とし、集団的カテゴリーに基づいた要求、すなわち特殊主義的要求によって形づくられる社会のあり方である。換言すれば、近代以降のポストコロニアル社会において、次の二つの社会像が相互にせめぎ合い、絡まり合いながら、ネーションが構築されていると解釈される。ひとつに、西欧近代が掲げた、宗教、人種、言語、文化の別に関わらない個人の自由と権利の平等に基づく理念、つまりは市民的ナショナリズムという普遍的理念からなる社会であり、いまひとつに、脆弱性、後進性、あるいは歴史的不公正、その他きわめて多岐にわたる理由を背景とする特定集団への特別な待遇の要請、すなわち文化的アイデンティティに基づいた特定の要求を基盤とする社会である（チャタジー　二〇一五：二六、傍点は舟橋による）。

以上から、やや単純化となるきらいはあるが、近代国家の構築、そしてポストコロニアル社会の成立において、普遍的な市民権を有する個人と、固有の権利を主張する諸集団の、それぞれの立場（ないし概念）の相克が認められるということになる。ここで、アマルティア・センの言う「アイデンティティの複数性」（セン　二〇一一）と合わせて、個人が複数の集団をその身に含み持つこと、そして、そうした複数の集団性を交渉しつつ生を送っているという現代の社会状況について、考察を深めていく必要があるといえよう。ところで、チャタジーはまた、前者（個人）を人民主権という理念の基となる均質な「市民」（市民社会）、後者（集団）を統治という行政的現実の基盤となる異種混成的な「人口」[12]（政治社会）と捉え、そこに二律背反をみる（チャタジー　二〇一五：六八―七七）。さらに後者の「人口集団」に重要なこととして、ひとつの集団としての認知を得ることと同様に、「コミュニティとしての倫理的属性をもたせること」があると指摘する（同上：九八）。

こうした、普遍的な市民権と固有の権利の保護という対抗し合う要求と矛盾に直面し、苦闘し続けたのが、近代の不可触民解放運動の祖であるアンベードカルという人物であったと考えられる。以下では、アンベードカルの生涯の概要を紹介し、いくつかの出来事をたどりながら、アンベードカルの思想と運動にみられる「個人」と「集団」の相克の様相を検討したい。

2 「個人」と「集団」の相克——アンベードカルの思想と運動から

アンベードカルは、インドの独立後から現代におけるダリト運動の始祖とされ、「バーバーサーヘブ（*Bābāsāhab*、偉大なる父祖）」との尊称をもって呼ばれ、不可触民たちからのきわめて強い崇敬の対象となっている。アンベードカルは、マハーラーシュトラ州の主要な不可触民カーストのひとつであるマハールの家に生まれた。苦学して奨学金を得る機会に恵まれた彼は、米英に留学し、アメリカのコロンビア大学ならびにイギリスのロンドン大学にて、博士号を取得した(13)。

インド帰国後、アンベードカルは、不可触民の政治・経済・社会的地位の向上のための運動に尽力し、特に不可触民の分離選挙をめぐる意見の相違をはじめ、不可触民問題の政治化に関する運動方針をめぐって、M・K・ガーンディーと激しく対立した。また宗教的には、ヒンドゥー教の古典籍である『マヌ法典』の焼き捨て（一九二七年）、ヒンドゥー教棄教宣言（一九三五年）というように、不可触民制、ひいてはカースト制度、そしてヒンドゥー教自体への苛烈な批判を行っていった。政治家としてのアンベードカルは、後に詳述するように、不可触民や社会的被抑圧層を中心とした組織の設立や政党の創設を企図した。また独立インド憲法の起草委員会委員長を務め、憲法草案作成の中心的役割を担うとともに、ジャワーハルラール・ネルー率いる初代内閣において法務大臣を務めた。

晩年に至って、長期間の熟慮の末、仏教への改宗を遂行し（一九五六年一〇月）、同カーストであるマハールの人びとを中心に、多くの不可触民がアンベードカルに従って改宗を行った。しかし、大改宗から二ヵ月に満たない同年一二月、仏教を不可触民の人びとの間に、そしてインド社会に大きく普及させるという目的を達することなく、アンベードカルは逝去した。アンベードカルに従って改宗を行った仏教徒（元不可触民）たちにとって、明確で堅固な理念をもって導いてくれる人物を失うことになった。その後は、アンベードカルの遺著となった『ブッダとそのダンマ』を拠り所として[14]、仏教徒たちは、仏教思想の追究と仏教的実践の執行を模索しつつ行っているものと考えられる。

アメリカのコロンビア大学において、ジョン・デューイの教えのもと民主主義の最前線に触れたアンベードカルは、「真のモダニスト」であり、科学や合理性を重視したと考えられる（チャタジー 二〇一五：三一―三二）。またアメリカ留学時代に書かれた重要な論文として、人類学のゼミにおいて発表された「インドにおけるカースト――構造、発生、発展[15]」を挙げることができる。ゼリオットは、この論文におけるアンベードカルの主張のうち、二つの主要な論点を指摘している（Zelliot 2001：80–81）。まず、アンベードカルは、インドではすべての人びとが民族的に異種多様であるが、同種性の基盤として文化的統合があるとする。つまり、「インドの文化」というものがあり、それが人びとの統合の基になっていると主張する。次に、カーストの階層は、人種的差異や職業的機能によるものではないとして、カースト制度は、バラモン・カーストの同族婚を他のカーストが模倣したことに由来すると述べる。

これらにみられるアンベードカルの科学性と合理性の重視、ならびに、「インド文化」の追求という姿勢は、仏教への改宗においても重要な観点として挙げられている。すなわち、アンベードカルが仏教を改宗先としたのは、実践的かつ哲学的理由からであるとされており、仏教であれば、不可触民たちがインドの文化遺産を失うことなく、ヒンドゥー社会の秩序を拒絶しうるためであるとされた（Contursi 1993：322）[16]。つまりアンベードカルの主張に従えば、仏教は、インドで生まれ、インドで栄えた宗教であるということに加え、自身の出身カーストであるマハールにとっては、祖先の宗教でもあったとされる[17]。マハール・カーストの人びとは、ブッダ自身が生きた時代に仏教に帰依したものであり、ゆえにこの仏教への「再改宗」によって、マハールの人びとは、押しつけられた宗教を捨て去り、自分たちの真のアイデンティティに目覚めることができるとしたのである（Gokhale 1986：275）。

ところでアンベードカルは、近代主義者として、自由で平等な「個人」を理想像として抱きつつ、実際の政治的要求の必要から、彼の政治的キャリアにおいて、いくつかの枠組みによる「集団」の設定を試みている。すなわち、社会の幅広い被抑圧層を視野に収めた、初の本格的な組織化となる「被抑圧者救済会（Bahishkrut Hitakarni Sabha）」（一九二四年）であり、その後の、労働者ならびに小作農民との連合を企図した「独立労働党（Independent Labour Party）」（一九三六年）である。これらの組織において、アンベードカルは、政治的・イデオロギー的な敵としてバラモン主義を設定して、被抑圧層、非バラモン、労働者、小作農民を、インド国民会議派から独立した政治戦線として統一しようとしたものとされる（Omvedt 1994）[18]。しかしこうした目論見も、他の農民・労働者運動が隆盛をみたことと、独立労働党の影響力がマラーティー語地域に留まったという限界から、失敗に終わった。そして一九四二年、アンベードカルは、被搾取・被抑圧層としての広範囲な組織的協力への断念から、全インド的に不可触民を代表する組織として「指定カースト連合（Scheduled Caste Federation）」を新たに設立し、独立労働党はこの新党に吸収されることになった。新党の名称に「指定カースト」[19]と明示的に謳われていることからもわかるように、この一九四二年から一九五六年の死に至るまでは、アンベードカルが指定カースト連合を基盤に、不可触民の政治的代表となった時期であると位置づけることができる（Omvedt 1994：218）。

以上、各組織の設立状況をみてきたように、当初アンベードカルは、「反ヒンドゥー」「反バラモン主義」「反資本主義」を旗印に、小作農民や労働者ら不可触民以外の被搾取・被抑圧層との連合を志向していた。しかし、それはすなわちシュードラなどの「ヒンドゥー」と協力することを余儀なくされ、その結果「反ヒンドゥー」の宣明と矛盾をきたすことになった。つまり、非バラモンではあれども、同時に非不可触民でもあるヒンドゥーたちとの協働の困難さについて、次第に強く認識するようになったのである。こうしてアンベードカルは、不可触民の代表としての自分をより鮮明に打ち出すようになっていったと考えられる。ここに、権利・権益要求の基盤としての「集団」設定をめぐる、アンベードカルの模索と葛藤を見てとることは難しくない[20]。

先述したように、アンベードカルは、独立インド憲法の起草委員会の委員長を務めた。ゆえにアンベードカルは「インド憲法の父[21]」と呼び習わされている。「われわれ、インド人民（WE, THE PEOPLE OF INDIA）」との書き出しで始まる前文を持つインド憲法の特徴のひとつは、イギリスの植民地行政下において始まっていた、「社会的後進層」への特別措置を明記していることにある。すなわちインド憲法は、「市民（公民）としての平等な権利の保障、社会的差別・不平等からの保護を定めるとともに、特定のグループに属する人々への特別保障、特別措置を明記」（孝忠　二〇〇五：五）しているものであり、「法の下の平等、機会均等、および差別の禁止にとどまらず、アファーマティヴ・アクションと留保措置（reservation；quota-system）を憲法上明記したことは、インド憲法の大きな特徴である」（同上）と指摘されるものとなる。

こうしたインド憲法における提唱に、西洋近代の政治・社会的文脈における自由で平等な「個人」が理念的存在として想定されている一方、非西洋社会のポストコロニアル状況において、植民地期（および以前の時代）から続く「集団」を基準とした権利保障の施策（すなわち留保制度、次節において詳述）という現実的対応が不可避に要請される実態をみることができる。換言すれば、近代主義者であり、科学性・合理性に強く依拠するアンベードカルをして、いわば非／前近代的で非科学的・非合理的なカーストを基準とした権利要求・特別措置を明記させざるを得なかったといえる。ここに、近代国家／ポストコロニアル社会インド、そして近代主義者／ポストコロニアル知識人アンベードカルが、本来的に抱えもつ、個人と集団をめぐる相克を認めることができる。

3　アンベードカルの仏教改宗をめぐって

さて、アンベードカルの生涯のクライマックスのひとつは、仏教への改宗であるといってよいだろう。アンベードカルによる仏教改宗という決意・行為は、当時の、そして現在にまで至るフォロワーたちにとって、きわめて重大な遺産かつ課題として影響を及ぼし続けている。それでは、一九三五年のヒンドゥー教棄教宣言から一九五六年の大改宗式に至るまでの約二〇年間に及ぶ熟考の末に、アンベードカルが仏教を改宗先とした理由は何だったのであろうか。まず何よりも、仏教が強く平等を唱道しており、四ヴァルナ制度や不可触民制のようなヒンドゥー教の不平等性と闘ってきたことが挙げられている。また、仏教が完全に道徳に基づく宗教であり、道徳以外のなにものでもないこと、さらには、仏教はマルクス主義に打ち勝つことのできる唯一の宗教であるということも述べられている。そして、「これは世界で最も素晴らしい宗教であり、そのことは絶対に間違いありません」（アンベードカル一九九四：二五二）として、アンベードカルは仏教への帰依を宣言したのである。

さらに、これらの理由に加えて、より重要と思われるアンベードカルの主張は、先述したように、仏教とインド文化との、さらには自身の出身カーストであるマハールとの関係（つながり）である。自他ともに認める不可触民の指導者たるアンベードカルにとって、「改宗とは過程であり、ただ彼とのみ出発するものではなく、共同体の多数の人びとの選択とともに出発するもの」（Omvedt 2004：72）であった。つまりアンベードカルは、自分の改宗がただ自分一人に収まるものではなく、共同体の他の多くの人びとに及ぼす影響を自覚しており、現在の人びとのみならず、共同体の未来にまで、その決定が波及していくであろうことを認識していた。ゆえにこそ、棄教宣言から改宗までに長期にわたる時間を要したし、改宗先の決定に吟味と熟考を重ねたものと思われる。すなわち、仏教の改宗によって彼の共同体の人びとが、インドから断絶され、「インド人」でなくなることがないよう、アンベードカルは意を尽くしたものと考えられる(22)。

それでは、こうしたアンベードカルの「宗教」と「改宗」に関する認識は、いかなるものだったのであろうか。以下に、一九三五年一〇月のヒンドゥー教棄教宣言以後のアンベードカル自身の演説から、抜粋して検討したい（Ambedkar 2004）。取り上げるのは、棄教宣言の翌年五月の二つの演説である(23)。

アンベードカルは、「カーストは精神の状態であり、精神の病である」とし、「その病の源にあるものが、ヒンドゥー教の教え」であるとする。そして、「ヒンドゥー教は、あなた方から精神的自由を奪い、そしてあなた方を奴隷としているのです。もしあなたが自由を欲するのであれば、あなたは宗教を変えなければならないのです」と、改宗の必要性を訴えている（ibid.：18–19）。そのうえで、改宗ならびに宗教について次のように述べている（以下、引用文内の「……」は中略を示す）。

改宗とは、社会的であるとともに宗教的であり、また、物質的であるとともに精神的なものです。……わたしの改宗は、なんら物質的獲得のためではありません。……宗教性／精神性こそが、わたしの改宗の基本です。……しかしながら、あなた方にとっては、改宗は、精神的なものであると同時に物質的獲得のためでもあらねばなりません。

宗教とは、何のためにあるのでしょう？　なぜ宗教は必要なのでしょうか？　……人びとを統治するものが、宗教なのです。……宗教は、社会を維持するために課された規則を意味するのです。……個人の幸福と発展こそが、宗教の真の目的であるべきです。……宗教と科学（哲学）とは、二つの別なるものです。……神が遍在しているということは、宗教ではなく、科学の原理です。なぜなら、宗教は、人間の行動と直接関係があるからです。神が遍在するという原理は、宗教の教えではなく、哲学の原理なのです。

(ibid.：8, 30)

人間が宗教のためにあるのではなく、宗教が人間のためにあるのです。人として生きるために、改宗しなさい。組織するために、改宗しなさい。力を得るために、改宗しなさい。平等を確保するために、改宗しなさい。自由を得るために、改宗しなさい。あなたの家庭生活を幸福にするために、改宗しなさい。

(ibid.：12–13, 15)

これらの言明からわかるように、アンベードカルにとって「改宗」とは、特に彼の共同体の人びとにとって、単に信仰の変更をいうだけではなく、それによって実質的な生活状況の進展がみられるべきものであるとされた。また、アンベードカルの「宗教」観としては、神の存在の有無を議論するというよりは、「個人が幸福に生き、発展できるように、いかに行動すべきかを指し示したもの」ということになる。

(ibid.：30)

ここで注目すべきは、集団での改宗が呼びかけられているということと、アンベードカルの演説にみられる「わたしの改宗」と「あなた方の改宗」との区分であろう。すなわち、アンベードカル自身については、すでに社会的・物質的に十分満たされているのであり、自由な個人としての改宗が可能とされた。しかし一方、多くの不可触民同胞にとっては、現在の社会における被差別状況の変革のため、集団での改宗によって、共同体全体として、物質的にも精神的にも充足されねばならないとされた。この言明から、アンベードカルのエリート主義的観点を批判することは容易であろう。しかし、ここではむしろ、個人と集団の相克をめぐるアンベードカルの葛藤の表明であるとみたい。それはまた、上掲の改宗の必要性を説くアンベードカルの言において、自由と平等の獲得とともに、組織化も強調されている箇所にも見てとることができよう[24]。

三　被差別／非差別の主張と試み

本節では、これまでの議論を踏まえて、具体的に、不可触民による被差別／非差別の主張と試みについて検討を行っていきたい。そこで焦点を当てるのは、「被差別者の怖れ[25]」である。すなわち、自身が被差別的存在であると露呈してしまうことへの怖れであり、それを先取りするまなざしである。以下では、そうした「怖れ」に対する四つの試みを取り上げていく。すなわち、被差別的存在ではないという（あるいは拒絶する）主張、被差別ゆえの要求、被差別からの転換、そして非差別・反差別（平等主義）の主張である[26]。

1　来し方を見つめて

まずは、本当であれば自身（および自集団）は「被差別的存在ではないという主張」、すなわち、彼ら自身による「起源神話」に関する語りである。R・ドゥリエージュ（Deliège 1993）は、タミル・ナードゥ州における事例を中心に取り上げて、不可触民たちの起源神話に注目する。そして、多くの起源神話に共通する要素として、ひとつに、もともと、自分たち不可触民の祖先とバラモンの祖先とが「兄弟」であったこと（さらに大方において、自分たちの祖先の方が「兄」とされる）、そしていまひとつに、何らかの「誤解」による牝牛の死骸との接触などから、自分たちの祖先が劣位に貶められるに至ったこと、この二点を挙げている(27)。

後者の強調から見てとれるのは、かれらの現在の低位性が、決してかれら自身の過ちや悪行からくるものではなく、誤解や不運、ごまかし、悪戯、さらには騙しといった、やむを得ない所以によるものだという主張である。ここではさらに、こうした所業が、神ではなくバラモンをはじめとする高位カーストなどの人間によるものであるということも強調される。また、自分たちの祖先が素直で正直だったのに対して、バラモンの祖先は、狡猾で、不正を働いた者たちとして語られている。つまり、現在における自分たちの低位性は、いわれがないばかりか、真に被害によるものであり、不公正であるということになる。

しかし、こうした現在の自らの地位への異議申し立てにおいて、それがあくまでカースト制度の枠組みに沿った内部における位置の主張であり、カースト制度そのものについて疑義を呈するわけではないということも指摘されている。つまり、自分たちが不浄であるとされることは強く拒絶するが、不浄なものがより低位に置かれるという観念自体は受け入れる（ばかりか、そういうまなざしを他者にも向ける）という曖昧さが指摘されているのである。これは、神話における誤解や不運の基として、特に牝牛の死骸に触れた、あるいは肉を食したなど、バラモン的な不浄観（イデオロギー）が通底していることからもうかがえるであろう。

すなわち、端的にいって、「システムそのものの転換ではなく、システム内での地位上昇を図る」（Deliège 1993：546）ということになる。しかしまた、「起源神話は、「行為のためのモデル」を提供するわけでもなく、また、不可触民制への異議申し立てさえもしないが、理念的に可能で、倫理的に受容可能な地位の移動を創出する」（ibid.：

546）ものでもある。ドゥリエージュは、さらにこうも述べている。「低カーストが自らの地位上昇を図るとき、通常、その試みに合った新しい起源神話の採用から始まることになる」（ibid.: 541）。ここに、本来的には被差別的存在ではない（のみならず、最高位である）という主張と、その表裏となる差別構造の看過（あるいは受容）を見てとることができる。

次いで、「被差別ゆえの要求」の検討へと移ろう。ここでは、前節において述べた、「集団」を基準とした権利保障の施策である留保制度（Reservation）と、その必要性を強く訴えたアンベードカルの主張を挙げることができる。留保制度とは、インドにおける積極的差別是正措置（Affirmative Action）と捉えられる。留保制度は、大きく三つの分野において行われており、（一）国会・州議会・地方議会における議席、（二）公的雇用における就業、（三）高等教育における就学、の三分野において、人口比に即した留保枠が設定されている。留保制度の受益資格を有するのは、元不可触民となる指定カーストと、少数諸民族集団と位置づけられる指定トライブの二大カテゴリーとなる[28]。すなわち先述したように、植民地期に定められた集団を単位として、制度の受益資格が定められているものとなる[29]。

孝忠の整理によれば、アンベードカルは、「不可触民こそが典型的な「マイノリティ」であり、しかも「それ以上のもの」でもあると主張していた」（孝忠 二〇〇五：一〇七）。加えて、基本権の宣言（人間の尊厳を宣言・保障すること）のみで、マイノリティが歴史的に背負ってきた不公平や不正が是正・除去されるのかという点について、「アンベードカルは、明確に「否」と応え、マイノリティに対する積極的な「保護」、優遇措置を憲法上明記することが必要であるとした」（同上：一〇七）。そしてこの積極的な保護・優遇措置の対象として設定されたのが、上述の通り、不可触民（行政用語上は「指定カースト」）をはじめとする被差別の「集団」であった。

2　行く末を見すえて

続いて、「被差別からの転換」の様相を確認しよう。ここでは、南インドのタミル・ナードゥ州の事例から二つを紹介したい。ひとつは、C・ジョー・アルンによる調査事例である（Arun 2007）。アルンは、同州における調査に基づき、不可触民カーストであるパライヤルの人びとが、いかにして歴史的に自分たちに付されてきた負のイメージやシンボルに関して、逆にそれらを利用・流用・再解釈・転換して、現在の自らのアイデンティティの軸としているかに関して、検討を行っている。すなわち、太鼓叩きの意味を、隷従（servitude）から芸術（art form）へと積極的に変換し、牛肉食を、穢れ（pollution）の象徴ではなく社会慣習（social custom）であると主張し、また土地を、周辺性（marginalisation）の象徴からエンパワーメント（empowerment）の象徴へと転換させ、新たなかたちでパライヤルとしてのアイデンティティを形成・主張しているとする。

また同じくタミル・ナードゥ州における調査から、関根康正は、バラモン的な浄・不浄ではなく、「ケガレ」イデオロギーに基づく不可触民たちによる「自己拡張」戦略の検討を試みている。関根は、カースト、リネージ、そして個人といった各段階における不可触民の生活戦略に関して、自己の尊厳や利益を中心にすえて状況即応的に生きるかれらの姿を、「自己拡張」という概念をもって捉えて分析・考察を行った（関根　一九九五）。ここにおいて、社会的な差別構造としての「浄」イデオロギーに否応なく絡め取られながらも、自己ならびに自集団に付与された「ケガレ」の主張から、構造の揺らぎを導く生活戦略の様相を見てとることができる。また、カースト（集団）からリネージ、個人レベルにおける自己拡張戦略が検討の俎上に載せられていることも特記すべきことであろう。すなわちここに、個から発する構造変革のひとつの萌芽をみることができるのである。

最後に、「反差別・非差別の主張」のありようを、筆者の調査地である北インドのウッタル・プラデーシュ州における「改宗仏教徒」の事例から検討したい。ここにおいて着目するのは、ひとつに、それぞれの時代において反差別・非差別すなわち平等主義を主唱した人物――古代のブッダ、中世のラヴィダース（Ravidas）、近代のアンベードカル――を強く信奉し、同様に平等主義を重視する自分（たち）という主張をなす改宗仏教徒の姿である。そしていまひとつに、そうした主張を手がかりとした、改宗仏教徒にみられる集団性の（枠組み・境界の）交渉の様相である。

本章でいう改宗仏教徒とは、カーストの否定ならびに平等主義の希求から、ヒンドゥー教から仏教へと改宗した元不可触民である。[30] かれらは、アンベードカルを強く崇敬し、その遺志を引き継いでいるとの思いも強い。ウッタル・プラデーシュ州においては、改宗仏教徒の人びとは、カースト（ジャーティ）からすればチャマールに属することが多い。[31] 同州の改宗仏教徒たちは、自身の信奉の対象として三つを挙げる。すなわち、先述したように、ブッダ、ラヴィダース、アンベードカルである。[32] ここでは、そのうち、ラヴィダースという存在に焦点を当てて、改宗仏教徒における集団性の交渉のさまをみていきたい。

まずは、ラヴィダースという人物の概略を紹介したい（Briggs 1999；Callewaert & Friedlander 1992）。ラヴィダースは、一五世紀を中心に北インドのワーラーナシーで活躍した、バクティ運動[33]の流れをくむ詩聖人である。彼の詩は、シク教の聖典である『アーディ・グラント』にも四一詩節が収められている。ラヴィダースはチャマール・カーストに出自を有し、生涯ワーラーナシーで皮革業に従事したとされる。思想的には、歌われた詩から、カースト制度や差別に反対した平等主義者であったとされる。

このラヴィダースの誕生日を祝う生誕祭は、チャマールの人びとのあいだで広く熱狂的に祝われている。ヒンドゥー教と深く関わるバクティ思想・運動の聖人であるが、そこにおいては、改宗仏教徒の人びとも躊躇なく参画している姿をみることができる。つまり、仏教徒にとってのラヴィダースは、バクティの聖人というよりもむしろ、カースト制度に反対した平等主義者として崇敬の的になっているものと考えられる。そしてより重要な点として、ラヴィダースがチャマールの出自を有することが指摘できる。これゆえに、ヒンドゥー教徒と仏教徒ともに、ラヴィダースは自身と同一のカースト（チャマール）である、すなわち自集団の一人であるとの強い意識を抱いており、ゆえに、自カーストの聖人としてきわめて篤い信仰の対象になり得ていると捉えられる。ここから、ラヴィダースは、宗教的属性を問わず、チャマール・カーストの人びとから遍く崇拝される存在であり、人びとの関係性を交渉する結節点としてあるものと考えられる。

R・S・カレはかつて、ウッタル・プラデーシュ州（ラクナウー市）におけるチャマールの研究から、チャマールの人びとはヒンドゥーとのつながりは否定するが、「インド的なるもの」とのつながりはむしろ希求・主張するという分析（"not Hindu but Indic"）を導き出した（Khare 1984 : 6）。これに倣えば、改宗仏教徒たちは、正統ヒンドゥー教（特にそこにみられる差別構造）は否定しつつも、改革的ヒンドゥー教（平等主義的主張）の提唱とそこから生じる関係性については重視し、希求していると捉えられよう。すなわち改宗仏教徒たちは、ラヴィダースという存在と彼への信仰をバッファーとして、仏教徒／チャマールという集団性の交渉を行い得ているものであり、そこから、非差別・平等主義の主張とともに、チャマールとしてのアイデンティティとつながりの主張をもなし得ていると考えられる。

四　つながりの希求

以上の議論を受けて、最後に本節では、不可触民の仏教改宗・仏教信仰を取り上げて、小考察を提示したい。現代インドにおける不可触民の仏教への改宗は、第二節においてみたように、アンベードカルの提唱・主導によるところがきわめて大きい。アンベードカルによる仏教改宗の所以の要点を改めて記すと、「仏教は、もともとマハールの人びとの宗教であった」とする主張である。ウッタル・プラデーシュ州の改宗仏教徒（チャマール）の人びとのあいだでも、同様の語りを耳にしたところである(34)。

われわれが仏教を受け入れたのは、仏教がわれわれの祖先（*pūrvaj*）が属していた、われわれの古くからの宗教（*prācīn dharm*）だからだ。われわれは宗教を変えたのではない。われわれの祖先の宗教を受け入れたのだ。

（六〇代男性・農業従事者）

すなわちここに、前節で取り上げたラヴィダース信仰と同じく、非差別・平等主義の主張と、インドとのつながり（これはとりもなおさず身近な他者とのつながりとなる）の主張が、同時に可能となる契機をみることができる。

ところで、第二節において検討したように、チャタジーによると、近代国家の構築、およびポストコロニアル社会の成立において、普遍的な市民権を有する個人と、固有の権利を主張する諸集団の相克が認められるということになる。そして、後者の「人口集団」に関して、外部からの「ひとつの集団」としての認知とともに、内部において「コミュニティとしての倫理的属性をもたせること」（チャタジー　二〇一五：九八）が重要であるとされる。

ここで、改宗仏教徒における状況をみた場合、倫理的属性はすなわち「仏教徒」ということになり、その倫理の中軸には非差別・平等主義が位置しているものと捉えられる。ここで再び、ウッタル・プラデーシュ州における改宗仏教徒の語りを紹介したい。

仏教は、われわれに威信（*sammān*）を与えた。これは、われわれの祖先の宗教である。大変素晴らしい宗教である。われわれに重要なもの（*mehettav*）を与えた。われわれは、尊敬（*sammān*）と平等（*samān*）を欲していた。そしてわれわれは、仏教を通してこれらを得た。これは、われわれの宗教儀礼（*sanskār*）である。

（六〇代男性・リキシャーワーラー）

仏教が好ましい理由は、仏教では、ジャーティの観念（*jāti-bhāv*）や差別（*bhed*）がないから。

（三〇代女性・家事従事者）

仏教がいいのは、名前が何であろうと、宗教が何であろうと、問題なく、身分の高い低いもないから。仏教では、一つの場所に、身分の低い人も高い人も（*choṭe-baṛe*）、わたしや、首相や、大統領や、誰でも、一緒になっていることができるから。

（四〇代男性・家屋建造労働者）

これらの語りから、改宗前（ヒンドゥー教）を念頭に置いた、仏教の倫理的重要性が強調されていると考えられる。理念的な仏教認識であるとも捉えられるが、仏教が標榜する倫理性（平等性）への強い期待は、改宗仏教徒たちの不可触民とされてきた／いる処遇に対する、きわめて切実で現実的な解放の要請ゆえと考えられよう。

田辺明生は、政治社会を論じるチャタジーの著作の「訳者解説」において、「始まりを画すること」の重要性を指摘する（田辺　二〇一五）。そこでは、エドワード・サイードを引きつつ、「（始まりは）超越的な起源からの、人間による意図的な別れ（喪失）を意味する」（同上：二五三）とする。そして、「始まりを画することは、（中略）人間の営みにおける『反復』によって、今ここから、世界の意味を新たにつくりかえようとすることである」（同上：二五三）と指摘する。

改宗仏教徒について考えた場合、かれらの決意・行為は「始まりとしての仏教改宗」であり、ヒンドゥー教からの意図的な別れであると捉えられる。それは、仏教徒として、非差別・平等主義を主張することでもあり、仏教的な倫理性に基づいた新たな意味世界の（再）構築であると考えられる。しかし一方、ヒンドゥー世界との完全なる別れを意味するものでもない。すなわち、かれらの仏教改宗は、ヒンドゥー教徒との別れならびに関係性の喪失を意味しない。インド社会に生きるにあたって、抜き難くつきまとうカーストと、それに基づく関係性を重視する（せざるを得ない）状況において、先のラヴィダース信仰においてみたように、不断の集団性の交渉を行いつつ、改宗仏教徒たちは生を送っているものとなる。

チャタジーの政治社会においては、集団としての政治的交渉がその要諦としてあった。一方、不可触民および改宗仏教徒の主張のありようをみた場合、単に政治社会的な集団性にとどまらず、時に被差別的存在であることを拒絶し、時に被差別ゆえの要求／からの転換を試み、そして非差別の主張をなしつつ、不可触民として、また仏教徒として、日常的交渉を行う姿を認めることができた。デュルケムの集合論を想起するまでもなく、個人間関係と集団間関係での位相の相違は確かにある。しかし、差別をめぐる事象を考えるにあたって、個人間関係の累積、または、集団を背負ったうえでの個人の行為や振る舞いが及ぼす社会関係への影響を考慮せずにはおかないだろう。それはすなわち、個人を出発点とする関係性の交渉である。

不可触民による仏教改宗は、自己、そして自集団を考え直す「始まりの地点」として重大な契機としてある。すでにみてきたように、そこでは、仏教は、インドとのつながりを保持しながら、別なる倫理性に基づく集団性を主張しうるものとしてあった(35)。改宗仏教徒たちの生のありようを検討した場合、かれらのラヴィダース信仰ならびに仏教徒としての主張と実践から、正統的ヒンドゥー教からは袂を分かちながらも、チャマールであり、仏教徒であり、インド人であるという、集団性の交渉のさまをみることができる。[36] つまり、改宗によって別れや喪失を引き起こすのではなく、自己ならびに自集団の独自性の主張とともに、他者関係の交渉すなわちつながりの希求を認めるものであった。ここに、ユートピア的な夢想ではなく、現実的・異種混淆的な所為として、被差別／非差別を主張する不可触民の姿をみることができるだろう。

註

（1）中谷英明によれば、『リグ・ヴェーダ』の宇宙開闢の歌（十・一二九）は「そのとき、非存在はなかった。存在もなかった」（中谷　二〇〇〇：一八）という句で始まるが、「非存在はなかった」とわざわざ言うのは、「全体」は「Aという性質を持つ集合」とその補集合である「Aという性質を持たない集合」の二集合から成る、とする集合論的観念に基づいているからであり、これはインド思想に最初期から現代まで一貫する強靭な観念であるとされる（中谷の科研研究会〈二〇一九年八月五日〉レジュメより）。英訳は、次のようになる。“The nonexistent did not exist, nor did the existent exist at that time.”（Jamison and Brereton 2014: 1608）（ここにおける訳文ならびに解釈について、中谷氏から貴重なご教授を賜った。記して謝意を表したい。）なお、辻直四郎の訳に従えば、「そのとき（太初において）無もなかりき、有《う》もなかりき」（辻　一九七〇：三二二）となるが、ここでは、集合論的観念からの解釈をなしている中谷訳に従った。

（2）「カースト」は、ヒンドゥー教における概念であり、それに基づく制度であると考えられるが、インド社会にみられる他の宗教においても、いわば「カースト様《よう》」の共同体のあり方が確認されるところである。

（3）独立インドの憲法（第一七条）において、不可触民制は明確に廃止が謳われており、また、不可触民との呼称が有するきわめて差別的な含意を考えた場合、この語の使用は不適当であり避けるべきものとなる。現在においては、一般的に、ダリト（Dalit、「抑圧された者たち（the Oppressed）」との意をもつ現地語）という呼称（解放運動から生まれた自称でもある）が用いられている。ただし本章では、かれらの強い主張の背景たる被差別の歴史的経緯、および、日本における用語の浸透を考え、基本的に初出のみ鉤括弧をつけて「不可触民」の語を用いるものとする。

（4） 不可触民をめぐる種々の運動では、インド独立運動期においてみられた「不可触民解放運動」と、主に独立以後の「ダリト運動」とを峻別することが必要となる。前者は、啓蒙的なカースト＝ヒンドゥー（非不可触民）を主導者として、ヒンドゥー教改革運動の一環として不可触民制の撤廃が企図されたものであり、後者は不可触民自身を主導者として、アイデンティティの主張と権利要求とを軸として展開されているものである。後者については、ダリトとの名乗りにも明確にその方針を認めることができ、アンベードカルを偉大なる始祖としてその思想的支柱に据えていることを指摘できる。

（5） 以降の本節における記述は、基本的に、小谷（一九九六）、小谷編（一九九四、一九九七）、藤井（二〇〇三、二〇〇七）、山崎・佐藤編（一九九四）を参照しつつまとめたものとなる。

（6） この位階制に、追って生まれる「業（行為、カルマン）」と「輪廻」思想が加わり、現世において自ヴァルナの務め（義務）を果たす重要性が強く認識されるものとなり、位階制の自律的強化が確立されたものと考えられる。

（7） 紀元前六〜前五世紀頃に成立した仏教は、前三世紀のマウリヤ朝第三代アショーカ王の時代に最盛期を迎えるが、その後、部派化を経て、次第にヒンドゥー教の範疇に取り込まれ、一一〜一三世紀頃にはイスラーム勢力によって衰退傾向に止めを刺されたものと考えられている。その後、インドにおいて仏教が復興をみるのは、後述する、二〇世紀中葉のアンベードカルによる仏教改宗運動以降となる。

（8） ジャーティ間の序列は、「浄性」の主張と「穢れ」からの距離、そしてそれらをなしうる地域社会内における地位と権力との関係から生じ、定まっていたものと考えられる。

（9） ここで、「カーストに基づく差別」が、他の人種や宗教、性別によるものと同様に禁じられている一方、「カースト自体の廃止」が謳われているわけではない点は、注意を要する。また、後述の留保制度にみられるように、特定のカースト集団については、特別な措置を講じること（つまり「逆差別」）が認められている点も、留意すべきものとして挙げられる。

（10） 経済的な観点からは、従来の「世襲的職能制度」としてのカーストの意義と機能は弱まっていると考えられる。その要因としては、これまでの職の形態に変化（時に消失）がみられること、これまでにない職が登場していること（特にサービス業に代表される）、また、国内外における出稼ぎの普及から、土地や地域との関係から離れた職への従事が可能となったこと、などを挙げることができる。

(11) 近代西洋的「個人（individual）」概念を再考するもうひとつの方向として、「分人（dividual、分割可能な人）」概念の検討がありうるが（Marriott and Inden 1977：中空・田口 二〇一六）、この点については稿を改めて論じたい。

(12) 独立インドにおいて、この「人口集団」の基となったのが、前節において述べたように、イギリスによる分割統治の枠組みとなった「カースト」をはじめとする諸カテゴリーであった。つまり、「多くの場合、植民地の統治体制よって用いられた分類基準は、ポストコロニアル時代においても継続し、政治的要求および開発政策の双方をかたちづけている。したがって、インドのカーストと宗教（は）、（中略）政策の対象たるコミュニティを人口のなかから特定するための有力な基準でありつづけた」（チャタジー 二〇一五：七二）。

(13) アンベードカルを呼ぶのに、「ドクター」の称号が付けられる所以である。

(14) これらのアンベードカルの政治的キャリアおよび宗教思想的経緯から、アンベードカルの政治的な大きな遺産として「インド憲法」が代表的に挙げられ、宗教的な遺産として『ブッダとそのダンマ』が挙げられるものである。

(15) この論文は、一九一七年に *The Indian Antiquary* に掲載された。

(16) そのうえで、ブッダの生涯と教えを一冊にまとめるために、また、因習的な仏教解釈を否定して、人道主義と科学に根ざした議論を展開するために、遺著となった『ブッダとそのダンマ』は書かれたとされる。そこから、この書物は、ブッダの生涯の紹介を通した、アンベードカルの政治的声明・見解の表明であるとも解釈されている（Contursi 1993：322）。

(17) 同様の主張（仏教が自分たちの祖先の宗教であるという主張）は、ウッタル・プラデーシュ州における筆者の調査においても、チャマール・カーストの人びとから聞かれたところである（本章第四節において詳述、舟橋 二〇一四：一六二―一六四）。

(18) またこの時期、アンベードカルはボンベイ州議会において、ガーンディーが「不可触民」に替わって用い始めていた「ハリジャン（Harijan、神の子）」という呼称を議案中に用いることに反対している。これは、このハリジャンという呼称がガーンディーら上位カーストの温情主義的差別用語であるとして、嫌悪したことによるものであったとされる（Omvedt 1994）。

(19) 「指定カースト」とは、元不可触民を指す行政用語であり、次節（第三節）において記す「留保制度」の資格付与の基準となるカテゴリーである。

(20) 最晩年となった仏教への改宗の前に、アンベードカルは、指定カーストを超えて、指定トライブ、後進諸階級などの被抑圧階層全てを統合した新しい政党となる「インド共和党（Republican Party of India）」を組織する予定であることを公表している。インド共和党の正式な発足は、アンベードカルの死後の一九五七年一〇月のこととなったが、最晩年におけるいま一度の広い集団性への回帰は、アンベードカルの終生における苦悩と葛藤を浮かび上がらせているとも捉えられよう。

(21) 「インド建国（独立）の父」とされるM・K・ガーンディーとの対照が念頭にあることは言うまでもないだろう。またインド各地において目にすることができるアンベードカル像の多くが、インド憲法を手に携えていることもまた、こうしたアンベードカルの政治的遺産を強調的に表象するものでもある。

(22) 改宗先の宗教に関して、アンベードカルにおいては、「外来」宗教となるイスラームとキリスト教は念頭になく、シク教と仏教で最後まで悩んだとされている。ここで主眼が置かれていたのは、やはり、両宗教におけるインド文化との強い関連性であると考えられる。

(23) すなわち、一九三六年五月一七日のカルヤーン（Kalyan）におけるものと、五月三一日のダーダル（Dadar）におけるものである。演説はいずれも、多くがマハールの大聴衆を前にマラーティー語で行われたものであり、ここでの典拠はその英訳本である（Ambedkar 2004）。

(24) アンベードカルの代表的なメッセージとして、「教育せよ、扇動せよ、組織せよ（educate, agitate and organise）」がある。これは解放運動の文脈において、その集団性を重視した声明であるといえよう。

(25) 「被差別者／マイノリティの怖れ」の考察は当然のこととして、一方で「差別者／マジョリティの怖れ」もまた考える必要がある。それは、現代インドにおける多数者であるヒンドゥー教徒によるヒンドゥー・ナショナリズムの激化や、不可触民への苛烈な暴力の発露を検討するうえで必須となる。つまり、立場の逆転あるいは優位性の揺らぎへの怖れの表出である。そこでは、明確な根拠がない「怖れ」であるほど際限なく拡大し、それに伴う暴力行為（とその自己正当化）も止まることなく過激化していく。同様のテーマを違った視角から読み取ることができるものに、ジョージ・オーウェルによる短編小説「象を撃つ」がある。ここでは、植民者が抱く「圧倒的多数の現地人（被植民者）のまなざしへの怖れ」が描かれている（それゆえに主人公は引き金を引き、「象を撃つ」のである）。

（26）論の展開上、便宜的にこれら四つの区分のもとに各種の試みを検討していくが、実際的には、四つのうちの複数の局面が重なるかたちで主張や運動がなされることも少なくない。

（27）同様の起源神話は、北インドのチャマール・カーストにおいても確認されている（Briggs 1999［1920］：15–16）。そこでも、ドゥリエージュが述べたように、もとは平等な兄弟であったものが、素直で従順な弟（チャマール・カーストの祖先）が兄たちの謀略にはまり、牝牛の死骸に触るという不浄な行為によってその身分を貶められることになる、という共通の構造を確認することができる。

（28）これらに加え、「社会的・教育的に不利な人びと」として、「その他の後進諸階級（Other Backward Classes：OBC）」もまた、一九八〇年代における議論を経て、一九九〇年代より、（二）就業と（三）就学において受益資格を認められることになった。また留保制度は、基本的に、インドの在来宗教であるヒンドゥー教徒とシク教徒、仏教徒に限られるという宗教的制限があることから、指定カーストならびに指定トライブにおいて、改宗の実施／非実施や改宗の公言の可否に大きく関わってくるものとなる。ただし州によっては、ムスリム（イスラーム教徒）やキリスト教徒にも資格を認めているケースもある。

（29）こうした経済状況を考慮しない「カースト」基準での資格付与については、多くの異論や批判が出されており、留保制度の受益層と非受益層での二分化（格差）が強く問題視されている。一方OBCにおいては、年収や職業を基準として、経済的に優位な人びとについては「クリーミー・レイヤー（Creamy Layer、上澄み階層）」との設定がなされ、制度の資格が認められていない。

（30）「新仏教徒（Neo-Buddhists）」と称されることが多いが、当人たちは、あえて「新」を付すことはない。「新」との接頭辞には、旧来の仏教徒・仏教界からの、「非正統」との含意や蔑視もあるものと考えられることから、また、場合によっては、当人たちからの強い拒絶もみられることから、安易に使用すべき呼称ではない。「改宗仏教徒」についても同様のことがいえるが、本章においては、のちの第四節で論じるように、「改宗」という決意・行為を重視する観点から、初出のみ鉤括弧を付して当該呼称を使用していくものとする。

（31）チャマールとは、北インドで数的に大きな不可触民カーストであり、伝統的職業としては、先述したブリッグスが取り上げた起源神話にもみられるように、家畜や動物の死骸の処理、皮革業などを挙げることができる。

（32）逆に言えば、ウッタル・プラデーシュ州以外で、より正確に言うとチャマール以外において、ラヴィダース信仰を認めることはほぼない。後述するように、つまりラヴィダース信仰は、彼がチャマールの出自を有するがゆえであり、すなわち、チャマールの人たちにとってラヴィダースは、自身・自共同体とのつながりにおいて強く信奉されているものと捉えることができる。

（33）バクティ（Bhakti）運動は、一四世紀から一六世紀にかけて、特に北インドを中心に広まったヒンドゥー教改革運動である。バクティ（信愛）の重要性を訴える聖人（Sant）が詩歌を朗唱するかたちで、一般大衆に広く展開した。神への絶対的な帰依と献身的な信愛を重視する考えは、エリート的・文献的な宗教解釈に対して、大衆的・実践的であり、特にこれまで宗教へのアクセスを制限されていた女性や下層民に、強く訴えるものであった。また、すべての信者（Bhakta）は、神の前で平等であるとみなされていた。

（34）本節における改宗仏教徒の語りは、いずれも、二〇〇九年三月にウッタル・プラデーシュ州西部において筆者によって収集されたものである。

（35）さらに、この仏教徒としての属性は、「世界宗教としての仏教」という観点からすれば、インドにおける一集団を超えた「ユニバースなもの」としても存在しうることになる。

（36）本書第二節「一 「市民社会」と「政治社会」」において触れたように、ここに、アマルティア・センの言う「アイデンティティの複数性」ならびに「アイデンティティを分け持つ（sharing an identity）」ことの重要性を指摘する議論との接合をみることができよう（セン 二〇〇三・二〇一一）。

参考文献

Ambedkar, B. R., 1997, *The Buddha and His Dhamma*, Taipei: The Corporate Body of the Buddha Educational Foundation.（二〇〇四『ブッダとそのダンマ』山際素男（訳）、光文社新書。

———, 2004, *Conversion as Emancipation*, New Delhi: Critical Quest.

Arun, C. Joe, 2007, *Constructing Dalit Identity*, Jaipur: Rawat Publications.

Briggs, G. W., 1999 [1920], *The Chamars*, Delhi: Low Price Publications.

Callewaert, Winand M. and Peter G. Friedlander, 1992, *The Life and Works of Raidās*, New Delhi : Manohar Publishers & Distributors.

Contursi, Janet A., 1993, "Political Theology : Text and Practice in a Dalit Panther Community", *The Journal of Asian Studies*, 52 (2), pp. 320–339.

Deliège, Robert, 1993, "The Myths of Origin of the Indian Untouchables", *Man* (*N.S.*), 28 (3), pp. 533–549.

Dirks, Nicholas B., 2004 (2001), *Castes of Mind : Colonialism and the Making of Modern India*, Delhi : Permanent Black.

Gokhale, Jayashree B., 1986, "The Sociopolitical Effects of Ideological Change : The Buddhist Conversion of Maharashtrian Untouchables.", *Journal of Asian Studies*, 45 (2), pp. 269–292.

Jamison, Stephanie W. and Joel P. Brereton (translated), 2014, *The Rigveda : The Earliest Religious Poetry of India*, New York : Oxford University Press.

Khare, R. S., 1984, *The Untouchable as Himself : Ideology, Identity, and Pragmatism among the Lucknow Chamars*, New York : Cambridge University Press.

Marriott, McKim, 1976, "Hindu Transactions : Diversity without Dualism", In Bruce Kapferer (eds.), *Transaction and Meaning : Direction in the Anthropology of Exchange and Symbolic Behaviour*, Institute for the Study of Human Issues, pp. 109–142.

Marriott, McKim and Ronald Inden, 1977, "Toward an Ethnosociology of South Asian Caste System", In Kenneth David (ed.), *The New Wind : Changing Identities in South Asia*, The Hague : Mouton, pp. 227–238.

Mencher, J. P., 1974, "The Caste System Upside Down, or The Not-So-Mysterious East", *Current Anthropology*, 15 (4), pp. 469–493.

Omvedt, Gail, 1994, *Dalits and the Democratic Revolution : Dr. Ambedkar and the Dalit Movement in Colinial India*, New Delhi : Sage Publications.

———, 2004, *Ambedkar : Towards an Enlightened India*, New Delhi : Viking, Penguin Books India (P) Ltd.

Zelliot, Eleanor, 2001 [1992], *From Untouchable to Dalit : Essays on the Ambedkar Movement*, New Delhi : Manohar

Publishers & Distributors.

アンベードカル、B・R・、一九九四年、『カーストの絶滅』（インド――解放の思想と文学　第五巻）、山崎元一・吉村玲子（訳）、明石書店。

オーウェル、ジョージ、二〇一九年、「象を撃つ」（一九三六）、『あなたと原爆　オーウェル評論集』所収、秋元孝文（訳）、光文社古典新訳文庫。

孝忠延夫、二〇〇五年、『インド憲法とマイノリティ』、法律文化社。

小谷汪之、一九九六年、『不可触民とカースト制度の歴史』、明石書店。

――――（編）、一九九四年、『西欧近代との出会い』（叢書　カースト制度と被差別民第二巻）、明石書店。

――――（編）、一九九七年、『インドの不可触民――その歴史と現在』（世界人権問題叢書　一九）、明石書店。

関根康正、一九九五年、『ケガレの人類学――南インド・ハリジャンの生活世界』、東京大学出版会。

セン、アマルティア、二〇〇三年、『アイデンティティに先行する理性』、細見和志（訳）、関西学院大学出版会。［Amartya Sen, 1999, *Reason before Identity: The Romanes Lecture for 1998*, New York: Oxford University Press.］

――――、二〇一一年、『アイデンティティと暴力――運命は幻想である』、大門毅（監訳）、東郷えりか（訳）、勁草書房。［Amartya Sen, 2006, *Identity and Violence: The Illusion of Destiny*, New York: W. W. Norton.］

田辺明生、二〇一〇年、『カーストと平等性――インド社会の歴史人類学』、東京大学出版会。

――――、二〇一五年、「訳者解説」、パルタ・チャタジー『統治される人びとのデモクラシー――サバルタンによる民衆政治についての省察』、田辺明生・新部亨子（訳）、世界思想社、二二五―二五四頁。

チャタジー、パルタ、二〇一五年、『統治される人びとのデモクラシー――サバルタンによる民衆政治についての省察』、田辺明生・新部亨子（訳）、世界思想社。［Partha Chatterjee, 2004, *The Politics of the Governed: Reflections on Popular Politics in Most of the World*, New York: Columbia University Press.］

辻直四郎（訳）、一九七〇年、『リグ・ヴェーダ讃歌』、岩波文庫。

デュモン、ルイ、一九九七年、『インド文明とわれわれ』、竹内信夫・小倉泰（訳）、みすず書房。［Louis Dumont, 1975, *La Civilisation indienne et nous*, Paris: Librairie Armand Colin.］

——、二〇〇一年、『ホモ・ヒエラルキクス——カースト体系とその意味』、田中雅一・渡辺公三（訳）、みすず書房。
[Louis Dumont, 1970 (1966). *Homo Hierarchicus: An Essay on the Caste System*, Translated by Mark Sainsbury, Chicago: The University of Chicago Press.]

中空萌・田口陽子、二〇一六年、「人類学における「分人」概念の展開——比較の様式と概念生成の過程をめぐって」、『文化人類学』八一（二）、八〇—九二頁。

中谷英明、二〇〇〇年、「古代インドにおける哲学と文献学」、『古典学の再構築』（文部省科学研究費特定領域研究（A）「古典学の再構築」ニューズレター）第五号、一八—二二頁。

藤井毅、二〇〇三年、『歴史のなかのカースト——近代インドの〈自画像〉』、岩波書店。

——、二〇〇七年、『インド社会とカースト』（山川出版社、世界史リブレット八六）。

舟橋健太、二〇一四年、『現代インドに生きる〈改宗仏教徒〉——新たなアイデンティティを求める「不可触民」』、昭和堂。

山崎元一・佐藤正哲（編）、一九九四年、『歴史・思想・構造』（叢書　カースト制度と被差別民　第一巻）、明石書店。

第五章　ディアスポラと国民国家

――「ユダヤ人」であること――

上村　静

ユダヤ人は異国に少数民族として、ディアスポラの民として生き抜いてきた。彼らはどうして、またどのようにして生き延びてきたのか。その知恵を学ぶとともに、国民国家を理想とするシオニズムの問題を考える。

はじめに

ユダヤ人（イスラエル人）は、古代から現代までその民族アイデンティティを保持している稀有な民族である。「イスラエル」の名は前一二〇七年頃の碑文から知られ、二〇一八年五月にイスラエル国は建国七十年を迎えた。この三千二百年以上にわたるイスラエル民族史において、彼らが独立国家を有していた時代は長くない。初代王サウルからバビロン捕囚までの約四百二十年（前一〇一〇年頃―前五八七年）、ハスモン王朝時代の約八十年（前一四二―前六三年）、そして現代イスラエル国の七十余年、あわせて六百年弱である。残りの二千六百年以上のあいだ、ユダヤ人は国をもたない民として生きてきた。ユダヤ人が「ディアスポラの民」と呼ばれる由縁である――「ディアスポラ（離散）」とはギリシア語の「撒き散らす」に由来する語で、故郷から異郷へと「散らされて」暮らすユダヤ人の居住形態を指す（聖書のギリシア語訳にすでに用いられているが、特にユダヤ人の状態を指し示す用語になったのは近代以降）。ラビ・ユダヤ教（後二世紀から今日にいたるユダヤ教）は、ディアスポラ状態を神の定めとして受け入れ、いつか神がイスラエルを再建するのを待っている。それゆえユダヤ教徒の一部は、今なお人間の建てたイスラエル国を認めない。イスラエル国に住んでいても、彼らは「ディアスポラの民」であり続けている。

ユダヤ人にとって「ユダヤ教」という呼称は居心地が悪い。古代において「ユダヤ人」とはユダヤ地方の出身者およびその子孫であることを意味した。前四世紀後半以降のヘレニズムとの出合い——それはユダヤ人のあいだにヘレニスト（ギリシア文化愛好家）を生んだ——をとおして、「ユダイズム」（＝ユダヤ的生き方）への自覚が芽生えた（前二世紀の第二マカバイ記が「ユダイスモス」というギリシア語の初出）。しかしそれは、今日的な意味での「宗教」——私的な信仰にかかわる事柄——だけにかかわるのではなく、日常生活のすべてを規定するものであった。朝起きてから夜寝るまで、食事も排泄も、種蒔きも刈り入れも、性交も生理も、暦や祭日も、すべての生活習慣を規定するものであった。

「ユダヤ人であること」は、こうした先祖代々受け継がれてきた生活習慣を受け入れて人生を送ることであり、それが「ユダイズム」であった。こうした生活習慣は、他の民族のそれとは異なるものが多い。というより、あえて異なる習慣を取り入れることで成立した。ユダヤ人の生活習慣が確立されたのは、バビロン捕囚の時代であった。異国の地に連れて行かれて、長くそこにいるあいだに現地の生活習慣を取り入れると、同化してしまう。そうなれば民族アイデンティティは失われてしまう。そうならないために、ユダヤ人は意図的に異化すること、他の文化と異なる習慣を創り出し、他の民族から分離して生きる道を選んだ。ディアスポラの地にあって、独自の民族アイデンティティを保持するために生み出されたのがユダイズムであった。「イスラエルの地」に帰還したユダヤ人は、エルサレムに神殿を再建するとともに、それらの習慣を正当化するために、それらを神が命じたものとし、その神の言葉を「トーラー」(「(神の)教え」の意。モーセ五書＝聖書の最初の五冊)として聖典化した(前五世紀末―前四世紀初頭)。しかし、「言葉」というものは解釈なしには理解しえず、解釈は多様でありうる。民族アイデンティティを確立するために生み出された聖書は、民族アイデンティティを揺るがせる根源となった。

大祭司――ツァドク家の世襲制――の権威が確たるものとして受け入れられていたペルシア時代後半には、大祭司の聖書解釈が絶対であった。しかし、ヘレニズム時代に入ると、大祭司職継承争いが起き、そこに隣国シリアが介入することで大祭司の家系がハスモン家に交代し、それによって大祭司の権威が失われてしまった。そこで市井の人びとの中から、それぞれの聖書解釈が生み出され、複数の分派に分かれていった(前二世紀)。キリスト教もこうした分派の一つとして生まれ、やがて母集団から分離したものである(後一世紀)。この状態が後二世紀前半まで続き、ユダヤ人は内部分裂したまま二度の対ローマ戦争に突入し、大きな敗北を喫する(六六―七四年、一三二―一三五年)。エルサレム神殿は破壊され、ユダヤ人はエルサレムに入ることを禁じられた(後七世紀のムスリムによるエルサレム征服まで続く)。このときユダヤ人は、イスラエル独立国家の再建は、人の手によるのではなく神が実現するものと考えるようになった。このときから、「ディアスポラの民」としての流浪の生活がはじまるとされる。もっとも、実際にはバビロン捕囚以来、「ディアスポラ」状態であり続けていたのではある。イスラエルの地もこのほとんどの期間は異国支配下にあったし(上述のハスモン王朝時代に約八十年の独立時代があったけれども)、すでにメソポタミア、北アフリカ、小アジア、ヨーロッパにユダヤ人共同体はあった。ローマ時代のユダヤ人人口は、ローマ帝国全体の六~七％を占めていたと言われる。

敗戦後のユダヤ人は、徐々にパレスチナの地を離れ、こうした同胞のいる地域へと移住していった。ムスリムが地中海世界を支配すると、イスラム圏に移住する者も多かった。中世のユダヤ人のおよそ九割はイスラム圏で生活していたとされる。イスラム支配下のユダヤ人は、「啓典の民」としてその独自の生活習慣を続けることが容認されていた（税は取られたが）。よく知られる「迫害されるユダヤ人」というイメージは、キリスト教圏に由来する。

キリスト教徒にとってユダヤ人は毛嫌いする相手であった。自分たちの生みの親でありながら、それを否定することで生まれてきたのがキリスト教だからである。すでに新約聖書の中で、ユダヤ人（とその代表とされるファリサイ派）は「神の敵」（ロマ一一28）、「偽善者」（マタ二三13）、「悪魔の子」（ヨハ八44）と言われ、イエス殺害の責任は子孫を含む全ユダヤ人に帰せられ（マタ二七24-25）、後に「キリスト殺し」として迫害されるようになる。その後の使徒教父たち（二―三世紀の護教家）や教会教父たちからも罵倒されているが、キリスト教がローマ帝国の国教になった五世紀以降は、目に見える暴力が露骨に顕わされるようになった。ローマ法はキリスト教徒に対してユダヤ人の殺害とシナゴーグ（ユダヤ教会堂）の放火を禁じているが、繰り返し同様の法令が出されているということは、それらが止むことはなかったということを示している。ユダヤ文書は焚書され、衣服にユダヤ人であることを示す印をつけるよう強要され、職業が限定されていった――これが後に「高利貸しのユダヤ人」というイメージにつながる（キリスト教徒には利子を取ることが禁じられていたが、非キリスト教徒であるユダヤ人にはそれができた）。

西洋の近代は宗教改革によって幕を開けるが、宗教改革はユダヤ人の状況を変えるものにはならなかった。ルターは、はじめはユダヤ人に親切に改宗を求めるよう促したが、それが無意味であることを知るとユダヤ人への憎悪をむき出しにした。ルターは反ユダヤのプロパガンダを作成したが、それを再利用したのは後のヒットラーである。ユダヤ人にとっての近代は「国民国家」の成立と軌を一にしている。フランス革命は、ユダヤ人にも「フランス国民」となることを約束した。ユダヤ人の側にも「ハスカラー」（啓蒙主義）運動が起こり、旧来の伝統にしがみつくのをやめて、それぞれの「国民」へと同化していこうという機運が起こった。西欧において、「ユダヤ系フランス人」や「ユダヤ系ドイツ人」が誕生した。このときユダイズムは「ユダヤ教」になった。ユダヤ人の中から伝統を捨てる者がでてきた。そうしてなんとか「国民」になろうと努めた。しかし、表向きユダヤ人も「国民」だと言っても、差別はなくならなかった。それを象徴したのがドレフュス事件（一八九四年のフランス陸軍大尉だったユダヤ人ドレフュスに帰せられた冤罪事件）であり、これを契機に「ユダヤ人国家」建設を目指すシオニズム運動に火がつく。他方、近代の（似非）科学は、「人種」という概念を「発明」した。これによって、ユダヤ人は「ユダヤ教徒」から「ユダヤ人種」になった。この人種を一掃することがナチス・ドイツの政策となり、ホロコーストの惨劇を引き起こすこととなる。

第二次世界大戦後に建国宣言（一九四八年）を出したイスラエル国は、現地にいたアラブ人を追い出し、また虐殺した。周りをアラブ諸国に囲まれたイスラエルは、軍事大国となって今日にいたる。追い出されたアラブ人は「パレスチナ人」となり、周辺諸国で難民として暮らすか、イスラエル占領下で二級市民として暮らすかを余儀なくされている。現在では、「分離壁」が建設され、パレスチナ人の生活はユダヤ人から見えなくされている。イスラエル国籍を持つアラブ人は、ユダヤ人地区で3K労働で食いつないでいる（ただし富裕者もいて、パレスチナ人内部も一枚岩ではない）。パレスチナ人は「ディアスポラの民」とされている。

現代イスラエル国家に生きるユダヤ人のうち、ユダヤ教の熱心な信奉者（ヘブライ語で「ダティー」〈宗教的な人の意〉）はおよそ二割と言われている。残りの八割は「世俗派（ヒロニー）」と呼ばれる。イスラエル国内のユダヤ人には、白人も黒人も黄色人もいる。「人種」としてのユダヤ性は彼らのアイデンティティの根拠にはなっていないようだ——ただし、白人と有色人のあいだの格差は社会問題の一因となっている。公式には、ユダヤ人の母から生まれた者、もしくは正式にユダヤ教に改宗した者がユダヤ人ということになっているが、白黒黄色の母すべてがユダヤ人だったということの証明は曖昧である。イスラエル国としては、パレスチナ人に対するユダヤ人人口比の優位を保持するために移民を受け入れ続けねばならず、そのためには「ユダヤ人」であることの証明は緩やかな方が好ましい。しかし、移民から成り立っているイスラエルのナショナリズムは非常に強い。そこには、つねに戦争状態にあるという緊張感と国民皆兵制による独特の一体感という要因もあるだろうし、同化のための移民への手厚い施策も影響しているだろう。イスラエルで生まれ育ったユダヤ人と移民のユダヤ人、双方に共通するのは「迫害」の記憶なのだろう。イスラエル生まれのユダヤ人には、学校教育をとおして民族の歴史が教え込まれる。イスラエルへの移住を決断した者には、故郷での生きづらさの体験があっただろう。それをユダヤ民族の悲劇の歴史と重ね合わせ、自分たちのことは自分たちで守るというシオニズムのイデオロギーへと自らを一体化させているように思われる（キャリアアップのためにイスラエル国籍を踏み台にする移民もいると言われているが）。かつてユダヤ人は、ディアスポラの状態を神からの試練と受け止めていた。現在のイスラエル人の多くは、もはやそうした受け止め方はできない。ユダヤ人から神はいなくなった。神なきイスラエル人のアイデンティティの紐帯は、ユダヤ民族の悲劇の歴史しかない。悲劇を繰り返さないこと、このシオニズムの理念こそがイスラエル・ナショナリズムの根幹なのである。

二〇一八年七月に、イスラエル国は通称「国民国家法」を制定した。イスラエルを「ユダヤ人国家」として、「単一民族国家」として完成させる法である。近代国民国家の古い理念を、今になって実現するという。イスラエル国には、西洋で生み出された「国民国家」（nation-state）に内包される問題が、最も先鋭な形で顕在化している。イスラエル国は、単一民族国家であると公言して憚らないアジア東端の国は、ディアスポラの民としてのユダヤ人、ユダヤ人国家としてナショナリズムを先鋭化させるイスラエル国、どちらから何を学ぶだろうか。

以下では、まず第一節でモーセ五書のあらましを辿り、その使信を概説する。それをとおして、五書が全体の枠としてディアスポラの視点から民族の歴史を描いていることを確認する。次の第二節では、五書の中で「約束の地」に入ったときに守るべきとされる諸規定の中から特に「聖」と「穢れ」に関する記述を取り上げ、聖性についての基本的な考えを確認し、それらが後一世紀のパレスチナにおいてどのように差別と関わっていたかを考察する。続く第三節では、ディアスポラの民として生きるユダヤ人が、迫害してくるホスト国にどのように対峙することをよしとしたのか、その知恵を考察するとともに、現代イスラエル国家の基盤にあるシオニズムがいかにそれと異なる価値観のもとにあるのかを対比する。第一節はバビロン捕囚によって国家を失った時代に生み出された五書の理念、第二節は神殿時代（すなわち自治の認められた自国を中心とする時代）、第三節は古代末期から近代初期にかけてのディアスポラの時代と近代以降のシオニズムの考え方を概観する。こうして古代から現代にいたるユダヤ史の全体をとおして、自分たちの国家があるという前提に対峙するディアスポラという価値観の意義を考察する。

一　ディアスポラ文学としてのモーセ五書

モーセ五書は、冒頭の短い人類の原初史——天地創造、失楽園、カインの弟殺害、ノアの洪水、バベルの塔——にイスラエル民族の始祖アブラハムの選びと約束が続き、それ以降イスラエル民族史が展開される。民族史のあらすじは以下のとおり。神に移住を命じられたアブラハムはカナンの地（後のイスラエルの地）に住み、神がアブラハムとその子孫の神となるから彼らはその証として割礼を受けるという契約を結ぶ。その後、孫のヤコブ（後に

モーセ五書のあらまし

- 天地創造
  - 人類の堕罪物語
    - 失楽園
    - カインとアベル
    - ノアの洪水物語
    - バベルの塔
- アブラハムの召命（契約）
  - 選民と約束
    - 大いなる民族
    - 地上の全氏族の祝福
    - 土地の約束
- 族長物語 → エジプト移住・奴隷化
- モーセの召命・出エジプト
  - 律法授与と民の罪
    - シナイ契約
      - 祭司の王国・聖なる民族
      - 律法授与
    - 民の反抗と四十年の荒れ野放浪
- モーセの告別説教

「イスラエル」という別名をもらう）に十二人の息子が生まれ、それぞれが族長となっていわゆる「十二部族」を形成する。ヤコブの晩年に飢饉が起こり、イスラエル民族はエジプトへ移住する（創世記）。世代が変わってエジプトで奴隷とされるようになると、神がモーセに現れ、民を奴隷状態から解放するから民を連れてエジプトを出て、カナンの地、「約束の地」へ向かうよう命ずる。旅の途中、シナイ山で神はモーセに十戒をはじめとする戒律（＝律法）を授ける（シナイ契約）。山の麓でモーセを待っていた民は、待ちくたびれて「金の子牛像」を作り、それを自分たちの神とする。山を下りたモーセは偶像崇拝の罰としてレビ人（十二部族の一つレビ族の子孫）に三千人を殺させる（この後レビ人は祭司になる）。この後しばらく律法規定の叙述が続き（出エジプト記―レビ記）、約束の地の手前まで来たところで十二人の偵察隊を出す。ところが、偵察隊の十人は、カナンの地の住民は強いから侵入するのはやめてエジプトに帰ろうと言う。民はこれを聞いてモーセに反逆する。すると神は怒って、エジプト脱出時に二十歳以上だった者はだれも約束の地には入れない、荒れ野で死に絶えさせると言う。こうして民は四十年のあいだ荒れ野を放浪することになる（民数記）。四十年が過ぎていよいよ約束の地に入る前に、モーセはふたたび神からの戒律を語って聞かせ、自らはその地に足を踏み入れることなく最期を迎える（申命記）。モーセ五書は、モーセの死と埋葬をもって幕を閉じる。

モーセ五書の使信を理解するには、以下の点を押さえる必要がある。なぜイスラエル民族史の前に人類の堕罪物語集があるのか、なぜアブラハムへの土地の約束が未成就のまま幕が閉じられるのか、なぜ先祖の罪を描くのか、そしてなぜ歴史物語に戒律規定が埋め込まれているのか。

まず、人類の原初史は人間の堕罪史であり、バベルの塔物語で終わる。それは人類が諸民族へと分離する物語である。それに続いてアブラハム、すなわちイスラエル民族が選ばれるのは、「地上の全氏族」がイスラエルをとおして「祝福に入る」ためとされる（創一二3）。モーセ五書編者は、人類が諸民族に分離したのは唯一の創造神から人間が乖離したこととし、いつか全人類がこの神へと帰依することを救済と考え、その目的のために特別の使命を与えられたのがイスラエル民族だとする。すなわち、冒頭の人類史は、イスラエルが選民であることを世界史の中に位置づけようとしているのである。モーセが神から律法規定を授与されるシナイ契約の前文には、「実に全地はわたし（神）のものである。だからあなたたち（イスラエル）は、わたしにとって祭司たちの王国、聖なる民族となれ」（出一九6）とある。[1] 全世界は神のものであるから、イスラエルは「祭司たちの王国、聖なる民族」になって他の諸民族との仲介者の役を担うのであり、その手段として律法規定を守るのだという。ユダヤ教の根幹は「選民と律法」であるが、その意味づけは、神の教えである律法を守ることで「聖なる民族」共同体——高次の倫理的共同体——を形成して、世界の全人類がいつかイスラエルの神へと帰依するために選ばれたということになる。

アブラハムにはその子孫に土地（カナンの地）が約束され、エジプトを脱出した民はそこに向かって進んでいく。しかし、物語はそこに入る直前で幕が閉じられる。さらに言えば、そもそもエジプトで奴隷だった民を救うために脱出したはずなのに、成人はみな荒れ野で死に絶えてしまう。「約束の地」に入るのは、物語上はエジプト脱出時に子どもだった者、または四十年の荒れ野放浪中に生まれた子どもたちということになる。この物語上の「子どもたち」は、編者の時代のユダヤ人、つまり出エジプトの民の「子孫」と重ねられている。歴史的には、「金の子牛像」を造ったのは、モーセの時代よりずっと後の北イスラエル王国のヤロブアム王であった（王上一二25-33）。また、四十年の荒れ野放浪はバビロン捕囚を暗示している。すなわち、モーセ五書編者は、北イスラエル王国の滅亡と南ユダ王国のバビロン捕囚を、民の罪に対する神の罰と解釈し、その子孫たるユダヤ人読者に先祖の轍を踏まないよう教示しようとしている。モーセ五書には続きがあり（ヨシュア記、士師記、サムエル記、列王記の四書）、そこには神との契約を守らなかったために国を失う先祖の姿が描かれている（この四書編纂の方がモーセ五書編纂よりも古い）。モーセ五書の読者たるユダヤ人は、バビロン捕囚からの帰還民であり、約束の地であるイスラエルの地に住んでいる。彼らに先祖の罪の歴史を提示するとともに、その歴史物語に守るべき律法規定を織り込むことで、自分たちこそがそれらの規定を守らねばならないということを示している。約束未成就の結末は、先祖の歴史物語を現在の読者へと現在化するための文学的仕掛けなのである。

ここには、民族の歴史を反省的に振り返る視点がある。それだけでなく、そのことを踏まえて自分たちの世界史における役割を確認することで、いつか全人類がイスラエルの神のもとへと再統合されることを展望する歴史観――救済史観――から民族史が描かれている。過去を美化して安っぽい誇りを植え付けるのではなく、過去の失敗から学んでより良い未来を展望しようとする歴史観に聖書の特徴の一つを窺うことができる。(2)

約束の地に入る直前で物語が閉じられるという設定は、モーセ五書がディアスポラ文学の体裁をとろうとしていることを意味する。それはバビロン捕囚という体験の反映なのであるが、それだけではなく、しかしそれゆえに、土地に対する考え方にディアスポラの特徴が現れている。すでに見たように、アブラハムはカナンの地への「移住者」（聖書用語では「寄留者」〈ヘブライ語で「ゲール」〉）であった。出エジプトの民も原住民から土地を奪うことを前提としている。モーセ五書は、カナンの地を「約束の地」として描きながら、それを決して自分たちの「固有の領土」とはしない。むしろ、神が与える土地としながら、そこでイスラエルは「自ら建てたのではない大きな美しい町々、自ら満たしたのではないあらゆる財産で満ちた家、自ら掘ったのではない貯水池、自ら植えたのではないぶどう畑とオリーブ畑を得、食べて満足する」（申六10-12）と言われる。ここでは、既得権益としての土地の所有という考えが否定されている。そうではなく、「土地はわたし（神）のものであり、あなたたち（イスラエル）はわたしの土地に寄留し、滞在する者にすぎない」（レビ二五23）。ユダヤ人はどこに住んでいようと「寄留者」「移民」「ディアスポラの民」なのである。後世のユダヤ人がディアスポラの民として生き延びてきた要因の一つがここにある。

ところで、聖書には「民族」（ゴーイ）や「民」（アム）という言葉が頻出する――主に複数形のゴーイームが異民族を、単数形のアムがイスラエルの民を表す。バベルの塔物語が示すように、「民族」は「言語」で分けられている。また系図が用いられていること（創一〇1-32、一一10-26）、アブラハム以降の民族史がその「子孫」の物語であることから、「民族」が血縁でつながるものと考えられてもいる。しかしながら、シナイ契約においては、エジプトからイスラエルを連れ出したのが神であること、それゆえに神の契約を守ること、そうすればイスラエルが神の「宝」（固有の所有物）となることが語られている（出一九5）。つまり、自らの意志で神との契約に参与する者がイスラエル「民族」となる。すなわち、イスラエルという集団は、血縁共同体と信念共同体という二つの共同幻想が結合されて成り立っている。それゆえ、異民族出身者であっても「ユダヤ人になる」ことが可能である――古い時代に設定された物語としては、ヤコブの子どもたちの時代にシケムの男たちが割礼を受けることでイスラエルの仲間になることを前提にした逸話がある（創三四章）。「ユダヤ人」を構築するこの二つの共同幻想は、近代以降の「ユダヤ人種」と「ユダヤ教徒」という二つの理念に呼応する。

二　聖と俗・浄いと穢れ

あなたたちの住む地、わたし（神）がそこに宿る地を穢してはならない。

（民三五34。レビ一八25-28、二〇22-26参照）

「祭司たちの王国、聖なる民族となれ」（出一九6）という神の命令は、律法規定の前文にある。ということは、律法を守って生きることが「聖なる民族」となることの条件であり、その意味ですべての律法規定は聖性に関する規定ということになる。その根拠は、聖なる神の宿る地もまた「聖なる地」だからである。ユダヤ法としてよく知られている食物規定や安息日規定も「聖なる民族」となるための規定なのであり、律法を守ること自体がユダヤ人を「聖なる者」とし、それを守らないことは聖地に「穢れ」をもたらす。五書の編纂者は、バビロン捕囚という出来事を民が神に逆らった結果「聖地を穢し」、それゆえそこから吐き出されたと解釈したのである。したがって、今日なお律法規定を守っているユダヤ人も「聖」と「穢れ」の規定の中を生きている。本節では、そうした規定の中でも特に「聖と俗」および「浄いと穢れ（不浄）」に関連する用語の現れる規定を概観し、それらの規定がイスラエルの地に神殿と自治のあった時代にどのように機能したかを考察する。

1 聖書における「穢れ」の規定

わたしはあなたたちの神、主である。あなたたちは自分自身を聖別して、聖なる者となれ。わたしが聖なる者（カドーシュ）だからである。地上を這う爬虫類によって自分を穢して（タメー）はならない。わたしはあなたたちの神になるために、エジプトの国からあなたたちを導き上った主である。わたしは聖なる者であるから、あなたたちも聖なる者となりなさい。

（レビ一一44-45。同一九2、二〇7-8、26参照）

レビ記一一章には食物規定が記されているので、「聖なる者となれ」という命令がここでは爬虫類による「穢れ」と関連づけられているのだが、このことは「聖」の概念がその反対の領域に「穢れ」を含むということを前提している――食物規定は聖と穢れの規定の一つである。この食物規定の前では、祭司の役割として「聖（コデシュ）と俗（ホル）、穢れたもの（タメー）と浄いもの（タホール）を区別すること」（レビ一〇10）が挙げられている。この食物規定は、「穢れたものと浄いもの、食べてよい生き物と食べてはならない生き物とを区別するため」とされる（レビ一一47）。食べてよいものは「浄いもの」、そうでないものは「穢れたもの」とされる。

イスラエルの民は全員が「聖なる者」とならねばならないのだが、そのあいだには聖性の序列がある。聖性の高い順に、祭司（コーヘン）、レビ人、その他の民に分けられる。レビはヤコブの十二人の息子の一人で、その子孫がレビ人である。モーセもこのレビ族出身であるが、モーセの兄アロンの子孫が特別の祭司とされる（レビ人は二級祭司）。さらにアロンの直系の長子が大祭司とされる。イスラエルの民は、「穢れたもの」を避け、「浄いもの」しか食べてはならないのだが、レビ人と祭司は「浄いもの」の中から「聖別されたもの」――民による神への献げ物――だけを食べることができる。「穢れたもの」と「浄いもの」はすべてのイスラエルの民にかかわるが、「聖別」（神殿祭儀にかかわるためのより高い聖性）は祭司とレビ人に、「俗」は一般のイスラエルの民に属する。「俗」は

「浄い」と「穢れ」の混在ではなく、「浄い」状態（聖別のない日常に保たれている聖性）であり、穢れた場合には浄められて「浄い」状態に戻らねばならない[3]。

食物規定について、陸上動物では蹄が二つに割れていて反芻するもの以外は穢れている。水中動物は、ひれと鱗のあるもの以外は穢れている。鳥類と昆虫については属性ではなく具体例が挙げられている。また爬虫類は穢れたものとされる。こうした穢れた動物の死骸に触れると、触れた人や物も穢れる。穢れた人は衣服を洗い、夕方まで穢れた者とされる。穢れたものに触れた木製品、布製品、革製品は穢れるので、夕方まで水に浸しておく。穢れた土器は壊されなければならない。また穢れた土器に入っていた液体がかかったものも穢れる。それらの死骸が竈や焜炉に落ちた場合はそれらは壊されなければならない。また、浄い動物であっても、それらが自然に死んだ（定められた方法で屠殺されたのでない）場合、その死骸に触れると穢れる。穢れた動物の死骸に触れると穢れるということは、正規の手続きを経た浄い動物以外の死骸には穢れがあり、その穢れは伝染すると考えられていて、そして穢れた場合には浄めの手続きが要求されるということである（正規の屠殺法に従っていない肉は穢れたものとされる）。

穢れの元となるのは死骸だけではなく、人間の体内から出る漏出物もそうであった。女性が男児を出産した場合、七日間穢れ（その間は「聖」にも「俗」にも触れられない）、その後三十三日間浄めの期間を過ごす（「聖」に触れられない）。女児の場合はその倍の期間を要する。その期間が終わると、焼き尽くす献げ物と贖罪の献げ物を捧げる（レビ一二章）。なお、焼き尽くす献げ物は皮以外すべてを焼き尽くすことで神への献身を意味し、贖罪の献げ物は（無自覚の）罪を贖うために捧げられるものであった。出産に贖罪の献げ物が求められたことは、出産が「罪」と認識されたからではなく（子をもうけることは掟の一つ）、「穢れ」の状態にあることが「罪」と結びつけられたからであろう。祭儀的な「穢れ」と倫理的な「罪」という分け方はなく、穢れた状態から復帰する手続きがあって、出産の場合には神への献げ物が要求されるということである。

ツァラアトという皮膚病に罹患した場合、祭司がそれを判定する。罹患者とされた場合、祭司はその者を「穢れている」と宣言し、罹患者は「衣服を裂き、髪をほどき、口ひげを覆い、「わたしは穢れた者です。穢れた者です」と呼ばわ」り、一人離れて暮らさねばならないとされる（レビ一三1-46、民五1-4）。罹患者が治癒した場合の手続きも詳細に規定されており、最終的に賠償の献げ物（通常は損害賠償のためになされる）を捧げる（レビ一四1-32）。なお、ツァラアトは人間だけでなく、衣類や革製品（一三47-59）、家屋（一四33-53）にも生じうるものとされる（カビの類と想定される）。この語はギリシア語訳聖書でレプラと訳され、また新約聖書にも同じギリシア語が現れるため、この病に罹患したと見なされた人は「らい病者」として長く差別の対象となった(4)。

このほか、性器から漏出物のある男性（一五1-15）、月経の女性（一五19-24）、長期の出血のある女性（一五25-27）も穢れた者とされ、彼らの寝床や彼らの触れた家具は穢れ、その穢れた寝床や家具に触れた者も穢れる。射精した男性（およびその男と一緒に寝た女）は水で自分と精液等の触れた着物と革製品を洗い、夕方まで穢れている（一五16-18）。

もう一つの穢れの元は、人間の死体である。死体に触れると七日間穢れる。天幕内で人が死んだ場合は、そこにいた者、入った者、蓋をしていなかった容器はすべて穢れる。穢れた者／物に触れた者も穢れる(5)。七日間の三日目と七日目に「汚れを浄める水」をそれらに振りかけると浄められ、最後の七日目に水で洗うと夕方には浄くなる（民一九14-22）。身を浄めない者はイスラエルから絶たれるという。「汚れを浄める水」（メー・ニッダー〈直訳「汚れの水」〉）は、赤い雌牛を焼いた灰を入れた水であるが、その作業にかかわる人（赤い雌牛を焼く祭司、その灰を集める人、後で水を振りかける人）も穢れるので、衣服と体を洗い、夕方まで穢れている。なお、祭司は家族以外の死体に触れることは許されず、また大祭司は肉親の遺体に近づくこともできない（レビ二一1–4、10–12）。今日でも祭司の家系のユダヤ人は墓所に立ち入ることをしない。

2　聖書における「聖性」の規定

「穢れ」に触れた場合に浄めの儀式が要求されるように、「聖なるもの」に接近する場合にも手続きが必要とされる。祭司が聖所で仕える前には手足を洗うことが義務づけられた。洗わないと死を招くという（出三〇17–21）。年に一度の贖罪日――一年間の民全体の罪を贖う儀式――には大祭司が至聖所《しせいじょ》に入ることを許されるが、そこに入る時と出る時に水で体を洗わねばならない（レビ一六4、24）。この儀式では雄山羊一匹に民の罪すべてを移し、その雄山羊はすべての罪責を担って荒れ野に送り出されるのだが、この雄山羊を荒れ野に送り出す者も衣服と体を洗わねばならない。なお、前一世紀末にはエルサレムに壮大な神殿が建てられたが、そこには四つの庭があったとされる――異邦人の庭、女性の庭、男子の庭、祭司の庭。異邦人の庭には外国人も含めてだれでも入れた（ただし不浄の期間中の女性は入れない）。女性の庭には不浄でない女性も入れた。男子の庭には不浄のない浄められた男子のみが入れた。つまり、一般人も男子の庭に入る前には浄めの儀礼が要求された[6]。

何らかの穢れがあるわけではない祭司や儀式にかかわる者が「聖なるもの」に接近する前に浄めを要求されるのは、「俗」から「聖」への移行に浄めの手続き（聖別）が必要とされるからである。適切な手続きに従わないと死を招く[7]。身体障碍者の祭司は、聖別された祭司の食物を食べることは許されたが、神に献げ物を捧げる職務に就くことは「冒瀆」（ハラル「俗なるものとして扱う」の意）と見なされて禁じられた（レビ二一16–23）。「聖」の領域から「俗」へと戻る場合にも浄めが要求されるのは、「聖」を「俗」へと持ち込まないためであろう。「汚れを浄める水」

を作る人がその作業にかかわった後に身を浄めるのは、「穢れ」を落とすためか「聖性」を落とすためかはっきりしない。後のラビたちによれば、ホメロス（の書物）は穢さないが、聖書は手を「穢す」という（ミシュナ『ヤダイム』四6）。「聖性」も「穢れ」の一種なのである。「穢れ」であれ「聖性」であれ、それは人や物に付着し伝染しうるが、(8) 水で洗えば落とすことができる。「穢れ」を落として「浄い」状態に戻り、「聖性」を落として「俗」の世界に戻る。

3　後一世紀のパレスチナにおける差別

古代ユダヤ社会にもいつの時代でも何らかの差別はあったと考えられるが、最も資料が多くかつ議論が多いのは後一世紀である。この時代にはイエスが活動していたため、新約聖書（特に福音書）が資料になりうる。しかし、これがキリスト教の資料であることから議論も多い。かつて二〇世紀の前半までは、上に記したような「穢れ」にまつわるユダヤ教の考えが差別をもたらしていて、それに抵抗したのがイエスであり、克服したのがキリスト教である、それゆえユダヤ教は世界史におけるその役割を終え、キリスト教に取って代わられたのだとする「交代神学」にもとづいて説明された。ポスト・ホロコースト時代である現代では、このようなユダヤ教を否定するあり方は「反ユダヤ主義」のレッテルを貼られてしまうため、上に記した穢れを「祭儀的穢れ」とし、偶像崇拝・近親相姦・殺人の「倫理的穢れ」と分けて、差別を後者の問題として論ずる傾向にある。しかしながら、被差別者を「倫理的穢れ」の者としてしまうことの倫理的問題には、西洋の研究者は無頓着であるように見える。

以下では、福音書とラビ文献から、後一世紀に被差別者とされていたと思われる人々のリストを挙げ、その差別の個々の理由を簡潔に記した後、なぜこの時代に特定の人々に対する差別が生じていたのかを考察する。

ラビ文献のリストから見ていくと、まずⅠの1～4は運送にかかわる職であり、荷物の一部をくすねることが疑われた。5の牧夫は他人の畑の産物を家畜の餌とすること、6の店主は値段をごまかすことが疑われている。これら六つの職は「強盗の仕事」と呼ばれて、子どもに教えてはならないとされている。7の医者（金持ちに媚び、貧者に冷たいとされる）は地獄に堕ち、8の肉屋（正規の屠殺でない肉を売る疑いがある）はアマレク人（イスラエルの敵）の仲間とされる。ただし、これらの職はつねに否定的に見られているわけではなく、肯定的に評価されることもある。つまり、さしたる根拠なく嫌われていた職ということになる。Ⅱは妻が離縁を求めることのできる人々のリストであるが、いずれも悪臭を放つことが嫌われた理由である。Ⅲは女性に関わる仕事とされ、

被差別者リスト――ラビ文献(9)

Ⅰ　ミシュナ『キドゥシーン』四14	Ⅱ　ミシュナ『ケトゥボート』七10	Ⅲ　バビロニア・タルムード『キドゥシーン』82a	Ⅳ　バビロニア・タルムード『サンヘドリン』24b-25b
1ロバ曳き	1腫れ物のある者	1金細工職人	1博打打ち
2ラクダ曳き	2鼻せつのある者	2亜麻梳き職人	2高利貸し
3船乗り	3糞尿回収者	3（碾臼）洗い職	3鳩レース業者
4馬車曳き	4銅製錬職人	4行商人	4安息年の産物取引業者
5牧夫	5皮なめし職人	5織物職人	5牧夫
6店主		6床屋	6（ローマの）収税吏
7医者		7洗濯屋	7（関税）徴税人
8肉屋		8瀉血者	
		9三助	
		10皮なめし職人	

被差別者リスト——福音書[10]

病	「らい病人」（マコ一40-45、ルカ一七11-19） 長血を患う女（マコ五25-34） 悪霊／穢れた霊に憑かれた人（マコ五1-20、九14-29） 障碍者（マコ七31-37、八22-26）
職業	徴税人（マコ二15-16、マタ五46、一八17、二一31-32） 罪人（マコ二15-16、マタ一一19／ルカ七34） 売春婦（マタ二一31-32） 異邦人（マタ五47、一八17）

価値の低い職とされた。Ⅳは証人になることのできない人々のリストである。1と3は賭博とかかわり、1〜4は悪徳とされた。収税吏・徴税人は、私腹を肥やすことで嫌われた。以上の職（および病）のうち、明確に律法規定に反するのは高利貸しのみである（申二三20-21）[11]。

福音書においても、徴税人は罪人、売春婦、異邦人と一緒に言及されており、嫌われた職業の代表であった。また福音書では、障碍は「罪」と関連づけられ（マコ二1-11、ヨハ九1-2）、「らい病人」は「浄め」を求めている（マコ一40-44）。長血を患う女もレビ記の「穢れ」と関連づけられているだろう。徴税人と一緒に言及される「罪人」は、こうした病者やラビ文献に挙げられた職の人々を包括的に含んでいたと考えられる。「らい病」と長血はレビ記の「穢れ」の規定とかかわるが、それ以外は（祭儀的あるいは倫理的）「穢れ」とも「罪」とも関係しない。

律法規定に反していないにもかかわらず、特定の職や病が「罪」と関連づけられて差別が生じていたのには、後一世紀パレスチナに特有の空気があったからと考えられる。前二世紀のハスモン王朝時代の頃からユダヤ人のあいだで聖書解釈に揺らぎが生じた。正統な大祭司の権威が失われたためである。そこで一部の人々はそれぞれセクト（分派）を形成し、より厳格に律法規定を守ろうと競合していた。律法を完璧に守る者だけが「ユダヤ人」「真のイスラエル」なのであって、そうでない者は「罪人」とされる。多くの市井の民は特定のセクトに属することはなかったが、それでも自分を「罪人」に位置づけたくはない。そこで律法遵守に関して自分たちよりも劣った者を「罪人」として蔑むことで安心しようとする。「汚い」ように見える職に就いている者、障碍や慢性病を患う人々が「罪人」のレッテルを貼られるようになったと考えられる。

かつての王国時代には、ソロモン王の建てた神殿がエルサレムにあった。ソロモンの父ダビデの時代にも神殿建立計画があったが、それは伝統的なヤハウェ神（＝イスラエルの神）崇拝者の反対にあって頓挫していた（サム下七1-7）。もともと彼らは王制そのものに反対だった（サム上八章）。ヤハウェは出エジプトの神であり、それは奴隷を解放する神、人間による人間支配を認めない神だったからである。しかし、民は王を立て、ソロモンは反対派を押し切って神殿を建てた。それによりエルサレムは「聖なる都」（イザヤ五二1）とされたが、王国の独立戦争に敗れて神殿は破壊された。バビロン捕囚から帰還したユダヤ人は、ペルシア支配下にあって神殿を再建し、モーセ五書を編纂して神殿に聖性を付した。聖性には序列が設けられ、祭司、レビ人、一般人の区別が設けられていた（上述）。しかしながらセクトの時代に入ると、一般人のあいだにも聖性の序列を設けようとする傾向が生じた。後一世紀を代表するセクトであるファリサイ派は、このセクトに属さない一般人を「アム・ハ・アレツ」（地の民）と呼び、食事に際してその衣服はファリサイ派の人にとって（二次感染の）「汚れ」（ミドラス）であり、ファリサイ派の衣服は献納物を食する祭司にとって「汚れ」であるという（ミシュナ『ハギガ』二7）。モーセ五書に記された神殿と聖性の規定が拡大解釈され、社会の底辺の者たちは「汚れた者」「罪人」として疎外された。しかし、ローマからの独立を求めたユダヤ人はふたたび敗れ、神殿もまた破壊され、民はエルサレムから追放された。もはや「汚れを浄める水」を作れなくなったユダヤ人は、死体の穢れから浄められることはなくなった。聖地の「聖性」

に執着し、そこに住む人間の「聖性」を際限なく求めるあり方は、結果として民族を分断し、異国との戦争に向かわせ、破局を招いた。それは、国家を至上の価値とし、住民に「国民らしさ」を求め、その結果「非国民」とされる者を排除する近代国民国家のあり方と類比的である。

三　ディアスポラと国民国家

1　ディアスポラの民として

特定の土地に執着することの過ちに気づいたユダヤ人は、異国への移住を民に対する神の罰として「追放」（ガルート）と呼び、独立国家の再興をこの世の終わりのメシア到来時に神がなす「贖い」（ゲウラー）の行為と信じるようになった。そして神殿なき日々をラビの聖書解釈にもとづく生活習慣（ハラハー〈「歩み」の意〉）に従って歩むようになった（ラビがユダヤ人全体への指導権を確立するにはかなりの時間がかかったが）。ラビたちは、ハラハーを集成したミシュナやその解釈書であるタルムードを編纂した。聖書とラビ文献の存在は「持ち運びのできる国家」となり、どこにでもユダヤ人共同体の構築を可能にした。ヨーロッパや北アフリカ、西アジアはもちろん、遅くとも一二世紀にはインド経由で中国にもユダヤ人共同体は形成されていた。

周知のように、キリスト教圏のユダヤ人は職業が限定され、しばしば迫害された。ユダヤ人の職といえば商人（貿易商）と高利貸しのイメージが強いが、職人（金細工、織物、皮なめし等）も多かった――上に挙げた被差別者のリストにある職に就いている。聖なる「選民」は、そこでは「賤民」として扱われた。「聖地」から吐き出された彼らは、もはや民族内部で聖性の序列をめぐって争える立場ではなくなった。異郷の地においてユダヤ人として生きることには危険が伴う。そうした危険をいかにかいくぐって生き抜くかについて、タルムードに逸話的記事が残されている（バビロニア・タルムード『アボダー・ザラー』16b-18b。なお、以下は架空の物語であるが、語り手の念頭にはキリスト教を国教とするローマ帝国がある）[12]。

三人のラビがローマ官憲に逮捕される。まず、ラビ・エリエゼルは異端（キリスト教）にかかわった廉でローマ人に捕らえられ、裁きの場に連行された。裁判官がなぜあんな愚行にかかわったのかと尋ねると、彼は「私は裁き主を信頼します」と答えた。裁判官は自分のことを言ったと思い、彼を釈放する。ラビ・エリエゼルは神への信頼を語ったのだが、同時にうまく裁判官を騙すことで解放されたのである。次にペラタの子ラビ・エルアザルも同じ理由で逮捕され、「お前はなぜラビ（師）と呼ばれるのか」と尋ねられると、「織物工の親方をしている」と答える。そこで官憲が二本の糸巻きを持ってきて「どちらが縦糸で、どちらが横糸か」と尋ねると、奇跡が起きて、雄蜂が飛んできて横糸の上に止まり、雌蜂が縦糸に止まった――縦糸は固定されていてそこに横糸が通されることが男女の性交を暗示する。それで彼は正しく答え、解放される。ここでラビは明らかに嘘をついているのだが、それに対して神が奇跡を起こして助けてくれる、すなわち生き延びるためならどんな欺瞞も正当化される。

これに対して、テラディオンの子ラビ・ハニナも逮捕され、「なぜトーラー（聖書）の学習に携わっていたのか」と尋ねられると、「ヤハウェなる神が命じたから」と答える。すると直ちに、ハニナは火刑に、妻は串刺し刑に、娘は売春宿に売り渡すという判決が下されてしまう。タルムードはこの判決の理由をヤハウェという神名を公に語ったから――神名ヤハウェは公に口に出すことが禁じられていた――とする注釈をはさんだ上で、別のエピソードを挿入する。キスマの子ラビ・ヨセが病に臥し、ラビ・ハニナが見舞いに行ったとき、ヨセはハニナに「ローマ人はわれらを支配し、主の神殿を焼き尽くし、主に属する多くのものを破壊してなお健在であることを知らないのか。あなたは公の場に会衆を集め、トーラーを膝の上において座って教えているというではないか」と言う。ハニナが「彼らには天の慈悲が下るでしょう」と応じると、ヨセは言う、「彼らがあなたとトーラーの巻物を一緒に焼き尽くさないならそれこそ驚きだ」。ヨセが死ぬとローマの貴人たちが葬儀に参加した。その帰路にハニナが公の場に会衆を集めてトーラーを膝の上において座って教えているのを見ると、彼らはトーラーの巻物で彼をくるみ、燃える薪を手にして彼を取り囲み、巻物もろとも彼に火を点けた。彼がすぐに死なないように、羊毛の切れ端を水に浸して彼の心臓に置いた。

ハニナの死は殉教であるから、殉死を美徳とする文化圏では讃えられるべきものである。しかし、タルムードは公の場でユダヤ人であることを可視化することに好意的ではない。それは当人の命を危険にさらすだけでなく、トーラーの巻物を焚書にし、あるいは他のユダヤ人たちをも巻き込んでしまう惧れがある。ヨセはラビでありながら、ローマ世界においてユダヤ性を隠しながらローマ人とうまく付き合った——それゆえ葬儀にローマの貴人が参列した。それは一見すると同化したようであるが、殉死を美徳とするローマ人（キリスト教）の文化から異化しているのである。それは先の二人のラビ、エリエゼルとエルアザルも同様である。騙すこと、嘘をつくことは、抑圧されている弱者の生き残りの知恵として正当化される。そうすることで、強者の文化的価値に抵抗しているのである。高利貸しや商人となって金を儲け、その金を使ってロビー活動を展開するのもユダヤ人の生き残りの知恵であった——すでにペルシア時代には、王妃という地位を利用する宮廷物語『エステル記』が創作され、聖書に収められている。ディアスポラの民として断続する迫害下にありながら民族アイデンティティを保って生き延びるユダヤ人の知恵は、異なる生活習慣を誇示することにではなく、文化的価値において同化しないことにあった。

2　シオニズムと国民国家

ユダヤ人はフランス革命を経てそれぞれの国家の「国民」となり、伝統を棄てて同化する者（世俗派）、伝統を改革して同化する者（改革派）、あくまで伝統的なユダヤ教徒であり続ける者（正統派）に分かれた。これらのうち、主にシオニズム運動を牽引したのは世俗派であった。ラビ・ユダヤ教はディアスポラ状態を神による民への罰として受け止め、イスラエル再興は終末時に神がなすことと考えていたのであるから、人間の手による「ユダヤ人国家」建国は受け入れられなかった。しかし、ロシア、東欧での度重なるポグロム（ユダヤ人虐殺）ゆえに、さらにはホロコーストの悲劇ゆえに、改革派と正統派も徐々にシオニズムに妥協していく。ハレディームと呼ばれる超正統派の一部の人たちだけが、今なおイスラエル国の正当性を認めずにいる。

シオニズムは、ユダヤ人のための「国民国家」(nation-state）を建設する運動である。「国民」は nation の訳語であるが、この語は「民族」とも訳せる。「国民」は国家に法的に帰属する人びとであり、「民族」は文化・歴史の共有という幻想の共同体である。ホスト国に同化しようとした世俗派は、「国民」にはなれたが、「民族」の一員としては認められなかった。「人種」――遺伝学にもとづくがゆえに起源としての「歴史」を想像させる――という（似非）科学によって「ユダヤ人」とされた者は、同じ国土に生まれ、同じ言語を話し、同じ文化を共有し、キリスト教に改宗しても、「民族」は変えられなかった。同じ国民として平等の権利を訴えると、却って「ユダヤ人種」に向けられた憎悪と敵意は増していった。そこから逃れるためには、ユダヤ人も自分たちの「国民国家」をもたねばならない、こうしてシオニズムは生まれた。シオニストは、自分たちを迫害する者と国民国家という価値を共有することで身を守ろうとしたのであるが、それこそが他の諸民族への「同化」であった。パレスチナ人を追放し、抑圧することで「単一民族国家」の完成を目指すイスラエル国家は、今なお「国民国家」の理念を最も純粋な形で追及している。しかしそれは、異化によって守られてきた「ユダヤ人であること」、民族の主体を失わせている。

おわりに

以上、ユダヤ史全体を駆け足で概観してきたが、神殿（国家）のあった時代には、聖性を基準とする序列が民族内部に生じ、それが民族を分断し、差別をもたらし、また異民族に対しても暴力的な時代を形成した。それは既得権益をめぐる争いであったと言える。現代イスラエル国家もそうである。これに対し、ディアスポラの時代には、断続的な迫害下にありながらも、ずる賢い知恵を用いることで、うまく生き延びる戦略を構築しようとしてきた。しかし、「聖なる民族であれ」という神の教えを棄てたわけではなかった。

「ユダヤ人」という言い方は他称であり、当人たちは古代から現代にいたるまで「イスラエルの民」（アム・イスラエル）を自称する。ヨーロッパ人が近代になって「民族」を創造したのに対し、ユダヤ人は聖書に書かれた「民族」であり続けようとしてきた。その民族性は、特定の土地、「聖地」への強い愛着と不可分でありながら、その土地を「固有の領土」とすることを否定してきた。

「土地はわたし（神）のものであり、あなたたちはわたしの土地に寄留し、滞在する者にすぎない。」

（レビ二五23）

聖地の聖性へのこだわりは民族を分断し、それを自力で自分たちのものにしようとする執着は、却ってその土地を失わせてしまう。それゆえラビ・ユダヤ教は、聖地への帰還を神に委ね、それまでの期間はディアスポラの民として生きることを選んだ。ユダヤ人であることは、選民と律法によって規定され、その使命はイスラエルの神のもとに全人類が再統合されることにあるが、その実現もまた終わりの時に神がなすこととされた。それまでのあいだユダヤ人がなすべきことは、選民として律法を守って生き抜くこと、「聖なる民族」として生き続けることであった。それゆえディアスポラの民であるユダヤ人は、ホスト国で異化し続けねばならない。

特定の領土を特定の人々が排他的に統治する権利を有することを前提とする国民国家にとって、ディアスポラの民はやっかいな異物である。だが、「特定の人々」とはだれであろう。その領土内で多数派を占める「民族」に既得権益があるのだろうか。その既得権益は、少数者を抑圧する権利を与えるのだろうか。そもそも特定の民族に「固有の領土」などありはしない。「土地は神のもの」なのであり、すべての人に寄留する権利がある。人類の共生を妨げるやっかいな異物は、既得権益を主張する者の方なのだ。

アドルノ、サイード、ダバシといったディアスポラの民は、「異郷《ノット・アット・ホーム》にいながらもくつろぐ《アット・ホーム》こと、故郷《アット・ホーム》にいながらもくつろがない《ノット・アット・ホーム》こと」を生き方の指針とする。[13] 多数派の民族もまたディアスポラの民であるのだから、故郷にいながらもくつろがないことを学ばなければならない。

註

（1）以下、聖書引用は原則として新共同訳によるが、必要に応じて訳語を変える。聖書書名の略記も新共同訳による。

（2）モーセ五書の使信および聖書の歴史観について、拙著『宗教の倒錯――ユダヤ教・イエス・キリスト教』（岩波書店、二〇〇八）、『旧約聖書と新約聖書――「聖書」とはなにか』シリーズ神学への船出02（新教出版社、二〇一一）参照。

（3）「俗」（ホル）は「聖」との対比においてのみ用いられる。サム上二一5-6、エゼ二二26、四二20、23参照。

（4）モーセ五書の編纂時にはパレスチナには「ハンセン病」はなかったが、ヘレニズム時代に持ち込まれたと考えられている。かつて邦訳聖書は「らい病」と訳していたが、現在では「重い皮膚病」と訳している。ただし、言葉を変えたからといって差別がなくなったわけではない。

（5）後のユダヤ教では、直接死体に触れていなくても、それを運んだ者、死体の上または下にいた者は穢れているとされた。

（6）ヨセフス『アピオーンへの反論』二103-104参照。

（7）死んだとされる事例としてレビ一〇1-2（神殿で定めと違う火を焚いた）、サム上四1-五12（神の箱――十戒を納めた箱――が異民族の間にあると災厄が起こる）、サム下六6-7（うっかり神の箱に触った）参照。

（8）ただし、「聖性」への接触には細心の注意が払われるので、第二・第三の人／物への伝染はあまり考慮されない。

（9）J. Jeremias, *Jerusalem in the Time of Jesus* (Philadelphia: Fortress Press, 1969) 304を一部改訂。なお、ミシュナの編纂は三世紀初頭であるが、バビロニア・タルムードの最終編纂は六―八世紀とされ、古い伝承を残している可能性はあるにしても、厳密な意味で一世紀に遡る伝承を反映しているとは言えない。ただし、古代ユダヤ社会の一般的な傾向をある程度は反映していると考えられる。

（10）聖書指示箇所は代表的な部分だけで、網羅的なものではない。なお、四福音書は一世紀後半から二世紀初頭にかけてギリシア語で書かれたものであり、必ずしもイエス時代のパレスチナをそのまま反映するものとは言えない（口頭伝承がある程度反映されている可能性はある）。それでも、当時の東地中海世界一般の雰囲気が反映されているとは言える。

（11）申二三20-21「同胞には利子を付けて貸してはならない。銀の利子も、食物の利子も、その他、利子が付くいかなるものの利子も付けてはならない。外国人には利子を付けて貸してもよいが、同胞には利子を付けて貸してはならない。それは、あなたが入って得る土地で、あなたの神、主があなたの手の働きすべてに祝福を与えられるためである」。

（12）以下のタルムードの記事の解釈については、ジョナサン・ボヤーリン、ダニエル・ボヤーリン（著）、赤尾光春・早尾貴紀（訳）『ディアスポラの力――ユダヤ文化の今日性をめぐる試論』（平凡社、二〇〇八）八一―一〇五頁参照。

（13）早尾貴紀『希望のディアスポラ――移民・難民をめぐる政治史』（春秋社、二〇二〇）参照。

第六章　フランスの世俗主義と「イスラムのヴェール問題」

タラル・アサド（苅田真司訳）

「世俗」と「宗教」の分離は、国家にとっていかなる意味を持っているのか？　「イスラムのヴェール問題」を素材に、世俗主義国家による主体形成的な権力の行使を解明し、「世俗」の外部としての「宗教」の存在が、世俗主義国家にとって必然的なものであることを明らかにする。

以下では、今世紀の始めにフランスで論争となったいわゆる「イスラムのヴェール問題」[1]と、それに関して設置された調査委員会（スタジ委員会）での議論の核心部を、やや詳細に検討したいと思う。最初に注意しておきたいことがある。この問題、つまり若いムスリム女性が学校でヘッドスカーフを着用する権利の問題については、賛成や反対の立場からさまざまなことが論じられてきたが、この論考は、その論争の一部をなすものではない。また、「ライシテの危機」と呼ばれる事態に対するなんらかの解決策を提示するものでもない。本論の目的はもう少しささやかなものであり、フランス世俗主義のいくつかの概念と実践を理解しようとすることに限定されている。

当時フランスの内務大臣であったニコラ・サルコジ氏による二〇〇三年四月の演説以降、二〇〇三年と二〇〇四年のほとんどにわたって、「イスラムのスカーフ」（*foulards islamiques*）問題は公的な論争の中心的なテーマの一つとなった[2]。その争点は公立学校において、イスラムの少女が、髪を覆うものを身に着けることを認められるべきかどうかであり、支配的な意見は、認めるべきでないと明確に主張するものだった。フランス内外で、この問題について公表された議論はかなりの数に上った。この問題に関する公の議論はこれが初めてというわけではなかったが、今回の論争は、結果として、公立学校において宗教的な差異を明示することを禁じる法の成立をもたらした。

イスラムの女子生徒が身に着けるヘッドスカーフは、世俗主義者たちが反対する、ムスリム移民やその子どもたちの社会的宗教的生活のさまざまな側面の象徴となった。研究者たちは、彼らがフランス社会に統合されない理由、とりわけ、多くの若者が「イスラム原理主義」（*l'islamisme*）にたどり着いてしまう理由を研究してきた。人種差別の蔓延や経済的な苦境をその原因としてあげる研究者もいる一方で、保守的な中東の国々や扇動的なイスラム主義のウェブサイトによって操作された結果であると考える者もいる(3)。知識人たちは、信仰心の篤いムスリムたちを、世俗的なフランス社会に統合することが可能なのかどうか、そして、もし可能であるとすれば、どのようにすればよいのか、という問題について論争を繰り広げてきた。フランスの知識人と――右派左派を問わず――政治家のおそらく多数は、フランス共和国の世俗的な性格が、イスラム教の諸側面によって脅威にさらされており、その象徴がヘッドスカーフであると感じている。

私が主張したいのは、今日のフランスの世俗国家は、あらゆる宗教的な忠誠を否定しており、またその大部分が非宗教的な社会を統治しているにもかかわらず、ある意味で、*cuius regio eius religio*（「統治者の宗教が臣民の宗教である」）という原則に依然として従っている、ということである。私の考えでは、この原則の最も重要な部分は、特定の宗教を支持したり禁止したりすることではなく、単一の抽象的源泉から導き出された単一の絶対的権力――主権国家――を設立し、それにただ一つの政治的な課題を負わせることである。その課題とは、人民に対して、信仰とは無関係に、現世的な配慮を提供することである。デュルケームが統合についての諸論考で指摘したように、いまや国家は超越的であると同時に代理表象的な行為主体でもある。そして、ホッブズが示したように、国家は、支配するものであれ支配されるものであれ、すべての政治的人民から独立し、あらゆる超自然的権力から独立した、抽象的な主権の原則を体現しているのである。

私が関心を持っている問題は、以下のように言えばわかりやすいかもしれない。「宗教」は主体の注意を彼岸への関心に向けるのに対して、国家権力は、自らが配慮する人民の現世における幸福との関係で自らの適切な位置を規定する必要がある（もっとも、現世における幸福への配慮とは、生命の保障を含んではいない。国家はその人民を殺害する、あるいは死ぬに任せることができるし、その権利を他の誰にも認めようとはしない。しかし、消費文化の繁栄を奨励することは幸福への配慮に含まれている）。そのためには、社会的な生活において、理解することができ、そして信じることができる、現世的な幸福のイメージが必要となる。しかし、それには、宗教的な存在の記号とは何か、という問いの答えが必要となる。そして、この点に関して、「ライシテ（*laïcité*）」と他の世俗主義とを比較することができるように思える。例えば、アメリカ合衆国における世俗主義では、社会が宗教的信念や行動に好意的であり、連邦政府もまた宗教を定義する必要を認めているのである。

一　記号の解釈

世俗的共和国にとって、宗教は極めて深刻な重要性を持っている。それゆえ、共和国は、所与のシンボル（この言葉は慣習的な記号という意味で使われている）の意味が「宗教的なもの」であるか否かを決定する最終的な権威であると自らを見なしている。こうした議論は、公的な場における記号の意味についてだけ当てはまるのではないか、という反論もあるかもしれない。しかし、公的空間と私的空間の区分それ自体が国家による構成物である以上、「公的空間」の範囲と内容の決定は、第一義的には共和国の権力の機能である。

イスラムのヘッドスカーフ問題に関してメディアで提示された議論は、この権力に関わるものである。私からすると、それらの議論は、宗教的に多様な社会におけるムスリムに対する寛容についての議論ではないし、宗教と国家の厳格な分離についての議論でもない。それは、何よりもまず、この国家の基礎となっている政治的な諸自由の構造——服従と義務免除の関係、そして、ある特定の種類の自我としての自己承認——に関わるものである。同時にそれは、そうした自由の背後にある感情の構造に関わるものでもある。この論争における支配的な見解では、憲法上の原則が衝突する事態においては、自らの性格を保護する国家の権利が他のあらゆる権利に優先することが前提とされていた。国家の不可侵の性格は、特定のイメージによって表明されており、そのイメージには、その国家が代表する個人と、国家に対して無条件で服従する義務を負っている個人を抽象的に象徴するものがともに含まれている。ムスリム女性のヘッドスカーフは、フランス共和国の世俗性という性格と対立する、宗教的な記号であると主張されたのである。

イスラムのヘッドスカーフに関するメディアその他での論争の最終的な帰結として、大統領は、学校における世俗性の問題について報告する責任を負った調査委員会を指名した。委員会は、ベルナール・スタジ氏を委員長とし、広範囲にわたる人びとから意見を聴取した後、二〇〇三年一二月、ヴェール・キッパ（ユダヤ教徒の男性がかぶる帽子）・大きな十字架のペンダントなど、公立学校におけるあらゆる「これみよがしな宗教的標章（*des signes ostensibles*）」の提示を禁止する法律の制定を大統領に提案する最終報告書を提出した。他方で、この報告書では、メダル・小さな十字架・ファティマの手（イスラム教徒が身につける手型のお守り）・ミニチュア版のクルアーンといったものは、「控えめな標章（*les signes discrets*）」と規定され、許可されていた。[4] これらすべての条項の作成にあたって、委員会は公平な外観を保つ必要性を明らかに感じていた。提案された法律は、形式的には、二〇〇四年二月の国民議会において、ほぼ満場一致で可決された。若いムスリムによる抗議活動は――スタジ委員会がその勧告を公式に行うよりも前に――いくつかあったが、公然とした抗議は少数であった。ほとんどのフランスのムスリムは、いやいやながらであっても、新しい法に従おうとしたように思える。[5]

スタジ報告が論じなかったことから議論を始めてみよう。信仰を理由とするヘッドスカーフ着用の禁止に反対するムスリムたちによれば、公的な場における女性のヘッドスカーフの着用は宗教的な義務ではあるが、「控えめな記号」を持ち運ぶことはそうではない。もちろん、ヴェールを身にまとうことはイスラムにおける義務ではないと主張するムスリムは、男性にも女性にも数多くいる。そして、実際にそれを着用している女性にしても、その理由がさまざまであることは間違いないだろう。しかし、もし着用する人がヴェールは信仰上の義務であると考えている場合、つまり、信仰の行為の一つとしてそれを着用するようにその良心が命じている場合、ヴェールはその理由によって、彼女自身の不可分の一部となる。その女性にとって、それは何かを伝達する記号ではなく、態度決定の一部、存在のあり方の一部なのである。ところが、スタジ委員会の考えでは、着用しうるものはすべて記号であり、もっといえば、外すことのできる標章なのである。

スタジ委員会が、ある記号を「宗教的」意味を持つものとしてとりあげるのは、それが集合的な表象の体系に対して提喩的な関係にあるからである。例えば、キッパは「ユダヤ教」を、十字架は「キリスト教」を示すし、ヴェールは「イスラム教」を指しているのである。スタジ委員会は「宗教」を定義していないが、そうした定義が存在していることを暗に前提していることは強調しておきたい。なぜなら、ある語の制限形（“*religious signs*”）は、その実詞形（"religion"）に依拠しているからである。

これに関連して注記すべき点が二つある。一つは、現代の敬虔なムスリムたちの間でも、ヘッドスカーフが神によって女性に求められている装身具であるのかどうかについての見解が不一致であるという、まさにその理由によって、ムスリム以外の人びとにはその「宗教的」意味が決定できないはずであるという点である。ある解釈（「ヴェールはイスラムのシンボルである」）を採るために、可能な別の解釈（「ヘッドスカーフは真の宗教とはまったく関係がない」）を否定して初めて、スタジ委員会は、ヴェールが明らかに「宗教的な」記号であると主張することができる。こうした記号の意味の選択の結果、スタジ委員会はライシテの原則が「イスラムのヴェール」によって侵害されたと主張することができるし、ライシテが絶対的なものである以上、ヴェールは外さなければならないと主張することができるのである。

第二の点は、学校で禁じられる「宗教的」な記号が、女性によって着用されるヴェール、男性によって着用されるキッパ、両性によって着用される十字架、といった具合に、ジェンダーの面で区別されている点である。もちろん、こうした禁止はすべて、イスラムのヴェールの禁止を目的としている。それは、ヴェールが「宗教的」であるからであると同時に、（世俗的な意味での）「ムスリム社会における女性の低い法的地位」を象徴しているからである。しかし、学校でのヴェール着用を禁止される少女たちは、フランスに住んでいるフランス人である。したがって、彼女たちはフランスの法に服しているのであり、シャリーアに服しているのではない。フランスの法は、ジェンダーや信仰の帰属によって市民を差別していないのだから、つまり、もはや一九七五年離婚法以前のように男性が妻を不服従の理由で折檻したりすることが認められていないのだから、その記号が指し示しているのは、現実の女性の法的地位ではなく想像上の女性の地位であり、したがって、問題になっているのは、女性の法的地位の架空の侵犯にすぎない。

理念的には、記号化の過程は合理的で明快であるという特性を持っており、こうした特性によって、記号に対する合理的な批判が可能となる。ここでの議論でいえば、ある記号が明確に「宗教的」なものを表象するということは前提とされている。しかし、この前提で考慮されていないのは、記号の意味を権威的に付与しているのは、現在の言説と慣習の領域の総体であるという点である。表象関係が正確なものであると語ったり、固定的なものであると語ったりすることは、ある社会に埋めこまれた言語を考える場合には、常に恣意的な行為であり、しばしば偽りの行為である。いいかえれば、ヘッドスカーフが象徴するとされているものは、なんらかの歴史的現実（進化するイスラムの伝統）ではなく、別の記号（永遠に不変の「イスラム教」）である。ヘッドスカーフという記号の持つ意味の過剰性は切り捨てられ、「イスラムのヴェール」という安定した意味を与えるために用いられているのである。

議論のために、ある記号が本質的に宗教的なものであると仮定してみよう。その場合、どこで、またいかにして、その記号を使った表現をしてよいのだろうか？　スタジ報告によれば、世俗主義は、宗教が良心というプライヴァシーに制限され、その公的な表明が否定されるべきである、と主張するわけではない。逆に、宗教的記号（もの、言葉、本質的に「宗教的」性格を持つ音楽）の自由な表出は、個人の自由の不可分の一部である。それ自体は、世俗のデモクラシーにおける公的な討論という行為にとって、正当であるだけでなく、不可欠でもある（もちろん、宗教的意見の代表者が、そうした公的な討論を支配しようと試みない限りでの話ではあるが）。しかし、「支配」という言葉が意味することは、宗教的に規定された少数派の場合、特にその少数派の伝統的な宗教が、その少数派の中のごく一部によってのみ熱心に実践されている場合には、必ずしも明確ではない。

委員会による意味の決定が、目に見えるものに限定されなかったという点は、興味深い。そこには、欲望や意志といった心理学的な過程の解読も含まれている。例えば、記号を表示するという着用者の行為は、それを表示したいという行為者の意志と結びついて、ヘッドスカーフの意味の一部となると論じられている。委員会メンバーの一人が後に説明したところでは、「表示する（*manifestant*）」という言葉を使用した理由は、ある行為には「見せる（見えるようにする）意志（*volonte d'apparaitre*）」が埋めこまれているという事実を強調することにあった[6]。ヘッドスカーフの意味は、それを着用する者が持つムスリムというアイデンティティによって決定される。なぜなら、それを見せたいという意志は、そのアイデンティティから解読されるからである（その意味のもう一つの側面が、ヴェールを見せたいという意志と「イスラム原理主義」や「イスラム主義」を等置することから派生する。この二つの言葉は、イスラムが公的に承認される範囲を表示するために、交換可能な形で用いられる）。逆説的なことに、こうした共和国の法は、（女性ムスリムという）特殊なアイデンティティ、つまり、特定の心理学的な内面性を介して、その普遍的な性格を実現しているのである。しかし、外部からアクセス可能な内面的次元があるというだけでは、世俗主義にとって十分とはいえない。そこから、公立学校における共和国的な自我の育成という普遍的な展望が生じることが重要なのである。ともあれ、「意志」それ自体は見ることができないが、目に見えるヴェールは、その効果の一つとして、意志を指し示すことができるのである。

「欲望」の取り扱い方は、より興味深い。生徒の「欲望」に関する委員会の考慮は、ヘッドスカーフを本当は着用したくないと思っている生徒と、本当に着用したいと思っている生徒の区別に現れている。こうした「本当の欲望」を、実際にどうやって解読したのかは、はっきりしない。ただし、伝統的な親や共同体による圧力に対する言及があり、その効果についての何らかの見解を示さなければならなかったと思われる[7]。

生徒の「本当の」欲望に対する配慮が、ヘッドスカーフを着用している少女に対してだけ適用されていることは、注記しておく価値がある。ヘッドスカーフを着用していない少女たちの「本当の」欲望を決定するという考えは、まったく出てこない。密かにヘッドスカーフを身に着けたいと思っているにもかかわらず、フランス人の同級生や街で会う人びとに恥ずかしいことだと思われたり言われたりするからという理由で、身に着けていないということは考えられないのだろうか？　あるいは、それ以外の理由で、彼女たちがヘッドスカーフを着けることをためらうことはありえないのだろうか？　しかし、こうした疑問にも関わらず、今回のケースでは、表面的な外見だけで委員会には十分であった。委員会にとって、ヘッドスカーフを着けていないことは、それを着けたいという欲望が無いことを意味している。このようにして、「欲望」は、発見されるのではなく、記号論的に構築されるのである。

記号としてのヘッドスカーフが意味しうるものについてのこうした非対称性は、以下のように考えても理解できる。委員会の関心は、証拠解釈に際して入念であることだけでなく、特定の行動を導くことにもあったと考えるとする。すると、委員会が、「強制されたか、自由な選択か」という単純な二分法を、欲望を規定するために採用することも理解できる。要するに、日常生活で、あれではなくこれをしたいという願望は、支配的な慣習、つまり、ある人が長い時間にわたって、恋人や友人、親戚、教師、その他の権威ある人びととの相互行為の中で経験する、苦しみや喜びとともに獲得してきた忠誠と習慣に由来するものであるが、「欲望」が教育・訓練の対象となった場合には、二つの選択肢しかない。それは奨励されるもの（したがって「自然な」もの）であるか、奨励されないもの（それゆえ「見かけだけ」と宣言されるもの）であるかの、いずれかである。そして、委員会は、ある種の教育・訓練プロジェクトに確かに関与していたのである。

だから、委員会は、二つの形態の個人の自由――ヘッドスカーフを着用したいという欲望を持つ少女の自由（少数派）とそうしたくない少女の自由――の間で困難な決定を行うことが、自分たちの問題であると考えていた。そして、委員会は、多数であることを根拠として後者を優先することを決定した(8)。この民主的な決定は、ライシテと不整合というわけではない。もっとも、それは宗教的自由が各人の譲渡不可能な権利であるという――フランス人権宣言（そして、今日では、あらゆる人権の宣言）が明示している――考えとは対立するものではあるけれども(9)。しかし、もっと重要なことがある。欲望は、その対象（ヴェール）から分離させられることで、中立的なものになり、計算し、集計し、数量的に比較可能なものとなるということである。欲望は、本質的には「宗教的」なものでも「非宗教的」なものでもない。それは、単に社会的-心理学的な事実なのである。

さて、これまで、衣装品という記号の意味を政府が決定するだけでなく、着用者の動機と意志――つまりその女性の主観性――に特権的にアクセスすることによってそれを実現していること、そして、それがある種の記号学に依拠して進められていることを示してきた。その限りにおいて、この委員会は、内的（心理学的）あるいは外的（社会的）な記号を利用することで、意味を構築する装置となり、特定の欲求や感情を、他のものの犠牲の下に奨励している。政府の調査委員会は、世俗の共和国に対する適合性を評価するために、「私的な」関心、コミットメント、感情を、「公的な」検査にかけているのである。ここでは、リベラルなデモクラシーの担保となるべき公的な領域が、国家権力からの批判的な距離を市民に提供できていない。公的領域への国家権力の配置によって、その国家にふさわしい主体の形成が保証されているのである。

世俗的共和国は、そのはじめから二つの対立する方向に引き裂かれているように見える。一つは、国家があらゆる宗教的な問題から撤退すべきであるという主張（そこには「宗教的記号」を定義しようとする試みさえ放棄することが含まれる）であり、もう一つは世俗的市民（必ずしも「非宗教的」な人という意味ではない）を育成する責任が国家にはあるという主張である。スタジ報告は、この根本的な矛盾から出発して、独創的な解釈を展開した。それによれば、スタジ報告以前の司法判断の問題点は、次のところにある。

判事は、宗教的記号の意味の解釈について、自ら判断を下す権力を有しているとは考えていなかった。それは、判事の介入の本質的な限界であった。判事は、宗教によるあれこれの記号の解釈に立ち入ることは不可能と考えた。その結果として、若い女性によるヴェールの着用が、女性の差別を意味しうるということを理解しえなかったのである。そして、いうまでもなく女性の差別は、共和国の基本原則に反している[10]。

スタジ報告は、これらの事件において、判事が宗教的な記号の領域に立ち入らなかったことを遺憾だとしている。報告は、法が宗教的な記号の意味の確定をすべきだと考え、そのための法を作るよう勧告したのである。しかし、それには、まず客観的な規則によってその意味を解読しうる、宗教的な記号を構築しなければならない。なぜなら、委員会が「記号」と呼んだものそれ自体は、何も意味していないからである。「宗教的な記号」は、世俗の共和国が参加しているゲームの一部である。より正確に言えば、そのゲームの過程で、「近代国家」と呼ばれる抽象的な存在が現実のものとなる。

ムスリムの女子生徒の着用するヘッドスカーフは、スタジ委員会にとって、単なる記号以上のものであるという考えもあるかもしれない。それは、単に指示するだけでなく、想起させるという意味において、一つの象徴である。想起されるものは、「ヘッドスカーフ（*un foulard*）」ではなく、「イスラムのヴェール（*le voile islamique*）」である。そのヴェールは、単なるイメージではない。それは、剥き出しにされ、理性の光を浴びることで消し去られる、覆い隠された差異のことを想像させる。

二　例外を扱う

問題は、宗教的集団に固有の権利を認める余地がライシテに存在するかどうかである。そして、例外として扱うというやり方ではあるが、その余地は確かに存在している、というのがその答えである。おそらく最も印象的な例は、キリスト教やユダヤ教の学校であろう。これらの学校は、政府との「契約の下で（*sous contrat*）」私的に設立されたものであり、世俗国家からかなりの助成を受けている。こうした国家助成型の宗教学校においては、十字架やキッパを誇示してもよく、宗教的なテキストが体系的に教えられてもいるが、それにもかかわらず生徒は良きフランス市民として成長するものとされている。こうした学校は、どの程度の重要性を持っているのだろうか。最近の政府統計によれば、二〇％をわずかに超える数の高校生が宗教学校に在籍している[11]（ついでにいえば、現在では「これ見よがしの宗教的記号」が禁止されている公立学校においてさえ、自分たちの宗教における食事の戒律を守りたいと考えるムスリムとユダヤ教徒の生徒のために、別メニューが提供されている）。

個人の宗教的なコミュニティに対する愛着を強化するさらなる例外も存在する。軍隊、大学、学校、警察等におけるチャプレンは、すべて国家によって派遣され、給与が支払われている。ユダヤ教徒とムスリムの葬儀は墓地で行うことが認められているが、その墓地はすべて国家が所有し管理している。一九八七年のメセナ振興法によれば、宗教的な組織に対する寄付は、他の公的なサーヴィスを提供する組織に対する寄付と同様、税の優遇が受けられる。スタジ報告は、国家の絶対的な中立性の原則に対するこれらの例外を認識しているが、それを各人が宗教的な自由を行使するために認められた「合理的な修正」と見なしている[12]。

こうした例外はすべて、フランス共和国の世俗的構造の中に政治的-法的に存在している。これらの組織には多くの市民が、聖職者や俗人として所属しており、彼らの感性の一部は、そうした所属から形成されている。こうした集団への所属は「共同体主義」をもたらすのだろうか。重要なのは言葉ではなく、私的生活と国家の間に位置する公的な領域にはさまざまな集団で存在しており、そうした集団からフランスが構成されている、という事実である。そして、これらの集団は公共政策の形成において不均等な権力を行使するので、国家があらゆる「宗教的」集団に対して政治的に中立であるという主張は疑わしいものとなる。

スタジ委員会は、ライシテの一般原則に対する例外を認識していた。そして、その例外を、世俗主義の創設原則(すなわち、世俗の共和国はすべての信念を尊重する)と、この原則から生じているにもかかわらず、時にそれと矛盾するかのように見える無数の法的義務とを区別することで、説明している。スタジ報告の指摘によれば、この法的体制は、一枚岩のような全体をなしているものではまったくない。それは、あっという間に無数の法的な根拠に分散してしまうものであり、フランス本土と海外領土のあちこちでとられるさまざまな形態へと拡散していくものである。フランスの世俗主義が、ばらばらの根拠と多様な形態を持っているということは、共和国が常に例外を扱っているということを意味している。例外を特定し処理する権力の行使そのものが、統一性の中に差異を生み出すものであり、それによって共和国の主権は強固なものとなる。それゆえ、記号としてのヴェールを禁止することは、主権的な権力の行使と見なすことができる。それは、中央集権的な国家が一定の記号の領域として公的領域を規定しようとする試みなのである。

私の関心は、フランスの世俗化が不適切であると主張したり、不寛容であると主張したりすることではない、という点は強調しておきたい。現実に存在するいかなる世俗主義も、何らかのユートピア的なモデルと関連づけられていないというだけで、世俗性がないということにはならない。宗教的な歴史の記憶の差異や、その中で認知された政治的な脅威と機会の多様性が、近代国家における世俗的市民権や国家帰属を支えている感性を規定している。その感性は、常に確実なものではなく、たいていの場合、矛盾を含んでおり、時に不安定である。しかし、そうした差異や多様性によって、質的に異なった形態の世俗主義が生み出されている。私の考えでは、ここで問題となっているのは、差異に対する寛容ではなく、例外を定義し正当化する主権であり、世俗主義が公的なものとして規定する空間の質である。「ライシテの危機」は、左翼政党と右翼政党を横断する、フランスの将来に関する二つの理想化されたモデルの間の政治的闘争に、独特の形で関わっているように思える。そのモデルとは、高度に中央集権化され管理された国家と、分権化された最小限国家であるが、その両者において、主権を行使する必要性は自明のものと見なされている。この闘争は、国家の原理に基づく宗教の定義や、「感性のコミュニティ」を形成するための宗教の「公的な」制限という問題と、何らかの形で連結されつつある。

三　情念ある主体

世俗主義の政治は感情を伴うものであり、それによって、中立性という観念そのものが疑問に付される。罪の意識、軽蔑、恐怖、怒り、独善的な侮辱、ずる賢い計算、誇り、心配、思いやり、それらすべてが共和国の集合的な記憶の中でゆるやかに交差し、特定の宗教的・民族的に市民に対する態度を伝達している。ライシテは、宗教によって定義された集団に対して、公的な場で中立的であるわけではない。ある人びと（ムスリム）に対しては、彼らが行うかもしれないことを想像するが故に疑いのまなざしを向け、また、ある人びと（ユダヤ人）に対しては、フランス人の手によって彼らを傷つけてしまった過去の故に恥じ入る。ある集団を監視下に置きながら、他方で別の人びとに埋め合わせする——その結果として、自らの過去に関して「良心的な」、再生した国家としてのフランスを再確認する——という欲望は、世俗の共和国の統合性を支えている感情である。そして、それによって、スタジ委員会が明示的に前提としているようなコミュニケーションの合理性と記号の明晰性は、あいまいにされる。

あらゆる近代国家は、「寛容」を促進しようとしている場合でさえ、その市民の間の関係を規定する、複雑な感情的遺産の上に成立している。フランスにおけるそうした遺産の一つは、イスラムのイメージとそれに対する敵意であり、もう一つはユダヤ教のイメージと（最近までは）それに対する反感である。長期間にわたって、そして、多くの人びとにとって、ユダヤ人は「内なる他者」であった。複雑な歴史的再調整の中で、この地位は今やムスリムに取って代わられている。

そうだとすると、ヘッドスカーフ問題は、不確実性を増す政治的状況や経済的・知的衰退についての社会の不安の転移から生じたものであるのかもしれない。鋭利で機知に富んだスタジ報告に対する評論において、フランスの人類学者エマニュエル・テレは、こうした不安の転移こそがヘッドスカーフ問題の正しい理解のしかたであると主張している。つまり、それは「政治的ヒステリー」の一例であり、そこでは、象徴の抑圧と転移が起こって、物質的な現実があいまいにされているのである[13]。スタジ報告は、「社会サーヴィスの機能に対する脅威」について論じる中で、資金源の適切性にはまったく触れず、その代わりに、ムスリムが「宗教的」な要求を学校や病院、あるいは監獄で行う時に生じる、さして重要ではない困難に焦点を当てていることを、テレは指摘している。そう、まさにこれがライシテである。その優先的な関心は、超越的な価値（国家の中立性、政治からの「宗教」の分離、共和国契約の「神聖性」など）に向けられるのであり、内在的な物質性（資源の配分、組織の柔軟性など）には向けられない。

ライシテを強く擁護するものたちが、この二つのものの複雑な関係を考えてみようとしないように思える理由は、こうした関心の優先順位にあるのではないだろうか。

この問題で喚起された反感（敵意に近い）は、（ごく単純にいえば、）世俗的フランス人であるということ、つまり、教え込まれた感情の層によって形成されたアイデンティティを持つ者であるということの意味の一部である。ヴェール問題は、現実の記号とそれによって喚起される情念についてのものである。記号は、実際に政治的経済的な含意を伴っているのであり、空白の仮面なのではない。世俗主義の擁護者たちは、現世におけるあらゆる人間の平等性を示し、人間の苦痛に対する共感を呼び起こすためには、記号が重要であると主張する。ある意味ではこの主張は正しい。その意味づけをめぐるゲームは、共和国のスポークスマンが宣言するよりもはるかに複雑ではあるが。

ヴェールの着用を擁護する人びとは、その信仰とヴェールが不可分であるとする。自分たちは承認されるに値するということを示すために、自らの宗教的な遺産の一部を放棄しなければならない人びとの痛みに、世俗国家はどのように対処することができるのであろうか。単純な答えは、信仰をもっと軽く考えるように期待することであろう。ほとんどのリベラル派は、自らの信仰を表出することに熱心ではない。近代初期のヨーロッパにおいて、強力な世俗国家——近代のナショナリズムの基礎となった国家——の出現を支持していた新ストア派の思想家たちが信仰の表出に否定的であったのは、情念を、国家を脅かす破壊的な力であると見なしていたからである。彼らにとって情念とは宗教的信念のことを指していたので、実際にはこれは宗教から距離をとること、つまり信仰の問題についての懐疑主義を意味していた。この美徳は、リベラリズムのスタイルに取り入れられたように思える。その結果、宗教的な情念は——とりわけ近代の政治的文脈においては——非合理的で分裂をもたらすものとして表象される傾向がある。私的な領域においてと同様、政治的な領域においても、情念は不穏な力であり、不安定、不寛容、不幸の原因であるというのが、多数派の感覚である。

他方で、世俗的な信念の熱烈な支持は、同じように考えられてはいなかったし、現在でも考えられていない。その情念は、「主観的信念」ではなく「客観的原則」の公的な表明のようなものとして感じられる。フランス革命の時のように、世俗の情熱がテロを引き起こすのは、それがまさに革命であるから、つまり、分断されていた人びとが、統合された単一の共和国になる過程であるからである。一般的にいえば、苦痛は、非合理的で崩壊した社会状況の兆候である。「善い」情念は、世俗的啓蒙の結果であり、宗教的な偏見の産物ではない。しかし、皮肉なことに、反ユダヤ主義（あるいはイスラム恐怖症）に対する感情的な関心は、（世俗的であるから）常に「善き」情念の例であり、反ユダヤ主義やイスラム恐怖症の対象（ユダヤ教やイスラムの伝統それ自体）に感情的に浸ることは、そうではないのである。

四　結論

イスラムのヴェール法の擁護者と批判者で表象のしかたが異なるとはいえ、世俗主義者であれば、賛成派でも反対派でも、宗教の適切な位置について何かを主張するための同一の政治的言語を使用している。[14]その過程で、そうした人びとのほとんどが、特定の言説が、ある種矛盾した個人――道徳的には主権者である一方で世俗的な共和国の法には服従する個人であり、柔軟で寛容である一方で強度に原則的である個人――に本質的な、特定の感性を育成する強力な実践となる可能性がある点を見落としてしまう。リベラルな考え方によれば、こうした個人の主権が、個々の意志を集合的に代表する代議制民主主義国家以外のものによって侵害される場合、あるいは、国家による支配の同伴者である市場（とそれに不可欠な電子的技術）以外のものによって侵害される場合に限って、それは自由な選択ではなく強制的な行動であることになる。確かに、道徳的で政治的な主権という観念は、現代の個人生活や集団生活の記述としてはもはや首尾一貫したものではない。しかし、より重要なことは、それが、世俗的な臣民‐市民を形成する技術装置の一部になっているということであり、共和国的な自己を表現するに際して、公立学校は極めて重要なイデオロギー的位置を占めているということである。この装置の中核は、記号を適切に配置することであり、それはこの論考の出発点であった。そこで、それについてのいくつかの注釈をもって、この論考を閉じようと思う。

シンボル（すなわち慣習的な記号）の興味深い点は、人びとが述べている意図やコミットメントとは異なる解釈が生み出されることである。実際、解釈は、「真の欲望」を回顧的に構築し、自由な主体という心理学的概念と法的概念を総合する試みを促進する。

ヴァンサン・ゲーセルは、学校でヘッドスカーフを着けたいと願う人びとが、フランスのメディアでどのように表象されたかを記録している。それによれば、まず、ヘッドスカーフをした若い女性は、その家族の犠牲者として表象された。しかし、その後、ヴェールをまとう若い女性の複雑な動機を示す新しい社会学的な調査が出ると、メディアは、さらに問題のある解釈を選択した。

それ以後「自発的奴隷」という観念が、メディアの分析を席巻した。若いフランス女性が自らヘッドスカーフの着用を選んだことは、彼女たちをより危険な存在とした。この行為は、もはや家族の圧力の結果とは見なされない。そうではなく、個人的な——それゆえ狂信的な——関与の記号なのである(15)。

ゲーセルが指摘しているように、その結果として、ヴェールは、国家や学校、あるいは共和国の価値一般に対する重大な脅威に見えるようになる。隠された危険な意味を発見する作業にひとたび取りかかれば、スペインの審問官による隠された信念の調査のように、必ず探しているものが発見されるであろう。シンボルを読解する権力が、行為者に帰すことのできる（宗教的／世俗的な）意図を構築することができる時、教会と国家を分離し、「良心の自由」（道徳的義務の免除）と「宗教的実践の自由」（法的権利）を分離した一九〇五年法における区別は、明確な形で維持することが困難になる。

世俗主義は、二つのまったく異なる種類の侵害を防ぐために創出された。一つは、宗教的な力による政治の侵害の防止であり、もう一つは宗教的自由に対する国家の侵害の防止である。宗教はシンボルの体系であるという観念は、前者の場合には特に魅力的であった。なぜなら、政治を宗教（特にある種の宗教的に動機づけられた行動）から防衛し、政治体内部における認容可能な宗教の形態を決定するためには、国家は「宗教」なるものを特定しなければならないからである。こうした特定作業が法の問題である限りにおいて、共和国は宗教的な記号を定義する神学的な機能を持ち、その定義を臣民＝主体に押しつけ、彼らを「同化する」権力を獲得する。これは、通常は強制的な権力とは考えられていないかもしれないが、疑いもなく侵犯的な権力である。スタジ報告も同様である。それが主張しているのは、世俗国家は、「あらゆる宗教的で精神的な問題から手を引くだけでは十分ではない」[16]ということである。

ピエール・テバニアンは、この新法を批判して、次のように記している。一八八一年法、一八八二年法、一八八六年法で規定されている世俗主義は、建物、学校のカリキュラム、教師に対しては適用されるが、生徒には適用されない。生徒に対しては、学校の規則に従うこと、すべての授業に適切に出席すること、そして他者に対して敬意を持って振る舞うことが求められるだけである。[17] これらの基本文書は、（ヴェールに関する以前の危機の際に出された）国務院の一九八九年一一月二七日判決にも反映しているように見える。それは、スタジ報告にも引用されている（「教育は、一方で中立的なカリキュラムと教師を、他方で生徒の良心の自由を、考慮して提供されるべきである」）が、そこには注釈が加えられている。[18]「宗教」を自称するあらゆるものから完全に手を引く代わりに、（教育の適切な機能を妨げるいかなる行動も認容されないと主張することで）スタジ報告は、「宗教」が認容される場所を規定する形で、「宗教」に干渉することを選択した。

今日のフランスにおいて、一部は（世俗国家の「聖なる」基礎という）パロディとして、そしてまた（世俗の市民の教育における「ユダヤ・キリスト教的」価値の）教化として、「宗教」は「政治」を汚染し続けているように見える。ライシテが何であるにせよ、多様な近代社会において、調和的に共生するために必要であると言われている、宗教と政治の完全な分離ではないことは、確かである。それは、適切な記号を介して、「自分がフランスに（フランスだけに？　究極的にはフランスに？　主としてフランスに？）帰属していると認識する」適切に世俗化された市民を形成し、そのように臣民＝主体自身が認知することを奨励する、国家装置による継続的な試みなのである。世俗主義の他の様式と同様、ライシテは政治的支配の近代的な形態である。それは、シンボル――正しい種類の慣習的記号――に関するゲームに参加し、国家に対する自らの忠誠を誇示しようとする、特定の種類の世俗的主体を定義しようとしているのである。

近代の民主主義社会において、世俗主義によって最低限は保障されているといわれる「価値を共有するコミュニティ」という観念を、これらすべてはどこに置き去りにしてしまったのだろうか。私の控えめな考えでは、階級、ジェンダー、宗教、あるいは民族的起源の差異がある以上、フランスに価値を共有する単一のコミュニティは成立していない。また、近代のフランスには、常に一定規模の移民がおり、その移民たちすべてが「外国の」観念や習慣、経験を持ち込んできた。重大な違いは、第二次世界大戦以後、移民たちの大部分が北アフリカから来るようになったことだけである。「単一で不可分の共和国」という有名なスローガンは、ナショナリストの願望の反映であって、社会的実態ではない。他の人びとと同じように、フランス人も、自分たちの同胞である市民に対して複雑な感情を持っている。その中には、「フランス」は自分たち自身のものであって、他者のものではないという、単純な観念も含まれている。いずれにせよ、国家に帰属しているという感覚の問題は、市民の権利義務の問題とは区別される問題である。前者はナショナリズムの夢想と関連し、後者は市民的責務の実践と関連している。

「宗教」概念がその文化の中で、動機や影響として作用するあり方、つまり、それがいかに変化し、何を供給したり妨害したりし、どのような記憶を保持したり排除したりするのかは、永遠に固定的なものではない。それが、フランスのライシテを含む世俗主義のさまざまな類型を独特のものにしているのである。もしこの結論を認めるのであれば、「世俗主義を守る」か「市民宗教を攻撃する」かのどちらかでなければならないと考える誘惑に抗することができるであろう。その代わりに、ある自由を支持し他の自由を制限するための最善の方法や、社会的危害や個人的危害を最小にするための最善の方法について、議論できるようになるかもしれない。要するに、「宗教の危険」一般に対峙するのではなく、個別の要求や脅威を評価するだけで十分になるのだ。

註

（1）この論文は、Hent de Vries (ed.), *Political Theologies*, (New York: Fordham University Press, 2006) 所収の "Trying to Understand French Secularism" を改変したものである。この論文のさまざまな版に対してコメントを

してくれた、以下の友人たちに感謝を捧げたい。ムスタファ・アレム、ジョナサン・ボヤリン、マルセル・デェティエンヌ、ヴィーナ・ダス、バーバー・ヨハンセン、マームード・マムダニ、ルス・マス、デヴィッド・スコット、マルカ・バレンタ、ペテル・フォン・デル・ビール。もちろん、彼らがみな、私の意見に賛同していると考えるべきではない。

（2）John Bowen, "Muslims and Citizens, France's Headscarf Controversy", *Boston Review*（February/March 2004）参照。論争の概観として有用である。

（3）フランスの刑務所収容者のうち、半数以上が北アフリカ出身の若いムスリムであると推定されている。*Jerusalem Report*（6 May 2002）参照。

（4）*Rapport au President de la République : Commission de réflection sur l'application du principe de laïcité dans la République*, remis 11 December 2003, ‹www.ladocumentationfrancaise.fr›。この報告は、*Laïcité et République, Commission présidée par Bernard Stasi*（Paris : La Documentation française, 2004）として、書籍としても刊行された。本章での引用は、書籍による。

（5）二月一三日の反対デモの呼びかけ団体の一つであるフランス・イスラム組織連合（ＵＯＩＦ）は、その後、青年部に対して、公開の反対闘争をやめるように指示した。それは、もちろん、人びとが個人として参加することを否定するものではなかった。ル・ブルゲで二〇〇四年四月に開かれたＵＯＩＦの年次総会では、会長が、新法によって示されているものは、「寛容で、開かれた穏健な世俗主義、つまり、統合を目標とする世俗主義（*une laïcité d'intégration*）から、排除を目的とする世俗主義（*une laïcité d'exclusion*）」への移行であるとして非難した。キャスリーヌ・コロラの "UOIF : 'La loi sur la laïcité est là et nous l'appliquerons.'" *Libération*（12 April 2004）での解説を参照。

（6）"Laïcité : une loi nécessaire ou dangereuse?" *Le Monde*（11 December 2003）として公表されたギスレーヌ・ハドソンのインタビューによる。

（7）*Laïcité et République* 102-3 を参照。

（8）「証言を聞いた後、国立学校においてヘッドスカーフを着用しているムスリムの少女に関して、われわれは難しい選択に直面していることがはっきりした。事態を放置し、ヘッドスカーフを着用したくない——非常に多数の

——生徒たちの選択の自由を否定していた状況を、結果的に支持するか、あるいは、法を承認することによって、着用したいと本当に思っている生徒たちの選択の自由を奪うか、の選択である。われわれの決定は、学校にいる間は前者に選択の自由を与え、学校外では、後者に完全に自由な生き方を認めることであった」。(Patrick Weil, "A Nation in Diversity: France, Muslims and the Headscarf," 〈www.opendemocracy.com〉[25 March 2004]).

(9) 宗教的表現の権利は、常に一定の制約に服するという議論を支持するために、スタジ報告は国際裁判所のさまざま判決を引用している。*Laïcité et République* 47–50を参照。ここで私が論じたいことは、この権利——であれ何であれ——が絶対的なものであるべきだとか、無制限のものであるべきだ、ということではない。国の立法機関の優越的な権力による限定や制限に(いかなる理由であれ)服するとしても、権利を奪うことはできないということだけである。(公共の秩序を含む)功利や道徳的手段という根拠によって、ある権利の一部または全部を減じることができる時、その権利は奪うことのできるものである。

(10) *Laïcité et République* 69–70. しかし、学校の問題**だけ**に関していえば、宗教的な記号(テキスト)を扱うに際して、生徒たちは神学的な意味に関係すべきではないと報告は確信している(*Laïcité et République* 34)。

(11) 〈www.education.gouv.fr/systeme_educatif/enseignment_prive.html〉を参照。もちろん、これらの学校に通う子どもたちの親のすべてが、子どもの精神的な教育に関心を持っているわけではない。単に「良い教育」を受けさせたいと思っているだけである。こうした宗教学校は、(中産階級を中心に)入学者を選抜しておりしばしば公立学校よりも予算規模が大きいので、より高度な教育的水準を維持していることが多い。宗教学校の教師たちは、公立学校で働く教師たちのようにストライキをしたりしないのである。

(12) *Laïcité et République* 52–4を参照。

(13) Emmanuel Terray, "Headscarf Hysteria," *New Left Review* 26 (March/April 2004): 118–27. 特に*Laïcité et République* 90–6を参照。

(14) 例えば、Henri Pena-Ruiz, "Laïcité et égalité, leviers d'émancipation," *Le Monde diplomatique* (February 2004): 9、および、Pierre Tevanian, "Une loi antilaïque, antiféministe et antisocial," *Le Monde diplomatique* (February 2004): 8.

(15) *La nouvelle islamophobie* (Paris: La Découverte, 2003) 31 (傍点は原文).

（16）"Il ne peut se contenter d'un retrait des affaires religeuses et spirituelles"（*Laïcité et République* 32）.
（17）Tevanian 8.
（18）「この判決では、ライシテの原則を次のように表現している。「教育は、一方でカリキュラムや教師の中立性、他方で学生の良心の自由を尊重し、それと矛盾しない方法で提供されるべきである」」。（*Laïcité et République* 66）

第七章　〈ラルシュ〉共同体運動の「リアライゼーション」

——「健常者」を欲望しないこと——

寺戸淳子

「障害（者）」は具体的に「ある（いる）」のではなく、「社会の要望」に応えるかたちで定義されてきたにすぎない。では、社会を構成する「わたしたちの欲望」が変われば、「障害」はなくなるのだろうか。

はじめに

障害学の基礎文献とされるマイケル・オリバー著『障害の政治学』（原著一九九〇年）の原題は、「The Politics of Disablement」である。この「disablement」は彼の議論の鍵概念であり、本文中では「無力化」と訳されている。本章は、彼のこの「無力化」（による「スティグマ化」）を鍵概念として、以下、〈ラルシュ〉共同体（l'Arche。旧約聖書で語られる大洪水を乗り越えた「箱舟」を意味する。知的な障害がある人とアシスタントが共同生活するグループホーム活動）の創設地であるフランスの事例を主に取り上げながら、以下の順で論じていく。第一節では、近代社会の根幹をなす「市場経済」と「国民国家」の要請に応えるかたちで「障害」定義が生まれた（「障害者」が確定されていった）経緯と、その論拠として機能した「障害の医学モデル」を概観する。第二節では、一九世紀末以降、「障害者」を社会の一員とするためになされてきた試みとしての障害児教育の事例と、二〇世紀後半に展開した「ノーマライゼーション」(「ノーマリゼーション」という表記もある)概念を紹介する。第三節では、「障害」を「無力化(スティグマ化)」の結果とみなす「障害の社会モデル」と、その構築主義的議論の問題点と解決策を論じる榊原(二〇一六)の議論を検討する。それを踏まえて第四節で、無力化(スティグマ化)が失効する現場として〈ラルシュ〉共同体運動の事例を取り上げ、その意義を第五節で論じる。

一 「近代」的「障害」の誕生

(1) 「労働者」の数に入らぬ者

オリバーは、「障害がなぜ逸脱とみなされ社会から排除されるのか」という問いを立てたうえで、「何(誰)が障害(者)か」の判定基準は社会によって異なり、近代化の以前と以後において「障害」の意味や実体は大きく変化したと述べる。そして、資本主義社会において障害が個人化され医療化された原因を問う(オリバー 二〇〇六:一三頁)。彼は、近代産業社会の重要課題は、都市部の貧困層を、働くことを「望まない人」と「出来ない人」に分ける(「出来ない」人々に正当な社会的地位を与える)ことであり、そのために「障害」を定義する必要が生じたと論じる。すなわち近代化以降の「障害者」の差別・排除は、資本主義のイデオロギー的および制度的産物であり、その目的は「健常で正常な労働力」以外を生産現場から除外すること、「労働者」中心の社会を構成するために「規格外」を決定することであった。こうして「労働力として無力」な有徴者集団を作る(「スティグマ=不面目のしるし」をつける)ことで、「健常者」という無徴者集団が残余として取り出されることになる。オリバーはこの過程を「無力化」と呼び、「「就労可能」は「就労不可能」のカテゴリーが厳格に定義されてはじめて、その意味を知ることが出来る残余的なカテゴリー」だというストーンの言葉を引用している（オリバー 二〇〇六：七四頁）。そのストーンは、アメリカ・イギリス・ドイツの社会保障制度の歴史を比較して、「非労働者（子ども・老人・障害者）」というカテゴリーが社会的に生成される過程を指摘し、障害者は「障害関連給付の受給者」を定義するために便宜的に設けられた分類カテゴリーで、「正当な理由をもつ失業者」であるにすぎないと結論づけている（杉野 二〇〇七：一一三頁）。このとき、「障害者」としてカテゴライズされた当事者自身も、身につけた社会通念に従って「社会的な役割・課題を遂行できない無力化された障害者」としてのアイデンティティを形成し、依存的な地位を与えられ、労働者（健常者）に対して、「非生産的な障害者は社会全体の重荷である」という考えと「依存への恐怖」をかき立てる役割を担うことになる（オリバー 二〇〇六：一四一・一五一頁）。オリバーは、このような無力化された障害者の存在によって利益を得るのは「資本主義（市場経済）」体制であると断じる（同書：一三二頁）。

この「障害」定義の根拠として参照されたのが、個人（個体）を対象とする医学であった。「病院主体の医療は……労働者と非労働者を分別する必要から生まれた」（同書：一〇二頁）。資本主義は個人としての賃金労働者を組織化する生産様式であるため、労働者一人ひとりの健常性が重大な関心事となり、その結果、障害も「医療の対象となる個人的問題（病理）」と認識されるようになったのである。医学は「医療イデオロギー」となって、人々を「働くべきもの／治療・リハビリに専念すべきもの／働けないもの」に選別する（労働市場の「内／外」に振り分ける）装置として機能し、資本主義の秩序構築に重要な役割を果たした。この「逸脱」の決定権、すなわち、「逸脱」がどの領域の社会統制（「逸脱」とは何を指し、それをいかに処遇するのかを決定する権限）のもとに置かれるかは、歴史的に「宗教（罪）／司法（犯罪）／医療（病）」という変遷をたどり、近代では「医学のテリトリー」と「行政上のカテゴリー」になった。また家庭と施設が非労働者（障害者・逸脱者）の隔離の場になったが、これは「家庭」が「就労の圏外」になるのと時を同じくしていた（オリバー　二〇〇六：六七・七五頁）。「賃労働が発展する以前では、個人は家族・地域・集団に貢献するために」働き、その社会貢献の度合いには著しい個人差がありながらも容認されていたのに対し、資本主義体制下では「障害者は一人の賃労働者として働くことができず、排除を通じて統制をうけることになった」（同書：九三・九四頁）。障害者が居る「場」は、近代に大幅に縮減されたのである。

（2）「国民」の数に入らぬ者

①徴兵検査——国家によって召還されうる者

近代を特徴づけるもう一つの重要な選別に、国民国家の課題である「国家の担い手」の選別があった。具体的には、普通選挙制度における選挙権保有者の確定と、徴兵制における適・不適格者の選別、すなわち「国家によって召還されうる者」の同定である。フランスでは一八七四年に「兵員募のための特別司法記録保管制度」と「選挙用の司法記録保管制度」が制定され、兵士と投票者が市民としての十全な資格を有するか否かをチェックする制度として機能した（渡辺　二〇〇三：二八八・二八九頁）。「同一化された個体」は、「国家によって召還し管理しうる主体＝客体……法的な個体」（すなわち、哲学的な超越的主体、市民社会を支える経済主体、生の経験を担う「私」、思考する「我」、道徳的責任主体である「人格」、個人主義の核をなす「個人」、などではない）（同書：二七・二八頁）であった。「ヒトラーは「われわれは人間を国有化するのだ」と言った」（米本　一九九六：一七六頁）というが、フランスでは徴兵検査が「国家が国民の身体の状況と国家の身体としての「国勢」を管理の対象として統計的に把握する知覚の装置として働いていた」（渡辺　二〇〇三：二〇八頁）。その兵員の資料に基づく「国勢」分析を担った機関の一つが、統計学者ルイ・A・ベルティヨンとポール・ブロカによって、諸人種の科学的研究を目的に一八五九年に創立されたパリ人類学会だった（渡辺　二〇〇三：二九九頁）。中心的な会員は徴兵検査にたずさわる軍医で、徴兵資料が検討対象となり、人種集団としての質の劣化（「変質」）問題と人口停滞現象が学会で議論された（同書：二〇・二三一―二三二頁）。

だが「国民国家の担い手は何者か」という、国民の「同一性」自体が語られることはなかった。渡辺は、G・L・L・ビュフォン（一七〇七―八八）の『博物誌』の「人間」の記述中に、語り手である西洋白人種への言及がないことに注目し、「語り手の同一性」が主題化されないことが「客観的で網羅的な差異の記述を可能にする条件となっていた」と述べる（同書：二五五―二五六頁）。これは、「特定されない者」だけに「他者の特定」が可能だったという指摘といえる。この記述されない「同一性」の代わりに探求されたのが、「逸脱」である。たとえば徴兵制という強制的動員は、動員を逃れようとする者、すなわち脱走兵と兵役忌避者という潜在的犯罪者集団を形成することになったが、そのような犯罪者の記録システムを支える個人の同一性判定技術を作ったのが、統計学者ベルティヨン（上記パリ人類学会創設者）の息子、パリ警視庁事務官アルフォンス・ベルティヨンであった。必要だったのは、自分を偽る「逸脱者の同一性」の判別であり、国民（非―逸脱者）の同一性ではなかったのである。一九世紀のフランス人類学は、「「国民の歴史」の主体としての人種集団の同一性を「科学的」に基礎づける方法」から、逸脱者を特定する必要から始まった「個体の同一性を判別する「統治技術」」へと展開し、その同一性判定のために、身体の様々な部位を測定した大量の情報（数値化された身体）が集められた（同書：二八一―三〇〇頁）。

一九世紀末のフランス精神医学界でも、逸脱は「旅する狂気」として主題化され、「旅への衝動」は徘徊自動症とみなされて「脱走兵、ユダヤ人の放浪性」と関連づけられた。「市民社会の「外部」におかれて「移動」を強いられた存在が、市民社会の内部意識の形成媒体ともいえる精神医学の視線によって「旅する狂気」と捉えられたことは、「近代」を考察するための一つの視点として興味深い問題をはらんでいる」（渡辺 二〇〇三：三一四—三一五頁）という指摘は、〈ラルシュ〉（箱舟）と「近代—市民」社会の関係を考えるうえでも興味深い。

②「標準」と「退化」

「退化（dégénérescence）した者＝変質者（dégénéré）」は、統計学的「偏差」とされるものを「種の進化、遺伝」と結びつけた、統計医学上の観念である。それは、「人間」という種のほぼ完全な「原始型」（平等）に対して、「人という種が退化する可能性」を認め、「変質者」を「あらゆる遺伝的欠陥が濃縮された」退化の兆候とし、「欠陥はつねに身体に刻み込まれている」とした（スティケール 二〇一〇：三四二—三四三頁）。クレチン症、慢性アルコール中毒者、白痴、甲状腺腫症者、マラリア、てんかん、結核患者などが変質者とされ、「病気治療／（退廃的生活からの）公的扶助による更正／（黒人の白人への）恭順」が、退化した者の義務とされた。

アメリカでは、このような偏差の指標として、フランスのビネー（一八五七—一九一一）が考案した学力検査に基づくＩＱテストが用いられた。このテストを第一次世界大戦中に陸軍で新兵に実施したところ、新移民ほどＩＱが低いという結果がでた。二〇世紀になって移民出身国が南・東欧に移ったことが原因とみなされ、それに基づいて一九二四年に絶対移民制限法が成立し、結果として非北欧人種は拒否されることになった。だが現在では、このときのＩＱ値のグループ間の偏差は、テスト問題にアメリカの文化・習慣を知らないとわからないものが多く、新移民にはその出題意図が摑めなかったことによるものと解釈されている。これは、排除の根拠となった「科学的」テストが、テストを実施する社会への「適合」の程度を測るものだったことを示唆している。だが当時、ＩＱテストの点が低い者は「低価値者」とされ、この言葉や「さまざまな社会階層のＩＱ値」などの表現が「ごく普通の」社会科学者によって用いられていた（米本　一九九六：一七五頁）。

このような「測定の時代」をリードしたのは、ランベール・アドルフ・ジャック・ケトレが主導した統計学である。その統計学の中から、社会で「正規分布の中心」に位置し平均的測定値を示す「平均人（l'homme moyen）」という観念がでてきた。これは、数値の分布によって「標準」と「偏差の高低群」に分けるという着眼であり、「平均値とは、到達すべき最大値も最小値も示さず、ある社会タイプを参照するもの」である。身体障害に対する処遇の変化も、この、社会や人間の事象を「平均値」で測る時代傾向の中で進展したが、それは「「平均（中心的社会構成員）」がもっとも晒されやすい問題」に対応した結果と考えられる。

一九世紀から二〇世紀にかけて、社会の工業化と戦争によって中途障害者の増大が社会問題となり、労働災害にあった身体と傷病兵が保障対象になるようになった。特に第一次世界大戦の傷病兵救済は「新たな尊厳の付与」という観点から行われ、機会平等と社会参加の権利が重視された。こうして労働災害と戦争の犠牲者を介して、「障害」は「逸脱」ではなく、社会に原因がある「被害」となっていった。スティケールはそこに、「あるべきものがない（infirmité）」から「社会的不利（handicap）」への概念の転換を認めている（スティケール　二〇一〇：三三二・三四六―三四九頁）。これに関連して興味深い指摘がある。フランスでは一九九三年まで、「障害」の程度判断基準は「一四―一八年戦争従軍兵廃疾判定表」に基づいていた（Zucman 2007 : 143）。これは、「障害」判定の起点に、「労働者・国民」がどれくらい損なわれているか、という観点があることを意味していると考えられる。

二　「逸脱」への処遇から「被害」への支援へ

（1）　障害者教育：社会化と就労支援

ディドロは『盲人書簡』（一七四九）で、晴眼者も盲人も能力は完璧に同等であり、五感に障害がある者は適切な手段によって他の者に匹敵あるいは凌駕する能力を獲得すると書いている。これは、人間の普遍的な平等性を説く啓蒙の理念に基づく観点であり、「退化」説に対峙する、障害者教育の出発点となる。フランスでは、世界初の聾学校と盲学校が一八世紀末にパリに創設され、手話と点字が考案された。「精神遅滞者」に対しては一八三八年に精神障害者保護法が制定され、一九〇九年までビセートル病院（精神疾患患者と囚人を収容）で教育が行われた。この病院に「白痴の教師」として二年間勤務したエドゥアール・セガン（一八一二—八〇）が、近代精神遅滞者教育の創始者とされる（一八四三年発表論文「白痴の衛生と教育[1]」）。彼は、「白痴も社会化可能」で、子どもにはそれぞれに相応しい教育があり、一律に同じ（教養）教育をするのは子どものためにならないと主張した。また、白痴教育も聾唖教育に倣って行われる時代にはなったが、その聾唖者もいまだに「学校から出たときには憐憫と好奇心の対象である」（セガン　二〇一六：一六〇頁）と批判するように、そこには「社会生活のための教育」という観点があった。彼は施設の方針との違いから一八四三年に失職し、一八四八年の二月革命のときには「労働者の権利クラブ」を主導したと伝えられている。その宣言には、「我らのあらゆる行動の普遍の目的、それは、身体的精神的に苦しむすべての人々の境遇の向上である」とある（同書：一八四頁）。

ＩＱテストの元になる学力検査を考案したアルフレッド・ビネー（一八五七—一九一一）も、子ども一人ひとりに適した教育の重要性を説き、文部大臣から検査の作成を依頼されたときも、それが子どものレッテル貼りに利用されるのを警戒したという（米本　一九九六：一七三頁）。彼は『新しい児童観』（原著は一九一一年）で、教育学の主題として「教育計画（方法）／対象である子どもの理解／子どもを知る技術」の三つをあげ、三番目について、子どもの心を操るためではなく「程度に応じて、受ける教育を按配するために、彼らの真の能力を発見する」重要性を強調している（ビネー　一九六一：一四頁）。社会のニーズ（身につけることが望ましい技量）の違いや、子ども個人の学習の向き不向きに注意を促し（同書：四三頁）、「学習は手段なのであるから、それは個人、気質、および個人が生存競争をおこなう経済的環境に応じて変わらねばならない」（同書：二六頁）と述べ、「わたしたちは一つの時代のうちに、特定の環境のうちに、多くの個人と自然の間に、生活している。わたしたちはそれらにたいして適応していかなければならない。適応は生命最高の法則である」と記す。他方で、大人も子どもも学校への適応（優秀な成績）を目標にしている現状を批判している（同書：一八―一九頁）。学校は「実生活への準備」（同書：二五頁）としてはじめて価値があり、教育が働くことや生きがいを損なってはならないという観点は、「誰も排除しない／されない」社会を目指すものといえるだろう。なお、徴兵適齢者に多数の無学者がいるという問題への言及では、兵役延長によってその数を減らせるし、その追加費用は、十分な知識をもつ者の兵役短縮による経費削減で相殺できるという具体策を提案している（同書：三九頁）。

このようなセガンとビネーの教育者としての見解は、社会の医療化への対抗軸としての意味をもつように思われる。他方で、障害児教育において何を達成目標（ノーマル）とするかに関する、示唆的な出来事があった。聾唖者に手話と口話のどちらを教えるべきかという論争である。手話は考案された当初は高く評価されたが、約一〇〇年後の一八八〇年、第二回聾教育国際会議では口話法に敗れた。その根拠となったのは、しぐさは文明化された人間に相応しくなく、言語は音声として話されるべきだとする理念だった。手話（身振りによって話す身体）は聾者を低い段階にとどめ、その開発を阻害する、聾者を「おとしめる」ものとされたのである（スティケール　二〇一〇：三三一―三三二頁）。

（2）ノーマライゼーション

「ノーマライゼーション」概念はデンマークで生まれ、ヴォルフ・ヴォルフェンスベルガーによってアメリカに導入された。そこで注目されるのは、「ノーマライゼーション」が「逸脱」に対する一般的な態度群（対人処遇）の問題として論じられていることである（ヴォルフェンスベルガー　一九八二：二六―四六頁）。「他者ときわめてはっきり差異があり、それが否定的に値踏みされると、その個人は逸脱しているといわれる。また逸脱状態と結びついた否定的な値踏みを引き起こす特徴は〝スティグマ〟と呼ばれる」が、「銘記しておくべきことは、逸脱は私たちがつくるもので……見る人の目にある。観察できる属性だけが逸脱となり、否定的な価値が付与される……ある文化の中で否定的に値踏みされる属性が、別の文化では肯定的な価値を付与されたりする」（同書：二六―二七頁）（傍点は引用者）。そして、「逸脱した人」の定義・評価の歴史的パターンを整理したうえで、ノーマライゼーションの原理を次のように述べる。「今日逸脱と考えられる行動や特徴を社会で受容されやすくすること」、具体的には「地域社会に所属」させ「文化的に通常の家庭に個人を措置する」、すなわちニルジェが一九六九年の論文で述べたように、「社会の主流となっている標準やパターンに出来るだけ近似した日常生活を可能にする」ことであり、障害がある人たちの社会統合を妨げているのは「逸脱した人の逸脱状態の程度とかタイプ」ではなく「（統合）プログラム作成者のイデオロギーと想像力」である（同書：六七・七七・一二三・四八・七八頁）。この著作では、

「逸脱」が空間的な隔離と直結しているという指摘とその解決策（居住空間・住まい方の改善）に、多くの紙幅が割かれている。

ここでは、「個人がノーマルになる」ことではなく、誰でも「通常」に暮らせるようにすること、そしてその「通常」は統計的なもの（標準）であることが力説されている（ヴォルフェンスベルガー　一九八二：四九頁）。他方で、その「通常」（平均）が見直されることはなく、「わたしたちの文化の中で、成人の主要な活動と使命は、労働である。この事実は……将来も変わらないだろう。そのため……可能な限り労働に従事すべき……その労働は、性質や内容が大人のものであり、生産的で報酬をともない……日課にのっとるべき」（同書：一三二頁）とされる。そこには「労働が尊重される文化」への統合、現状追認という一面がある。

マリー・ジョー・ティエルは、「障害者」を表す「不利な条件の下にある人（la persone en situation de handicap）」のような表現の準拠点（ノーマル）、参照される「規範的・正常な人間性（une norme / un normal de l'humanité）」が問われてこなかったことに、注意を促す（Thiel 2014 : 9）。実際、本章で参照してきた論者たちに共通しているのは、社会において「同定されるべき者」とされてきたのは不都合で排除すべき「逸脱」（有徴）者であり、「ノーマル」はその残余カテゴリーにすぎなかったという認識である。「スティグマ／ノーマル」（有徴／無徴）という対概念は、「不都合な他者に印を付けて排除する」という目的のもとに成立している。それゆえ、誰（何）を排除すべきかを決める側は、自分たちのことを知る必要はなく、排除する側とされる側が分けられさえすればよい。「障害」の問題は、「誰が何を排除したいのか」という「排除」一般の問題の一部であり、オリバーは、「労働者以外を排除したい資本主義」が、近代における障害者排除の主体であると指摘したのである。だが、オリバーの議論には欠けている要素がある。「身体」である。「身体」が入ることで、「資本主義」以外の領域との関係が問われてくることになる。

三　「排除のため」の「無力＝スティグマ」化：障害の社会モデル

（1）「インペアメント」と「ディスアビリティ」

「ハンディキャップ（制限されている）」状態の改善に関する議論と実践は、「社会制度に起因する障害としてのディスアビリティ」と「個人の属性としての身体損傷（インペアメント）」の区分によって、前進したとされる。先述のオリバーが代表的論者で、障害問題を「医療化（本来医療の対象でないものまでが対象とされ、社会的主張の正当化に医学的論拠・論証が用いられることで、医療専門職の権限が増大する）」する「障害の医学モデル」に対し、「障害の社会モデル」と呼ばれる。これは、社会が障害を作り出す、すなわち「原因ではなく結果としての障害（社会的困難）」という観点であり、障害は環境・サービスの充実によって改善できるとする立場である。「障害の社会的次元の根底には身体（個人）的なインペアメントがある」という見方はその後も根強く残ったが、障害の社会モデルの指摘で重要なのは、ディスアビリティ（障害の社会的次元）だけでなくインペアメント（身体損傷）も構築された文化的産物であり、「身体損傷」（と「正常な身体」）が状況的・文化的に相対的であることを医学モデルは認識してこなかったという点である（オリバー　二〇〇六：三七―五八頁）。

この「インペアメント」の構築性は、公民権運動の一環という性格が強いアメリカ障害学において、より強調されている。インペアメントは、「マイノリティーとしての資格証明」「スティグマのように一瞬にして市民権を失わせるような社会的表徴」として機能し、障害者を「徴つきの人間」にするものと説明され、そのような社会の偏見に抗する「障害アイデンティティ（対抗価値）」の獲得が主張される（杉野 二〇〇七：二〇八―二〇九頁）。杉野は、インペアメントのある身体が意識されるのはディスアビリティを経験したときであり、個人の身体の問題とされることの多くは、実は身体化された社会的抑圧にすぎないことを明らかにしたとして、アメリカ障害学を評価する（同書：一四二頁）。

そのようなインペアメントを作り出す原因として、アメリカ障害学の代表的論者であるゾラは、アメリカ社会特有の極端な「健康至上主義」と、その根本的原因である「社会の医療化」をあげる（同書：八五頁）。彼は、健康が当たり前の社会において、「障害」は、病なき健康社会（すべての病気は治る）という「医療幻想」の敗北を示唆するため、排除の対象になるという。また、シャロン・デール・ストーンは「神の似姿（完全なる身体）」幻想が障害克服主義を生んだとし、ハーラン・ハーンは障害者の容姿や振る舞いに対する嫌悪感・偏見・恐怖を「容姿完璧主義」で説明する（同書：九一―一三七頁）。他方でマリー・ジョー・ティエルは、健常者にとって、障害がある人は「直視できない全人類共通の有限性・虚弱性を突きつける存在」になっている可能性があると述べながら、キリスト教には「無力な神（Disabled God）」（十字架にかかって苦しみながら亡くなった受難者イエス）観があることに注意を促している（Thiel 2014 : 10）。

社会の医療化と健康至上主義に対して「障害者の権利」を訴えるためにゾラが採るのも、この観点である。彼は、「すべての人が死と老化と障害と無縁でいられない」という「ニーズの普遍性」を訴える（杉野はこれを「障害の普遍化モデル」と呼ぶ）。これは、「平均人」は「潜在的障害者」だという指摘といえるだろう。杉野はこの戦略を、公民権運動型の主張がもつ「人並み（白人男性）になることを目指す」側面への、批判になると評価する（同書：一〇一―一〇七頁）。そこには、先述した「障害者が健常者をモデルに自己形成する」という参照関係を逆転させる可能性がある。

だがこの戦略では、「弱さ」の無力(スティグマ)化を完全には回避できないと考えられる。「いずれはみんな弱くなる」という認識によって「依存の恐怖」が払拭されるとは限らないし、それによって「人間の尊厳」のとらえ方が変化するとも限らない。また、「障害のある身体」を実体化するのを避けるために、「障害の社会モデル」の構築主義的議論は、「障害(身体)」を「偏見」という「コミュニケーション(言語)」の水準の問題としてきたが、それによって「身体(経験)」を議論に入れられないという難題が生まれていた。この二つを乗り越えようとするのが、次の榊原の議論である。

(2)「環境」の「情報化」としての「排除相関的身体情報(インペアメント)」

榊原は、「障害および障害者概念が、既に「差別」を含みこんでいる」「まず排除ありきの障害同定」だというところから議論を始め、様々な排除現象の中で、「障害者排除」とは「排除相関的な身体情報」に基づく(「逸脱」の根拠・しるしを身体情報に求める)社会的排除であるとする(榊原 二〇一六：八五頁)。そして、「差別の原因となる身体損傷」という「インペアメントの実体論」に対して、オリバーを代表的論者とする構築主義が「身体」を適切に扱えなかったという難点を克服するために、ニコラス・ルーマンの社会システム理論を援用する(同書：一〇八—一一四頁)。

榊原が参照するのは、ルーマンの社会システム理論における「環境／システム」の区分である。人間社会のすべて(「世界」)を「コミュニケーション」に還元する構築主義では、「コミュニケーション」(ルーマンの理論における「システム」)以外の領域(「世界」の外側)を議論に組み込めない。これに対しルーマンは、「システム」と区分される「環境」を、人間の理解（コミュニケーション）の埒外でありつつ理解（コミュニケーション）の前提であるもの、すなわち「システムにとって不可欠な存立要件」である「システムの作動以外のリアリティの水準」、「自律的ではあるが自足的ではない」システム（榊原 二〇一六：一一八頁）（傍点は引用者）の、自足を不可能にしている部分として設定する。このような、「「環境」としての「システム外部」を「情報化」するコミュニケーション過程によって「全体社会（機能分化社会）」が構築されている」という状況設定によって、「コミュニケーション（構築）に還元されない」ものが議論に組み込まれることになる。社会と身体の関係を「システム―環境関係」として把握することで、「障害」の実体化を回避すると同時に、「身体」を「語りえないもの」として議論から除外することなく、「（当事者の生存経験・条件としての）身体」を議論の水準に位置づける道が開かれる。

そのルーマンは、「全体社会からの排除領域において人間がひとしく身体に帰されることに着目している」（同書：一一八頁）（傍点は引用者）。他方で榊原は、「健常者は……どのような立場やアイデンティティでも自由に選べるノーバディ（nobody）なのです」という石川准の言葉を引用している（同書：一三七頁）。ここから浮かび上がるのは、健常者は身体性を問われない（健常者の身体には関心が向けられない）立場にあるということ、身体が主題化されるのは排除の対象になるときだということである。「排除の帰責の宛先となる「身体」が損傷、帰責の宛先となる「社会的処遇」が社会的障壁」なのであり、それらは社会（システム）内の観察者が帰責の過程で見いだす（同書：一三二頁）。それは「排除のために情報化（有徴化）された」身体であり、「障害」という「情報」としての み、システムに包摂される。「障害」は「コミュニケーション＝情報化＝システムへの包摂」の水準で起こる「出来事」（無力化＝スティグマ化）であり、「障害同定自体がコミュニケーション」である（コミュニケーションが「障害」を作り出す）という認識のもとで行われる障害（差別）研究は、「身体」という「環境」（構築の材料）を「システム」に組み込むやり方（「環境」が「語りの対象になる」＝「情報化」＝コミュニケーション、の仕方）の分析となる。榊原は、そのような「徴となった身体」を、「断片的身体情報」と呼ぶ（榊原 二〇一六：一四二頁）。この「インペアメント」が「排除のために発見される」ものであるならば、「スティグマ化」としての情報化（コミュニケーション過程）が変われば「インペアメント」概念は変化するということである。ルーマンに依拠するなら、「情報化」以外に、人間にとっての「リアライゼーション」はありえない。では、「身体」という環境を「スティグマ」として情報化しないコミュニケーションとは、どのようなものでありえるだろうか。その現場として、〈ラルシュ〉共同体を考えることができる。

四　〈ラルシュ〉共同体で生きられるもの――「動揺する／させる」身体情報

〈ラルシュ〉共同体は、メンバー（知的な障害がある人）とアシスタント（欧米では、「市民貢献活動」制度を利用して、主に一年間ボランティア活動を行う二十歳前後の若者が中心）が共に暮らすグループホーム活動である(2)。知的な障害がある人たちが施設で一生を過ごすという現実を知って衝撃を受けたジャン・バニエが、彼らに「家庭」を提供したいと、一九六四年にパリ北東の村で二人の男性と暮らし始めたことから始まった。バニエ（父は後のカナダ総督）は二十代でカナダ海軍士官のキャリアを捨て、神学と哲学を修めた後、トロント大学で哲学講師を務めていた。バニエのこの経歴は、「社会的地位・経済力・体力・学力など、すべてを手にしていた白人男性が、そのすべてを手放したことから始まった」という意味合いを共同体に与えている。

ラルシュは現在、世界三五カ国に約一五〇の共同体を数える。創設時はカトリックの宗教実践を精神的支柱にしていたが、現在は宗教宗派を問わない「祈りの共同体」となっている。通常、複数のホーム（一軒に四～五人のメンバーとほぼ同数のアシスタントが暮らす）からなり、作業所やデイ・サービスなどを備える共同体もある。そこでアシスタントが経験するのは、ごく当たり前の、「ノーマル」な日常生活である。担当するメンバーによって必要とされる介助に違いはあるが、その一日は、起床と身支度、朝食とお弁当作り、連絡ノートに前日からの様子を書いて各自の日中の活動に送り出したのち、午前中は掃除・洗濯・買い物などの家事を手分けして行い、昼食後は休み時間、メンバーが帰宅すると、夕食当番以外は家事をしたりメンバーと話したりして過ごす。夕食は共同体で最も大切な時間とされ、必ず全員一緒に食卓を囲み、曜日によって、決まったお客様（他のホームのメンバーやアシスタント、共同体外の支援者など）を迎える。夕食後は全員で片付け、就寝の身支度までサロンでくつろぎ、一日の様子を日誌に記して終わる。共同体やホームによって異なるが、少なくとも週に一回は祈りと交流の夕べを設け、週末は外出やイベントが企画され、自宅で過ごすメンバーもいる。ラルシュの暮らしで最も重視されるのは、皆で食卓を囲むことと、共に喜び楽しむ「祝祭」の機会を多く持つことである。

この「家庭」には、縁もゆかりもない者たちの家という特徴があるが、近年、特に先進諸国では、社会福祉事業者の資格を得て活動するようになった結果、「提供するサービス（一方的・一過性）の質／就労条件（最低賃金・就労時間）／収益性」などを考慮する必要が生じ、創設世代のメンバーたちには、「共同体」として始まった頃の「（支援する／されるという関係の）互換性／継続的関係／無償性」から離れてきていることへのとまどいがみられる。その根底にあるのは、市場経済社会において、「共に居る」ことの「適正な経済的評価」が問われることへの違和感ではないかと思われる。「知的な障害がある人たちと縁もゆかりもないアシスタントがただ共にいるだけ」という「共同体」と「市場」が重なり合った結果、「知的な障害のある人が「家族」以外と共にある」ときに想定されるのが「サービス受給者としての「市場」参入」だけだということが、そこでは露呈している。

ラルシュで、特に「健常者」であるアシスタントが「何」を生きるのかを知るのに有益な学生の論文がある。[3] その主題は、共同体での暮らしで感じた、不衛生な生活環境や他者への生理的嫌悪感と、他者の間違った言動への倫理的嫌悪感、それらによって生じた激しい葛藤と、他者との和解である。特に彼女を苦しめたのは、他のアシスタントと比べて、自分だけが他者を嫌悪する不寛容な人間だと感じ、罪悪感と羞恥を味わったことだという。彼女は数ヶ月の葛藤の後に自分の嫌悪感を告白するにいたったが、それは、自分が「望んでいるよりもずっと弱い」と受け入れることだった。だがそれをきっかけに、他のアシスタントも自らの弱さを口にし、そこから始まったコミュニケーションが「交流と分かち合いのスペースを開いたことで、他者の理解が可能になった」。彼女はそれを、先入観と軽蔑的なステレオタイプ化の消失、「周りの世界との和解」と表現している。

この論文で中心となる「嫌悪感」について、途中で主要な問題として論じられながら結論で言及されない主題がある。それは、人間の嫌悪感の主な原因が、「身体」の「必要性（消化吸収、排泄）／傷つきやすさ（病気、障害）／時に伴う劣化（衰弱、死）」、すなわち生命現象そのもの（動物性）だという指摘である。[4] バニエは、ラルシュは「脆弱な生命」と向き合う場だと繰り返し述べ、現代社会がそれに目をつぶっていることに警鐘を鳴らし、弱者の攻撃・排除を引き起こすのは、力があるのが良いという価値観によってかき立てられる「弱さへの恐れ」だと述べる。「力強くて有能な人という理想の人間像が、老人や病人、能力の劣った人を疎外しています……私たちが教え育む価値によって一部の人が組織的に排除される」社会で、「弱さが人生の一部であることを否定するならば、死を……自分自身の一部を否定し、人生をごまかして生きることになります」（バニエ　二〇〇五：六四―五七頁）。

ラルシュでの暮らしは、若く健やかな次世代市民（平均人）が、それまで接することのなかった「生命現象」という「環境」の「情報化」に直面する場だと考えられる。日常生活では、もっぱら「損傷」として情報化された「身体」が「差別」というコミュニケーションの領域に組み込まれるくらいで、それに触れる機会すらない若者も少なくないと考えられるのに対し、ラルシュでの暮らしでは、「情報化―されるもの／の仕方」が変化する。そこでは、それまで「健常者」の目に入っていなかった（情報化されていなかった）、通常その「同一性」について言及されることのない「語り手（平均人）」の「動物性」が、「障害者」との暮らしの中で「情報化」されるのではないかと考えられる。

五　考察――「同化―包摂」、「異化―有縁化」

アリシア・ウーレットは、社会で支配的な「ネガティブな障害（者）イメージ」が暮らしの中で反復されることで強化され、それによって障害者自身も「障害者を排除した社会モデル」に基づいて自分の欲望を形成する（「自立した（依存しない）個人」という支配的価値を内在化する）、すなわち「健常者」がすべての人々の「欲望の対象」になるという問題を指摘している（ウーレット　二〇一四）。差別・排除の根底には、この「欲望させる」という面があるのではないかと考えられる。上記の論者たちは、「ノーマル（健常）」には「同一性（内容）」がないと指摘していた。その「無内容」は、それが手に入らなかったときの恐怖をあおることと、それを「欲望する存在」（アクセス権を制限された存在）を「排除」によって作り出すことという、二つの方法によって、欲望の対象になるのではないか。「健常者を欲望する者」の存在が、「健常者」を欲望対象として確立する（「健常者幻想」の「リアライゼーション」）のであって、その逆（価値ある「健常性」が人々の欲望をかき立てる）ではないということを、「ノーマル」の「無内容性」は示していると考えられる。

　これに対して、上述の学生がラルシュで経験した最も重要なことは、自分が「望んでいたほど強くない」と認めることであった。そしてバニエも、自分自身への幻滅、自分の暴力性に驚き傷ついた体験を繰り返し語っている。ありのままの自分を見られたら見捨てられるかもしれないという恐れから、私たちは「自分の弱さを取り繕います……障害者に関して私の中に大きな怒りと暴力が沸き上がるのを感じたような場合です……心の限界や恐れや障壁……自分の障害を受け入れることがまず必要だと気付きはじめ……暗部を受け入れて……上手くつき合えるようになりつつあります」（バニエ　二〇〇五：一三八―一三九頁）。これは、欲望の挫折（健常者幻想の崩壊）といえるだろう。

　この挫折を受け入れることができるのは、コミュニティーに帰属し仲間に支えられているからだと、バニエは述べる（Vanier 2010 : 23）。哲学者のジュリア・クリステヴァ（障害者とその家族が置かれた社会状況の改善のために当事者として活動している）はバニエとの共著で、「どうやって、あなたの「仲間」の仲間たちを見つけ、募り、育て、その心をつかんだのですか」（ibid 2011 : 10）と問いかけている。彼女は、障害に向き合うと人は死の恐怖を覚えるので、そのような状況には普通は身内しか首を突っ込まない、また、障害のある他者と出会うためには「可死性と共に生きる力」が必要であり、それを見いだすのを宗教が助けてくれる、と述べている（ibid 2011 : 44、32f.）。その「力」について、バニエは次のように書く。「共同生活で最も大切なのは……毎日を祝うこと、生だけでなく死を祝い、死について語り、死にゆく人々に寄りそうこと」であり、「私たちは望んで生まれてきたわけではない……生命の所有者ではない。授かった……この、どうしようもなさ（helplessness）が、神と共同体の兄弟姉妹に向き合わせてくれた」（Vanier 2010： 22f.）。

ラルシュでは、この「兄弟姉妹」が「契りの式（l'Alliance。結婚、縁組、契約などの意）」で可視化される（「l'Alliance à l'Arche」（ラルシュの契り）は、「l'arche d'alliance（モーセの律法が入った契約の箱）」を思い起こさせる）。「ラルシュ」という名の元になった「ノアの箱舟」の逸話では、箱舟にはすべての生き物の「つがい」が乗っていた。つがいは、生き物と生き物の、生き物から生き物への、縁をつなぐ。[5] ラルシュの契りでは、自分が共同体（弱い生命が生きられる場）に帰属し、何でもない毎日を喜びをもってただ生きることに根を下ろす（Vanier 1994 : 269）、「神が人々との間に定められた繋がり、契りを承認し、受容する」（バニエ　二〇〇三：一一四頁。傍点は原文）と、皆の前で証する。この「ラルシュ」（箱舟）は、ミシェル・フーコーが描いた、中世ヨーロッパで狂人を乗せて河川を往来したという「阿呆舟」と対照的である。「航行は人間を運命の定めなさに直面させ……狂人は……あらゆることと絶縁した大いなる不安にゆだねられる……〈通過者〉、つまり通過の囚人だ」（フーコー　一九七五：二八―二九頁）。阿呆舟という絶縁の場に対し、ラルシュは、身内しか首を突っ込まないと思われた「可死性と共に生きる力を必要とする」場、その「どうしようもなさ」の場に、「どうしようもなさ」ゆえに、人々が契る「有縁化」の場である。その場所をハワーワスは次のようにいう。「私たちは苦しみを受け入れる力を失ってしまった結果、なくせない苦しみに対して暴力をふるい、死を否定するようになった……生命のどうしようもなさが共に十全に生きられる場所が保持されなければならない……生きる手間を倦まず共にするルーティーンが親しみを創り出し、親しみがそのような場所を創り出す」（Hauerwas 2010 : 120）。

「有縁化」は、「ノーマライゼーション」でも「インクルージョン」でもない。「どうしようもなさ」を、そのまま在らせる（リアライゼーション）だけである。この「正常化」なしの「有縁化」は、「同化／異化」作用の「同化」ではなく、「異化」を契機とすると考えられる。近代の社会システムで排除のために情報化されてきた身体

（欠損）が、ラルシュでは契りの場の中心に位置づけられている。バニエはラルシュの始まりを振り返るなかで、次のように書いている。二人の男性を「施設から出したとき、私はちょっとした救い主の気分になっていた。彼らにどうすべきかをいう権利があると思っていた……ラルシュは私だけのプロジェクトではなく……ラルシュに根を張りにくる人たちのプロジェクトだということ……受け入れることと尊重すること……支配し命令しようとする私の欲求について、多くを学ばなければならなかった」（Vanier 1981 : 6）。それは、「自分が世話をしている人によって、自分が変えられることを受け入れる」（Vanier 2017 : 60）ことであった。「人間であることの意味を教えてくれたのは、弱い人……社会から排除された人たち」（バニエ　二〇〇五：一一頁）であり、「他者の傷を受け入れるために、自分の傷を受け入れること……服喪、放棄を伴う選択」の道を歩み続ける必要がある（バニエ　二〇〇一：一一六―一一七頁）。「自分が変えられる、服喪、放棄」という言葉は、「私」が「私」ではなくなる、私の「異化」を意味する。学生が語っていた「世界との和解」も、自身の「異化」（自分に対する幻想と欲望を放棄し、他者によって変えられることを受け入れる）の結果といえるだろう。

ラルシュでのこの経験とルーマンのシステム論を結びつけると、次のようになると考えられる。ルーマンによれば、「機能分化した近代社会」においては、「近代資本主義の産物である機能（賃労働）」からの排除が「その他の機能」への参加も阻害する、すなわち、分化した諸機能の総体である「全体社会」からの排除という結果を招く（榊原　二〇一六：一一三頁）。これは、「身体」が「無力化＝スティグマ化」され「システム」との縁を切られることを意味する。この「身体のスティグマ化による無縁化というコミュニケーション過程」は、「「環境」の無縁化」も同時に引き起こしているのではないか。これに対してラルシュでは、「「環境（システムの外側、自足を妨げるもの）」との「和解―として／のために」語るというコミュニケーション過程」（「異化」との「有縁化」）を行うことで、

「可死性＝異化」を引き受ける人間の尊厳」というストーリーを構成するようになる。契りによるコミュニティーは「日常の中で学ぶ信頼と謙遜と小ささへの歩みであり、和解と赦しを求める心を生む」（一九九九年五月付ガイドライン。*L'Alliance dans l'Arche*：4）。思えば、これまで「無力化＝スティグマ化」されてきた「身体情報」の「環境（システムの前提）＝生命現象」こそ、「私」に対する根底的な「異化」であり、それは生物としては極めて「ノーマル」なことなのである。

この「異化」との和解という主題において、スティグマの問題はどうなるだろうか。スティグマを「つける」権限・欲望が及ばないところでは、スティグマは成立しない（日本で「ユダヤ」がスティグマになることがないように）。「資本主義」がつけたスティグマに従うのは、「資本主義」が誘導する欲望を内面化しているからなのだから、その欲望を放棄すれば（健常者幻想から降りる人が増えれば）、「資本主義」がつけるスティグマもなくなると考えられる。だが、そもそもの「スティグマをつける」という行為・欲望自体がなくなることは、ないのだろうか。バニエは次のように書いている。「私たちの排除の対象になる人は、無数にいます……きっとすべての人が、誰かから、「居なければいい」と思われていることでしょう」（バニエ　二〇〇五：九九頁）。そのような「邪魔者を消す」欲望に対し、「邪魔者」が消える道を探すことはできないか。「邪魔者を消す」欲望が、「異化＝有徴化」とその排除によって「現実化」される「同化」を欲望しているのなら、今までの「異化＝有徴化＝無縁化（排除）」による「無徴者集団の確立＝同化」をひっくり返し、「有徴者をなくす」から「無徴者をなくす」への、「異化」を徹底させる「総有徴化」（「同化」の断念）への転換は、ありえないだろうか。ラルシュからは、「誰かが特別「邪魔」というわけではない、全員がお邪魔している場、全員がいずれは「お邪魔しました」といってお暇する場では、今、ともに、招かれているという、理のない縁を祝うほうがよくはありませんか」という呼びかけが聞こえてくるように思われる。

「わたしたちは皆、婚宴に招かれている」（バニエ　二〇〇三：五二二頁）。

付記　本稿は令和元年～四年度科学研究費助成事業（学術研究助成基金助成金）基盤研究（C）「「知的障害者との共同生活」運動における多元的「宗教性」のケア学への貢献可能性」の交付を受けた研究成果の一部である。

註

（1）フランス王立医学アカデミー第八分野（公衆衛生・法医学・医療警察）合同紀要『法医学と公衆衛生紀要』第三〇巻に掲載された。アカデミー会員の研究や活動報告が掲載される紀要だが、セガンはアカデミー会員でもなければ、会員に選出される最低条件であった「医学博士」でもなく、その論文掲載は異例なことであった（セガン　二〇一六：四―六）。

（2）拙稿「〈ラルシュ〉で生きる『人間の条件』」（寺戸　二〇一六a）、「「私の隣人」とは誰か」（寺戸　二〇一六b）を参照のこと。

（3）Noémie Lallemand, janvier 2015, *L'Émotion du dégoût, enjeux et conséquences sur le lien social. Un obstacle à la relation à surmonter*（Université des Sciences sociales de Strasbourg に提出された学位取得論文。インテルコルディア・フランス支部ホームページ上で公開：https://www.intercordia.org/二〇二一年九月一五日閲覧）。

（4）「嫌悪感」について、彼女は次の論考に依拠して論じている。Paul Rozin and April E. Fallon, 1987, "A Perspective on Disgust", in *Psychological Review* 94, pp. 23-41.

（5）知的な障害がある人たちの「性的」生の歴史と、ラルシュ共同体における「性」へのアプローチについては、別の論考を要する。ここでは、排除の対象となった人々の「無力化」の一形態としての、「性的」生に見られる捻れの問題を指摘しておく。健常者の世界において、性生活が「再生産という至高の目的」のもとに許容される面があるのに対し、障害がある人たちに対しては、「再生産の禁止」（強制不妊手術）により性生活が許容されることがあった。また、「障害児」の誕生が離縁（家族的）や絶縁（社会的）の理由とされることがあるが、これは、本来

「有縁化」する「性」に「無縁化」が及び、「性を介して」排除が起きている（通婚なし、妊娠なし、というかたちで「縁結び」の埒外に置かれる）と考えられる。

引用・参考文献

ヴォルフェンスベルガー、ヴォルフ　一九八二『ノーマリゼーション　社会福祉サービスの本質』中園康夫・清水貞夫編訳、学苑社。

ウーレット、アリシア　二〇一四『生命倫理学と障害学の対話　障害者を排除しない生命倫理へ』安藤泰至・児玉真美訳、生活書院。

オリバー、マイケル　二〇〇六『障害の政治学　イギリス障害学の原点』三島亜紀子・山岸倫子・山森亮・横須賀俊司訳、明石書店。

榊原賢二郎　二〇一六『社会的包摂と身体　障害者差別禁止法制後の障害定義と異別処遇を巡って』生活書院。

杉野昭博　二〇〇七『障害学　理論形成と射程』東京大学出版会。

スティケール、アンリ＝ジャック　二〇一〇「障害のある身体の新しいとらえ方」和田光昌訳、A・コルバン／J＝J・クルティーヌ／G・ヴィガレロ監修『身体の歴史Ⅱ　19世紀フランス革命から第一次世界大戦まで』小倉孝誠監訳、藤原書店、三二七―三四九頁。

セガン、エドゥアール　二〇一六『初稿　知的障害者教育論　白痴の衛生と教育』川口幸宏訳、幻戯書房。

寺戸淳子　二〇一六a「〈ラルシュ〉で生きる『人間の条件』　バニエ、アレント、クリステヴァ――異邦人は招く」磯前順一・川村覚文編『他者論的転回　宗教と公共空間』ナカニシヤ出版。

二〇一六b「『私の隣人』とは誰か――ラルシュで生きられる『友愛のポリティクス』」『アリーナ』第一九号、一六〇―一七二頁。

バニエ、ジャン　二〇〇三『コミュニティー　ゆるしと祝祭の場』佐藤仁彦訳、一麦出版社。

――――　二〇〇一『ラルシュのこころ　小さい者とともに、神にいかされる日々』佐藤仁彦訳、一麦出版社。

――――　二〇〇五『人間になる』浅野幸治訳、新教出版社。

ビネー、アルフレッド　一九六一『新しい児童観』波多野完治訳、明治図書。

フーコー、ミシェル　一九七五『狂気の歴史』田村俶訳、新潮社。
米本昌平　一九九六「科学の言説と差別」栗原彬編『講座差別の社会学Ⅰ　差別の社会理論』弘文堂、一六七―一八〇頁。
渡辺公三　二〇〇三『司法的同一性の誕生　市民社会における個体識別と登録』言叢社。
Hauerwas, Stanley. 2010. “Seeing Peace : L’Arche as a Peace Movement,” In : Reinders, Hans S. (ed.) *The Paradox of Disability. Responses to Jean Vanier and l’Arche Communities from Theology and the Sciences*, pp. 113–126. Cambridge : Eerdmans.(〈ラルシュ〉の本拠地で行われたシンポジウムの成果論集)
Julia Kristeva, Jean Vanier. 2011. *Leur regard perce nos ombres*. Paris : fayard.
Thiel, Marie-Jo. 2014. « Introduction ». In : Thiel, Marie-Jo (dir.) *Les Enjeux éthiques du handicap*. Strasbourg : Presses Universitaires de Strasbourg.
Vanier, Jean. 1981. « Introduction ». In *Vivre une Alliance dans les foyers de l’Arche. Introduction et conclusion par Jean Vanier*, pp. 5–15. Ottawa/Paris : Novalis/Fleurus.
Vanier, Jean. 1994. *A Network of Friends. The Letters of Jean Vanier to the Friends and Communities of L’Arche, Volume Two : 1974–1983*. Hantsport : Lancelot Press.
Vanier, Jean. 2010. “What Have People with Learning Disabilities Taught Me?” In : Reinders, Hans S. (ed.) *The Paradox of Disability. Responses to Jean Vanier and l’Arche Communities from Theology and the Sciences*, pp. 19–24. Cambridge : Eerdmans.
Jean Vanier avec François-Xavier Maigre. 2017. *Un cri se fait entendre. Mon chemin vers la paix*. Montrouge : Bayard.
Zucman, Elisabeth. 2007. *Auprès de la personne handicapée. Une éthique de la liberté partagée*. Paris : Vuibert.

第3部　差別の構造
——近代日本の事例から——

第八章　近代日本における生-権力と包摂／排除のポリティクス

——感化救済事業と部落改善事業の分析から——

関口　寛

戦後の社会科学において、差別問題は市民社会の規範を逸脱した、例外的な事態と説明されてきた。これに対し、本章ではM・フーコーの生-権力論を手がかりに、近代化を推進する力が新たに生み出す排除の眼差しに光を当てる。

はじめに

本章では国民国家の形成過程において、いかにして差別の眼差しと対象の創出を伴いながら近代社会が構築されてきたかについて考察する。戦後長らく、日本社会の差別事象は市民社会の成熟度という近代主義的観点から考察されてきた。かかる説明は、封建時代の政治制度や前近代の宗教的習俗の残滓を差別の原因とし、これらと市民的主体との相克というパラダイムを立脚点としている。すなわち、因習と対峙し、社会や文化の営みを担う近代的主体とその理性に積極的価値を見いだしてきたのである。だが市民社会的理念の実現による被差別者の救済という物語は今日、マイノリティに対する差別やヘイトクライムが繰り返される世界の現実の前に色褪せ、かつての説得力を失っているかのようにみえる。こうした時代に求められるのは、近代社会において（再）生産される差別を分析し論じる新たな視角である。

M・フーコーは、絶対君主から市民に主権が移譲された近代社会では、生-権力が人間に対する統治の中心を担うと論じた。生-権力は人間を「よりよい生」に導くことにより、その生命と生活を管理する。絶対君主が生殺与奪権を行使し死の恐怖に訴え人々に服従を強いたのとは異なり、生-権力は人間の欲望を肯定し、その生の効率性を高め最大化することを目指す。生産性の向上をつうじてより大きな利潤を生み出す資本制社会では、生-権力が経済主体として人間を全体プロセスに組み込む役割を果たしている、という。

生-権力の統治を可能としているのは何か。それは、人間の「正常」／「異常」を判定する枠組みを提供する生物学、生理学、心理学、統計学などの〈知〉からなる真理の体制である。これらの科学的知見により人間―種は人口集団（人種）に分割され、統計的に一定の割合で生じる偶発性（疾病、犯罪、事故、死など）の管理がはかられる。効率的な統治を目指す近代社会では、伝統的に主権に力を付与してきた法権力よりも生-権力がより中心的役割を果たす。その暴力は人種主義として現れ、諸集団を生きるに値する生と値しない生へと序列化するのである（フーコー　二〇〇七：二三九―二六一頁）。

人民主権という理念を掲げた近代市民社会も、生-権力の統治のもとに捕捉されている、とフーコーは述べる。人間の理性に基礎を置く市民社会は、「正常」な心身へと人びとを構成する生政治をつうじて実現される。それは同時に「異常」とされる非理性的で逸脱的な存在を排除し、あるいは治療・矯正することで、自由主義のもとで経済主体が暴発し社会の脅威となるのを防ぐ安全装置としての相貌を見せる。言い換えれば、市民社会は資本制社会に秩序をもたらす統治の相関物として存在している。こうしてフーコーは、近代的人間主体が構築されるプロセスで働く差別／排除の機制をあぶり出すのである。

こうした理論的枠組みを参照しながら、本章では二〇世紀初頭の日本への精神の「正常」／「異常」を判定する科学的な知見の移入と受容を概観し、それが社会問題を説明する枠組みとなり、さらには被差別部落民をはじめとする人口集団のイメージを形成していったことに論究する。これをつうじて、近代社会の担い手である理性的な主体とその規範から逸脱した社会的マイノリティが共に生成され、かつ後者の存在を説明する社会問題言説が構築される一連の過程で生成されていった近代の差別を論じてみたい。

一　二〇世紀初頭の社会改良政策と感化救済事業

幕末から明治にかけて開国へと舵を切った一九世期後半の日本では、数次にわたりコレラやペストの流行が起こり、その対処法としての衛生観念が人びとに受容されていった（安保　一九八九、小林　二〇〇一）。急速なグローバル化の波にのまれるなかで繰り返された急性伝染病流行の経験は、病と身体に対する社会意識を大きく変容させることになる。行政や警察が感染予防を目的に推し進めた防疫や隔離の政策はときに大きなコンフクリクトを生みながらも人びとに浸透し、人間の身体を管理する技術と眼差しが社会に広がっていった。もはや疫神が流行病をもたらすという理解は過去のものとなったのである。

人間は病原菌という不可視の生物がもたらす脅威にさらされ、外部からもたらされる危険から自身と社会を守るため、衛生道徳を遵守しなければならない。衛生観念を持たない一部の人間や感染者は、自らの生命だけではなく、国民全体を危機に陥れることになる。社会を一つの有機体とみなし人間をその器官とする社会有機体説が、社会規範の基礎として人口に膾炙するに至ったのも、こうした経験からである(1)。

二〇世紀に入ると、人びとの身体観はさらに変容を見せる。一九世紀後半の身体観の変化がパンデミック（世界的な伝染病の流行）とそれに対処する細菌学や公衆衛生の〈知〉に支えられていたとするならば、二〇世紀初頭の変化は貧困や犯罪などの社会問題の解決をもたらす試みをつうじて、とりわけ新たに台頭した遺伝学の影響を強く受けていた。その重要な契機として、一九〇八年に開始された感化救済事業を見てみよう。

当該事業は、非行少年や孤児、心身の障害や疾患、娼婦や浮浪者、被差別部落民の救済などを掲げて、政府が開始した社会改良政策であり、今日では日本における社会事業の源流と位置づけられている（池本　一九九九）。全国自治体の首長、公吏、教員、宗教者など慈善事業関係者を招集して開催された感化救済事業講習会は、この事業の中心的活動であり、この後の日本における「弱者救済」のあり方を大きく方向づけたといってよい（関口　二〇一九）。こうした社会改良政策をつうじて強く打ち出されたのが、社会にとっての脅威となる危険性を事前に察知し除去すること、言い換えれば予防主義による社会防衛であった(2)。

第一回の講習会の開所式に際し、内務大臣・平田東助は次のように演説している。

抑々不良の少年や、無職の人々や、頼りなき児童などを、能く訓へ能く導き、又之れに職を授くるのは何の為めであるかといふに、一人でも多く有用の人間を造り、一人でも多く自営の良民となして、社会の利益、国民の経済を進めんとするのでありります。言葉を換へて云へば、是等多数の人間を作り直して、世の中に役立たしめるやうにする、是れが感化救済事業の極致である。されば此事業は、単に一人一己の救済事業ではなくて、寧ろ世の公利公益を理想とすべき重大の事業であると信じます。（平田　一九〇八：一頁）

講演のなかで平田が強調したのは、救済は個人のためではなく、社会のために必要なのだということである。例えば、非行少年についてはこう述べる。「是等の不良少年は、何れも其儘に放任して置くときは、犯罪の原子ともなり、世間に害悪を流すもので一日も捨て置く事は出来ぬ、社会公益の為めに予め矯正訓育を施すの必要がある」。また、貧民の救済についても「其本意とする所は一時の施与問題にあらず、又一部の救恤問題にあらず、常に永遠の利益、全般の公益如何を考へ」ることが肝要だという（同右　一九〇八：三頁）。ここでも社会問題の解決は、個人よりも社会全体の利益を重視し、後者のために前者が位置づけられることを繰り返し確認している。

社会全体の利益への個人の従属を自明とする視点は、当時の社会事業に関与した官僚や慈善事業家たちの間で説かれた「救貧から防貧へ」のスローガンにも看て取ることができる。

感化救済事業の理論化を担った内務官僚・井上友一は、防貧事業を救済制度の中心とすることを説いた。井上によれば、浮浪者や非行少年は貧困や犯罪の予備軍であり、社会の脅威とならぬよう、また「堕民助長」とならぬ方法によって、勤勉な国民へと作りかえなければならない。彼は英国の救貧法について、貧民救済を政府の義務としたことにより「堕民助長」を招来した点を「施与主義」として批判する。また、日本にはこうした救貧制度が存在しないことを幸いとし、授産主義にもとづく防貧事業の重要性を重ねて説いた。「未だ貧民とならぬ内に或は訓し或は自営の方法を与へて救済しなければならぬ。我邦に於ては救貧法は劣っても、防貧事業に於ては是非西洋各国に一歩を抜くやうにしなければならぬ」（井上　一九一〇：九頁）。

感化救済事業をつうじて貧困や犯罪などの社会問題の解決に資する〈知〉として期待されたのが、当該期に西洋で隆盛し日本に移入された精神医学や犯罪学、そして、メンデルの研究によってこれらに体系的説明を与えると目されるに至った遺伝学であった。

よく知られるように、犯罪人類学の創始者チェザレー・ロンブローゾ（伊）の隔世遺伝説は、犯罪者を太古の人類の遺伝的資質を持って生まれた（「先祖返り」した）人間だと主張し、生まれつき文明社会に適応できず犯罪を起こすことを宿命づけられているとする「生来性犯罪者」の概念を作り出した。一九世紀後半の西洋では、国際犯罪人類学会を舞台に、ロンブローゾの説をめぐる大論争が起こった（ダルモン 一九九二）。精神医学の分野からは、モレル（仏）やマニャン（仏）が唱えた人間の「変質・退化（degeneration）」に犯罪の原因を求める「変質論」がイタリア学派を批判し、次第に優勢な学説として受容されていく。「変質論」によると、不衛生で劣悪な職業や住居、食事、アルコールへの依存など人間が生存に適さない過酷な環境に置かれた場合、その負荷が心身の異常や器質的な変化をもたらす。その結果、人間の「定型」からの逸脱が生じて遺伝的影響を及ぼし、子孫には精神病患者や犯罪者、そして知的障害者が現れ、数代の後に一族が絶えてしまうという。

こうした犯罪学の知見は日本にも伝えられ、大きな反響を呼ぶこととなる。(3) 二〇世紀初頭のマスメディア上には、人間の変質・退化によって生じる社会問題として貧困や犯罪をとり上げる記事が数多く発表されている。『東京朝日新聞』の記者であった鈴木文治は、一九一〇年一二月から翌年二月にかけて四〇回にわたり、東京市下の貧民窟のルポルタージュ「東京浮浪人生活」を連載した。記事中、鈴木は浮浪者の生活を克明に報じるとともに、多くの浮浪者が没落した理由として遺伝の影響について、次のように述べている。

> 先天的原因は別言すれば遺伝の関係で、彼等浮浪人の多数は生れながらにして此境遇に陥るべき運命を有って居る。（中略）彼等の大多数は精神上若くは身体上に欠陥を有って居る。ロンブロゾーの如きは所謂犯罪定型説を唱へて、犯罪人は普通人とは異なる身体の構造を有して居ると言って居るが、浮浪人も殆んど同様で、脳の具合の可笑しい者もある、手足の何処か不自由な者もある、又は内臓に弱い所のある者もある、殊に結核と心臓病並に花柳病が多い様だ。（中略）彼等は自ら欲せざるにも拘らず、生存競走場裡の劣敗者たるべき約束の下に生れて居るのである。
> （総同盟五十年史刊行委員会 一九六四：九三〇頁）

また劣悪な生活環境のもと、アルコール中毒により精神病者や犯罪者となる者が多いことも紹介し、「此強烈なる刺激物を先天的の低能者が用ふるのであるから、心神共に退化に退化を重ねて行くは争ふ可らざる所である」と断じる。鈴木はジャーナリストや内務省関係者、社会事業家らによって結成された浮浪人研究会のメンバーとしても活動しており、同記事には、そこで得た「変質論」などの知識が反映されているのであろう(4)。

感化救済事業では、こうした精神医学や犯罪学に加えて遺伝学の知見が重視され、関連する多くの講習会が組まれたことに注目するべきであろう。当時、遺伝にかんする知見への関心が世界的に高まり、これを活かすことで人類社会の進化がもたらされるとする認識が日本でも広まっていた。

生理学者として理論面から感化救済事業に参画し、後に民族衛生学会の創立にも立ち会うこととなる永井潜は、社会問題と遺伝のメカニズムの連関が重視されるに至った理由として、メンデル以後の遺伝学の影響を上げている(永井　一九一八：八四—八六頁)。一八六五年に発表されたメンデルの遺伝法則は、一九〇〇年に再発見されて以来絶大な評価を与えられ、世界中で関心を呼び起こした。「優劣の法則」「分離の法則」「独立の法則」からなる彼の研究は、今日の遺伝学の出発点となっている。従来、不可思議な現象という認識に止まっていた生物の形質遺伝について、それが顕性・潜性の遺伝子の組み合わせによって生起するメカニズムと、一定の統計的法則性に沿って発現することの発見は、世界中で驚きをもって迎え入れられた。以後、その知見は様々な分野で応用が試みられることとなる。

本章が扱う社会改良政策もその一分野であり、人間の「正常」と「異常」を決定する遺伝メカニズムへの介入を通じた、国民の質の向上が企図された。すなわち社会問題の解決には、その構成員の心身の疾患や障害の除去が不可欠とされ、その原因として注目されるに至った「遺伝」の知見が重視されていった。その結果、「異常」な遺伝的資質を持つとされる人びとや、「異常」に起因する社会問題の発生割合が高いとされた人口集団が、統治の対象として浮上し、その生活や生命プロセスへの介入が試みられることとなったのである。

二　科学の〈知〉と社会の優生学的再編

二〇世紀初頭、東京・巣鴨には全国初の公立精神病院である巣鴨病院があり、院内には東京帝国大学精神病学教室が置かれていた。同院は感化救済事業を精神医学的見地から指導する役割を果たした（関口　二〇一九）。こうした活動の中心的存在であった三宅鑛一によれば、感化救済事業が取り扱う犯罪者や浮浪者は、境遇が原因で零落した者と、生まれつき性格に欠陥を有している者の二種類に分けることができるという（三宅　一九一二）。後者の多くは「低能」や「軽度の精神病」に該当し、非行少年の矯正にあたる感化事業では、生徒の家系の遺伝関係や発育、感化院入院の理由、認識力、感情、その他の特徴を細かく調べ、精神病学的知見を加味した「身分帳」を作成することが必要だという（三宅　一九一六：三六―四六頁）。

一九一三年一〇月、巣鴨病院で開催された第六回感化救済事業講習会で、三宅は自ら診察する六名の精神病患者や知的障害者らを会場に登場させ、壇上で問答を交わした上で、様々な「異常」が生じるメカニズムについての所見を述べる形式での講習を行っている。三宅によると「低能」は「病気といふよりは寧ろ変質といふべき者であって普通の病気とは異なり病と健康との中間である所のもの」と整理した上で、彼らには「自分の性慾とか、即ち食慾、色慾、其の他の動物慾の為めに非常に苦慮する。（中略）如何なる時でも自己の慾を抑へることを知らないで野生のやうな感情を現す」「此の低能の度の軽い者が犯罪者とか不良少年とかいふもの、中に随分ある」（三宅　一九一三：五―七頁）、そして「境遇さへ良ければ左程悪いことはせぬが、境遇が悪ければ随分危険なことをする」（同右：一七頁）のだという。「低能」の多くは「遺伝的に、変質的に起こって来ることが多い」とし、とりわけ親の飲酒と梅毒が原因と考えられることを説き、「あなた方が各府県に御帰りになって、皆さんの吹聴によって、日本国中津々浦々に至るまで酒と梅毒といふものと低能、白痴、犯罪者の関係を論じ、又家庭に於ける恐るべき弊害を論じて、社会国家の弊風を覚醒することが出来たならば、間接に児童保護といふ目的が達せらるゝこと、思ひます」と訴えている（同右：四〇―四一頁）。

このように、感化救済事業をはじめとする戦前期日本の社会事業では、環境の改善という主題が遺伝学の〈知〉と連結され、これを通じて人間を理性的存在に高めうるとする命題が共有されていた。「環境とは、遺伝質が形質に迄発育せしむる揺籃である」（三宅　一九二四：九一頁）と三宅がいうように、形質の遺伝は環境によって達成されるとされ、両者の関係に介入すれば、人為的に人間の本性を作り変えることはもちろんのこと、社会を改良し向上させることが可能となるという訳である。ここでは「氏か育ちか」のように機械論的な決定論の問いが立てられたのではなく、「遺伝」と「環境」の両者に媒介されるかたちで展開する生命プロセスが標的とされたことに留意する必要がある。(5)

遺伝と環境とは人生を運命づける、最も重大なる要素の総てであるから、実際問題に提る場合には、両者を放して、一方のみの研究丈けでは、甚だ片手落で、人類を救ふことは不可能である。即ち教育とか、社会改良とか、宗教とかが単独的に如何に発達しても、遺伝の現象を無視すれば、同じ場所で駆足姿勢をして居る様なもので、そこには完全な進歩がない。又反対に、優生学のみに重きを置いて、環境の改良を計らなかったら、折角の天稟の才も発揮出来ずに終らねばならぬ。（同右：九八頁）

右の三宅による言明は、社会改良が遺伝学や優生学と密接に関連づけられていた当時の一般的認識を端的に表すものである。当該期以後に本格化する社会事業は、犯罪者や非行少年、浮浪者、娼婦、被差別部落民など下層社会や生活に困窮する人びとの「環境」の改善に取り組むものであった。その狙いは、人間が生まれ持つ優れた遺伝の発現を阻害する劣悪な環境を除去すること、反対に、劣った遺伝の発現を環境への介入によって阻止すること、にあった。社会事業が取り組む人びとをとりまく「環境」の改善は「遺伝」メカニズムと関連づけて理解されており、「遺伝」にかんする科学的知見を梃子として、人びとの生活・生命をとりまく「環境」が政治の場に引き上げられたことを確認しうる。以降、社会事業をつうじて「遺伝」が人間に及ぼす影響力の大きさが繰り返し説かれ、時代が下るとともにいっそう重要視されるようになったことは強調されてよい。

一九二一（大正一〇）年三月一九日、東京帝国大学生理学教室で、米国のマーティン・バーによる「低能児発生の社会的予防に就て」と題する講演が開催された。彼はこの講演で知的障害が遺伝によって生じることを指摘し、「一度此の恐るべき欠陥が或る血統中に侵入したとすると、この欠陥を全然除去する事は不可能事に属する」「或る家族に一度低能者が出たら、それから後に智力や身体や道徳上に欠陥を持ったものが必ず出る、血統に一度不純な分子が混じると恐ろしい結果を生ずるものだ」（バー　一九二一）と警鐘を鳴らした。

彼自身が米国で実施した調査によると、娼婦の八割が一二歳程度、また少年犯罪者の六割七分は七〜八歳の知力に止まり、両者とも過半が「花柳病」に冒されている。彼はアメリカにおける優生主義的取り組みを紹介した上で「低能者」への社会的隔離、去勢、結婚法改良を予防策として提言する。こうした対策により「一にその時代に於ける低能者の数を減じ、二にその次の時代における人類の標準を向上せしむる二重の効果」（傍点引用者――以下同じ）があると語った（同右：七頁）。

一一〇〇名以上の知的障害児と二〇〇名以上の助手を擁する、ペンシルベニア州エルウィン学校の医長であったバーの来日を、新聞は写真入りで大きく取り上げた。東京帝国大学では、精神病学教室の教授で巣鴨病院長の呉秀三が主催した歓迎会が催されている。バーは、かつてエルウィン学校で看護人として働いた内村鑑三や、石井亮一（滝乃川学園）とも旧知の間柄で、日本滞在中、内村宅でも講演を行った（「低能児の村を作れ」『東京朝日新聞』一九二一年四月二一日付）[(6)]。石井は、東京・巣鴨に日本初の知的障害児教育の学校を設立し感化救済事業の指導者としても活躍していた。

こうした活動が社会に広く影響を及ぼしたことは、様々な社会事業調査からも窺える。一九二一年から一九三二年にかけて、滝乃川学園に属する児童研究所が委嘱を受け、対象児童六二四名（男子四六七名、女子一五七名）の保護者への調査をとりまとめた「精神薄弱児に関する調査」を見てみよう。

同調査は「精神薄弱児」について、ダグデール「ジューク家の研究」やゴッダード「カリカック家の研究」などアメリカの優生学を代表する家系研究に依り、「精神薄弱の原因の大部分（八〇～九〇％）は、先天的（遺伝的）なものである」（滝乃川学園　一九三三：一七五頁）とした上で、同学園の生徒の保護者から得たデータにもとづき「両親の有無」「両親の血族関係」「同胞の心身異常」「祖父母の血族関係」「血族中の病気」について集計を行っている。

これによれば、児童の両親は比較的若くして亡くなる傾向があり、その原因として、脳疾患、アルコール中毒、肺病など「その子孫に悪い素質を遺伝する疾病の為に死亡した者が相当にあること」、両親の血縁関係については「一三％は血族間の婚姻」、祖父母にかんしては「一〇％以上（一〇～一九％）の血族結婚」があることなどを指摘している。これらを勘案し、「精神薄弱児」のうち「先天的の原因は先ず九〇％であるように思はれます」と推定する（同右：一九五頁）。

遺伝学や精神医学などの科学的な知見は、社会改良政策と連結することで様々な「社会的逸脱者」に対する眼差しを形成していったことが窺える。一九三九年一二月から翌年一月にかけて、東京全市で「浮浪者狩り」が実施され、東京市養育院に三六五名が収容された。この際にとりまとめられた「東京市内浮浪者の社会的並精神医学的調査」では、「緒言」でその調査趣旨を次のように述べる。「従来の浮浪者調査は主として社会調査に終始し、頗る詳細を究めたものではあったが、その真相に至っては必ずしも科学的に的確な分析をなし得なかったやうである。この点に鑑み今回本院に於て行った調査は従来の社会調査に加へ、特に精神科の専門医の参加を得てその各々に対する厳密なる精神医学的な検診を行ひ、社会調査を以てしては及び得なかった浮浪者の心身状態を明かにすることを得た」（東京市養育院　一九四一）。

同調査では収容された浮浪者全体の三三％が精神疾患を有し、四四％が「精神薄弱（低能）」、一二％に「精神病質」が認められたとする（同右：一五頁）。また調査対象とされた人びとについては「折柄寒冷の可成厳しい時期であり、且つ時局は猫の手もほしい好況時であるから、これらはよくよく窮迫した、或意味では最も本質的な浮浪者と見倣して差支へないと思はれる」（同右：一頁）とし、「従来漠然たりし浮浪者の真相は明解されて余すところなきかの観があり、従ってその根本対策も立所に樹立せられ得るに至ったものといふべく、聊か欣快を禁じ得ないところである」（同右：緒言）と自賛している。浮浪者の「本質」を「異常」なものとすることに、精神医学の「お墨付き」を付与したことのインパクトは小さくなかったと思われる。

また当時、国外においても多くは実施されていなかった精神科医による浮浪者の診断が、初めて実施されたことの意義が強調されており、社会政策に対する優生学の影響は一層強まったと考えられる。調査とほぼ同時代に成立した国民優生法（一九四〇年）や戦後の優生保護法（一九四八年）との連関も含めてさらなる検討を要する課題である。

三　人口に対する統治と被差別部落への眼差し

先のバーによる講演からも分かるように、感化救済事業は人種改良と密接に関わる政策と認識されていた。その際、重要な観点とされたのが「人類の標準」、あるいは「人口の質」の向上についてであった。

三宅鑛一は国民の心身の改良をはかるために『遺伝と結婚』（一九二四年）を著し、幅広い人びとに向かって、人間の資質に遺伝や環境がいかに重大な影響を及ぼすかを平易な語り口で説いている。同書では、現代社会に優生思想が登場するに至った理由を「世が文明になればなる程、社会事業は設備を増して劣等者を保護する傾向となり、医術は進歩して病弱者は救はるゝに至った。先づ自然淘汰といふべきものが働かなくなった。されば、文明国に於ては一層社会事業の一として人類の優化を図ることが重要となって来た訳である」と説明する（三宅　一九二四：一五八―一五九頁）。三宅によれば、疾患や障害にかんする「劣った」遺伝を持つ者は「人種の退化」を防ぐため産児制限により人口増加を抑制しなければならない。一九一〇年代後半以後、安部磯雄ら知識人の間で人為的な産児調節を説く新マルサス主義への関心が急速に高まっていったのも、国民の間に「劣等」な遺伝が増殖し国民の質が低下するのを阻止する目的からである(7)。

「人口の質」を向上させるためのもう一つの方策は、「異常」を持つ人間の環境を改善し整備することにより彼らが持つ「危険」な本性を除去（「無害化」）することであった。一九二一年、内務省社会局は全国の大都市圏にある貧民居住区で貧民調査を実施し、その成果は二三年の『細民生計状態調査』と『細民集団地区調査』としてまとめられた[8]。同調査に先だち、その計画を報じた『東京朝日新聞』は、調査担当の嘱託職員の言からその「細民観」を次のように紹介している。

世間はまだ教へ導いたり勤倹貯蓄を勧めたりする事に依り細民窟を一掃し得る様に考へて居る人もある、而し私の実際に調べた処では細民に教化は無効だと確言する事が出来る、何故ならば細民窟の人々は殆ど総て不具者であって常人の様な脳力無き人々だといふ事が今日迄の調査で判って居るからだ。即ち他動的に身体上乃至精神上の不具者になったものでなければ生来の不具者なのだ、（中略）自分は細民の〔社会問題の〕緩和には結局小学校で低能児教育を完備する事が一番適切だと信じて居る[9]。

右は当時の社会改良政策の基本認識がいかなるものか確認しうる内容であり、当該期には全国的に一般化した認識だったと言ってよい。例えば、一九二一年に大阪市が行った「細民密集地帯」の学齢児童の生活状況の調査は、「彼等物質的ノ極貧者ト云フハ当ラズ、全ク精神的方面ノ極貧者トモイフベキモノニシテ此ノ精神ノ回復セザル限リ彼等ノ生活ヲ改善スルコトハ不可能事ニ属ス」と述べ、細民の貧困を経済的理由によるものではなく、勤労意欲の欠如など精神的原因によるものであると言及している（大坂市役所教育部　一九二一：一七）。また同資料は「之ヲ此ノ儘ニ放任センカ、独リ人道上ヨリ見テ彼等個人ノ不幸トナルニ止マラズ、延ヒテハ我国家社会ノ物質的損失ハ勿論、精神的ニハ危険思想ヲ醸成シ、近クハ我大阪商工大都市ノ産業的根底ヲ脅シ、進ミテハ我帝国ノ精神的健康ヲ危クスルノ虞レナシトセズ。警戒スベキニアラズヤ」と述べ、やはり細民の救済を社会国家の防衛という観点から位置づけている（同右：一八頁）。

社会事業がこのように「正常」からの逸脱や「異常」の除去という予防主義に傾斜していくことで、その重点対象として特定の人口集団が浮上することとなる。その代表が被差別部落である。

一九一八年、大阪府は府内ほぼ全域の被差別部落を調査し『部落台帳』を作成している[10]。同資料では部落住民のうち「下等生活者」の割合の高さが強調されている。「下等生活者」とは、「（A）乞食をなす者、（B）乞食をなさざるも、常に人の恵与により生命を保つもの、（C）自力により生活をなすも、充分常食を採り能わざるもの、（D）残飯をもって常食となすもの、（E）粥を常食とし、米麦以外の物資を以って飢えを凌ぐもの、（F）以上の外、異様の食物を採り、飢えを凌ぐもの」とされ、被差別部落全体の二二・二%を占めるとされた（部落解放研究所近現代史部会　一九八三）。

当該期の社会事業調査では、しばしば貧困問題の背後に心身の遺伝的要因が存在するのではないか、という関心から、被差別部落の存在に注目が向けられていった。内務省社会局『都市改良参考資料』（一九一五年）は、一九一二年に実施された東京と大阪の細民調査の統計に解説を加えるかたちで布川孫市がまとめたものである。同調査は、東京と大阪の貧民が比較し、「東京細民の七割以上は貧困に陥りたるは自己の責任に属し、父祖の代より継承的なるは二割七分に過ぎず。之に反して大阪は父祖の代より貧困となりたるもの過半にして自ら其継承的なるを示す。是れ定住的なる特殊の部落を包括したる影響与りて力あるものなり」とする（内務省社会局　一九一五：一五六頁）。また大阪の細民地区では精神病者や「不具者」が多いことに言及し、次のように続ける。「特に盲者の多きは特殊の部落を包括せる関係によるもの、如し、蓋し該部落に眼患者の多数なるは殆んど全国共通の事実なればなり」（同右：一〇二）。一九一九年当時、大阪市南区木津北島町の被差別部落に設立された有隣小学校でも「衛生状態は体格等強て普通学校の児童に比し差等なきも、独り眼疾の多きは彼等細民の殆ど先天的なるの観あり」（大阪同和教育史料集編纂委員会　一九八六：七八頁）、「本校児童の眼疾多きは主として遺伝的眼病伝染並に不潔等より起るトラホーム最も多し」（同右：七九頁）とあるように、被差別部落ではトラホームの感染者が多く、しばしば遺伝的影響とみなされている。

神戸のスラムで救貧事業に取り組んだ賀川豊彦は、『貧民心理の研究』（一九一五年）において、「日本全体の貧民窟から云へることは、もし都会に貧民窟と云ふ可きものがあるならば、それは特種部落より発達して居る」（賀川一九一五：八五頁）とし、また地方出身の被差別部落民が流入して「日本の都市を侵略しつつある」（同右：一〇三頁）と断じる。彼は被差別部落民を「犯罪種族」「退化種」「奴隷種」「時代に遅れた太古民」「売春種族」（同右：一〇一頁）と呼び、その「逸脱」や「異常」を先祖以来の遺伝的に引き継がれた特性とみなしている（関口 二〇一六）。

社会問題の原因を被差別部落に求める態度は一部の科学者や知識人だけのものではなく、広く社会に行きわたっていたことも確認しておこう。同時代に各地の貧民窟を取材した村島帰之も「東京の貧民の三分の二は此種（被差別部落―関口註）の人だらうといはれてゐるが、大阪は多分夫れ以上に達するであらう」と記している（村嶋 一九一八）。また被差別部落に隣接する大阪市南区の細民地区では、多くの貧困児童が通う徳風尋常小学校が設立されていた。同校の一九一五年の資料では、その保護者について「各地の特殊部落より集合せし者多数」とされ、その家庭状態については「彼等の多くは殆んど世襲的に世の侮蔑を受け、多年圧迫の境涯を辿り来りし経歴上性質卑屈にして向上心なし、窃取、兇行等も深く良心の苦痛を感ぜざる程に道義心薄く、子女多きに拘はらず貯蓄心なきは益々貧のドン底に陥る基と云ふべく、殆んど文盲なるが故に常識なし、恥を恥とせず、不潔を不潔とせず、蠢爾として其の日〳〵、彼等は常に貧と病に脅かされつゝあり」（大阪同和教育史料集編纂委員会 一九八六：一三四―一三五頁）と述べられている。

また賀川のように被差別部落民の本性を「反社会的」とする認識も少なからず流布していた。苅谷哲公による論考「特種部落民と犯罪」を見てみよう。苅谷は広島県の真宗寺院の住職で、長く奈良県で監獄教誨師を務めた人物である。彼は被差別部落民を「気軽に動物的生活を為す」「動物的本能を発揮する」「一種殺伐の気風が彼等の頭の奥底にまで根を造って居る」などと表現し、「野蛮的人種」であるとした。またいわく、浪費僻が強く貯蓄観念が欠如しており「或種の犯罪の原因は必ず此間に伏在して居る事は確である」。性モラルが低く、「血族結婚」「野合」「育児上の無智識」が横行している。団結心が強く、「此部落が一騒動したとなると厄介千万のものである。生命懸《ママ》で動物的で反社会的である」。真宗信仰の影響からか凶悪犯罪は少ないものの、奈良地方では「殺伐的犯罪の普通人に比較して一倍半若くは二倍の数に上って居る」とする（苅谷　一九一七）。

被差別部落における「血族結婚の弊害」が指摘されるようになったことも当該期の大きな変化であった。時代は下って一九六二年の大阪市の調査も、市内の被差別部落を校区に含む小学校における「精神薄弱」児童の比率について、当該九校のうち三校が大阪市平均の二倍、一校の男子が一・五倍の高さに上ると指摘している。その原因は「疾病によるものと、近親結婚など遺伝的原因によるものが考えられる」という（大阪同和教育史料集編纂委員会　一九八六：五三二頁）。

最後に、奈良県師範学校長だった川島庄一郎の「国民性の潔癖」と題する講演を見ておこう。川島は、被差別部落の住人に向けて生活習慣の改善の必要を次のように訴えている。

「不潔の習慣から人外になる」

我等日本人は世界の中でも清潔好きで「日本人の潔癖」とまで言はるゝ程である。其の日本人の中に居て、余自堕落にすると段々仲間に入れられなくなる。昼着も寝着も一つであるから、自然着物に臭気がつく、眼を洗はないから目脂が出る、不潔な手でこするからます〳〵わるくなる。眼瞼が靡爛れて「赤んベイ」になる。終始涙が出る、眼がドンヨリ曇って来る。是丈でも随分人に嫌やがられる。処が「一事が万事」で朝の身じまひから此の通りであるから、膳でも茶碗でも座敷でも庭でもすべて其の調子を帯びて居る。果ては物の言ひ分でも、義理人情でもすべて段々自堕落になって、盆も正月も、常も晴れも何もなくなる。／決して一朝一夕ではさうはならないが、親代々の不潔の習慣がつもりつもればさうもなる。さうなると、由来潔癖の日本人であるから、誰とてその人と杯の取かへをしたり、其の家へ行って御馳走になったりする勇気のあるものがあらうか？ さあ、交際が絶える、婚家抔無論ある筈がなくなる、さうなると自然人種が別なものになってしまふ外がない。おそろしいものぢゃ。（川島 一九一四：三四頁）(11)

川島は世代を超えて不衛生で自堕落な環境のもとで生活を継続するならば、周囲と異なる「人種」になり、激しい排斥を受けるに至ることも仕方ないという。こうした恫喝をつうじて被差別部落民が生活改善に取り組み、日本社会への同化に追い立てられたことは言うまでもないだろう。

近代の被差別部落民は細菌学、公衆衛生、遺伝学、社会調査、統計学、人種改良論、病院、学校、ケースワーカー、宗教者、教育者など、異種混交のネットワークの網の目に組み込まれ、新たな意味を付与されたことが分かる。当該期に登場した「特殊部落」という呼称は「正常」「健康」という価値に一方向的に向かう非対称な力関係のなかで使用され「異常」「逸脱」の徴表として機能したのである。そしてかかる統治の網の目を介して人びとが自らの心身の管理に勤しみ近代的主体へと自己陶冶するに至ったこと、その延長に今日のわれわれの社会も築かれていることから目逸らすべきではない。

おわりに

本章では、二〇世紀初頭の日本における「正常」／「異常」を論じる科学言説がいかに近代的主体の構築プロセスに関わり、同時に排除や暴力を作動させてきたかについて考察してきた。

社会の生産性向上や効率化をはかる近代の生‐権力は、人びとの身体や心理を「健康」「正常」という指標にもとづき「定型」化をはかり、規格から外れた犯罪者、非行少年、浮浪者、娼婦などの人びとを「異常」「逸脱」として矯正・治療の対象として排除する。こうした近代の統治のもとで、本書第七章の寺戸淳子論文が言うように、例えば心身に障害や疾患を有する者は価値剝奪され、そのスティグマからの回復には膨大な時間と労力の投入が余儀なくされる。

また生‐権力が人間の集合的身体を標的とする際、一定の統計的割合で生じる偶発性や危険性を管理するため、人口は諸集団に分割される。二〇世紀初頭の日本では科学や技術、制度、組織からなるネットワークの網の目に被差別部落が組み込まれ、本書の佐藤論文が論じたように、前近代の統治を引き継ぎながら科学的人種主義にもとづく統治のもとへと再編されたことが分かる。

近代社会と、それを支える私たちの主体を（再）生産するために機能してきた、様々なアクターの連関に注目することで、差別を理解するための新たな手がかりを私たちは得ることができる。しばしば前近代社会の遺制や因習とされてきた差別問題も、フーコーが論じた生‐権力およびその土台として機能する人種主義の枠組みにおいて考察することが可能である。この作業によって、私たちは自分たちが組み込まれている社会的なものを組み替え、差別を生み出す機制を解体・変容させる可能性を見出すことができるのではないだろうか。

註

（1）日本における社会有機体説の展開については、石田（一九五四：一二三―一三五頁）を参照。
（2）これに続く大正期にかけて諸領域にまたがり展開する「予防主義」については、芹沢（二〇〇一）を参照。
（3）日本における犯罪人類学や変質論の移入と展開については、関口（二〇一六）を参照。
（4）記事が掲載された翌一九一二年、鈴木は労働団体・友愛会（後の日本労働総同盟）を結成する。こうした活動にもこの取材や研究会での経験が活かされたと考えることができよう。浮浪人研究会については、中西（二〇〇三）を参照。
（5）永井潜も同様に、「内に備わって居る所の稟賦の性質即ち遺伝物質の配列といふことは非常な問題である。併しながらそれが如何なる方法に開展するかといふことを決定するに於ては、外の状態といふものが非常に大切でなければならぬ」（永井　一九一八：八八頁）と述べている。
（6）この当時、こうした活動は先進的で人道的な社会啓発事業として受け止められたことを確認しうる。また同記事は、マーティン・バーが提言した知的障害者への不妊手術を「殺菌即ち子無からしむる」と説明するなど、感染症流行時の社会衛生のメタファーのもとに優生主義的な施策が合理化されていったことが窺われる。
（7）例えば安部磯雄の廃娼論や産児制限の主張が人種改良論的関心にもとづき展開されていたことについては、林（二〇〇五、同　二〇〇九）を参照。
（8）両調査はともに、社会福祉調査研究会（一九八六）に収録。
（9）一九二〇年一二月三日付「社会事業の資料に徹底的細民調べ　明春内務の活躍初め広く深くドン底まで　救済の真諦は低能教育」記事。取材に回答したのは「出江嘱託」と記載されているが「生江（孝之）」の誤記と思われる。
（10）同調査は、東京で警視廳が貧民台帳を作成したことを受け、大阪府がそれに呼応して実施したものとされる。警視庁の近藤保安課長は前者の目的について「貧民の中で最も注意を要すべきは部落を為すもので、（中略）今回の調査を端緒として部落貧民の台帳を作り、相当方法を講じて一は犯罪其の他不祥事を未然に防ぐと共に、一は救済事業の資料とし、また直接間接に彼れ等の生活を改善せしめようという方針」（無署名　一九一八）に沿ったものとしている。

（11）　川島の論については、関口（一九九九）を参照。

参考文献

安保則夫　一九八九　『ミナト神戸　コレラ・ペスト・スラム――社会的差別形成史の研究』学芸出版社。
池本美和子　一九九九　『日本における社会事業の形成　内務行政と連帯思想をめぐって』法律文化社。
石田雄　一九五四　『明治政治思想史研究』未來社。
井上友一　一九一〇　「救貧事業と防貧事業」『新公論』第二五巻第九号。
大坂市役所教育部　一九二二　「大阪市ニ於ケル細民密集地帯ノ廃学児童ト特殊学校ノ設置ニツキテ」
大阪同和教育史料集編纂委員会　一九八六　『大阪同和教育史料集』第五巻、部落解放研究所。
賀川豊彦　一九一五　『貧民心理の研究』警醒社書店。
茢谷哲公　一九一七　「特種部落民と犯罪」『人道』第一五一号。
川島庄一郎　一九一四　「国民性の潔癖」『明治之光』第三巻三月号。
小林丈広　二〇〇一　『近代日本と公衆衛生：都市社会史の試み』雄山閣。
社会福祉調査研究会　一九八六　『戦前日本社会事業調査資料集成　第一巻（貧困1　大正期）』勁草書房。
関口寛　一九九九　「改善運動と水平運動の論理的連関」『部落問題研究』第一四七号。
――　二〇一六　「賀川豊彦の社会事業と科学的人種主義――近代日本における〈内なる他者〉をめぐる認識と実践」『人種神話を解体する2　科学と社会の知』東京大学出版会。
――　二〇一九　「統治テクノロジーのグローバルな展開と「人種化」の連鎖――日本近代の部落問題の「成立」をめぐって――」『人文学報』第一一四号。
芹沢一也　二〇〇一　『法から解放される権力――犯罪、狂気、貧困、そして大正デモクラシー』新曜社。
総同盟五十年史刊行委員会　一九六四　『総同盟五十年史　第1巻』日本労働総同盟。
滝乃川学園　一九三三　『東京府（代用）児童研究所報告』滝乃川学園。

ダルモン、ピエール、鈴木秀治（訳） 一九九二 『医者と殺人者――ロンブローゾと生来性犯罪者伝記』新評論。
東京市養育院 一九四一 『東京市内浮浪者の社会的並精神医学的調査』東京市養育院。
内務省地方局 一九一五 『都市改良参考資料』内務省。
永井潜 一九一八 「遺伝学上より見たる感化事業」『社会と救済』第二巻第二号。
中西良雄 二〇〇三「明治末期における「浮浪者」問題対応策の諸相――浮浪者処分事業・浮浪者収容所・浮浪人研究会」『愛知県立大学文学部論集』第五二号。
林葉子 二〇〇五 「廃娼論と産児制限論の融合――安部磯雄の優生思想について」『女性学』第一三号。
―― 二〇〇九 「安部磯雄における「平和」論と断種論――男性性の問題との関わりを基軸に」『ジェンダー史学』第五号。
平田東助 一九〇八 「感化救済事業の要綱」『斯民』第三編第八号。
フーコー、ミシェル、石田英敬・小野正嗣訳 二〇〇七 『社会は防衛しなければならない』コレージュ・ド・フランス講義（一九七五―七六年度）筑摩書房。
部落解放研究所近現代史部会 一九八三 「『部落台帳』の分析」『部落解放研究』第三五号。
バー、マーティン 一九二二 「低能児発生の社会的予防に就て」『東京市養育院月報』第二四二号。
三宅鑛一 一九一二 「精神病学より見たる浮浪人」『救済』第二巻第一号。
三宅鑛一 一九一三 『病的児童の保護』（『知的・身体障害者問題資料集成（戦前篇）』第一巻（一八八〇年～一九一三年）、不二出版、二〇〇五年所収）。
三宅鑛一 一九一六 「感化院の身分帳に就いて」『慈善』第八巻第二号。
三宅鑛一 一九二四 『遺伝と結婚』雄山閣。
無署名 一九一八 「警視廳の貧民台帳完成」『社会と救済』第一巻第六号。
村嶋帰之 一九一八 『ドン底生活』文雅堂／弘学館。
ラトゥール、ブリュノ、伊藤嘉高訳 二〇一九 『社会的なものを組み直す：アクターネットワーク理論入門』（叢書・ウニベルシタス）法政大学出版局。

第九章　主権と「天皇の赤子」

――アイヌの「救済」というセトラーコロニアル・レイシズムの論理――

平野克弥

北海道セトラーコロニアズム（定住型植民地主義）のイデオロギー的前提である主権（国家）や主権者（天皇）という近代的概念は、先住民アイヌの収奪にどのような役割を果たしたのだろうか。レイシズムの論理を中心に再考する。

先住民は社会的文化的な進化という物差しではあまりにも低級な存在と見られていたから、入植してきた権力者たちは、北アメリカを法的には誰も住んでいない土地、無主の地（テラ・ヌリアス）とみなすことに何のためらいも感じなかったし、主権は入植さえすれば手に入れることができたのである。

（Glen Sean Coulthard, *Red Skin White Masks*）

私たちは弱い方でした。それがため堪えられぬ侮辱も余儀なく受けねばなりませんでした。その時私達はもっと強かったら、誰が黙々として彼らの侮蔑の中に甘んじていたでせう？　憎い彼らを本当に心いくまでいじめつけてやったのに・・・・・・・・・。私たちはこうした自分の過去の出来事を追憶して、思わずこぶしを握った事が何回あったことでせう。

（違星北斗『違星北斗遺稿コタン』）

主題

北海道のセトラーコロニアニズム（定住型植民地主義）のもとで「絶滅する民族」とされていったアイヌの人々は、一八九九（明治三二）年に制定された「北海道旧土人保護法」によって「救済」の対象となった。本章では、この「救済」という視点が、どのようなセトラーコロニアル政策とイデオロギー的前提から生まれ、アイヌの人たちの生活を破壊していくことになったのかを検討したい。それは、保護法のイデオロギー的根幹ではあるが法律自体には明記されることがなかった問題、つまり、帝国日本における主権（国家）や主権者（天皇）という概念がアイヌ民族に対する人種差別とどのような関わりを持ち、その関わりがどのようにアイヌモシリの収奪や保護の論理として作動したのかという問いを考察することである。(1)

まず、一八九八（明治三一）年に閣議を通過し、翌年に衆議院に提出された「北海道旧土人保護法案理由書」という文章を見てみよう。

北海道旧土人の保護に関しては一視同仁の叡旨を奉し明治初年より之か方法を講したりと雖未た十分に其目的を達するに至らす蓋し旧土人の皇化に浴する日尚浅く其知識の啓発頗る低度なりとす是を以て古来恃て以て其生命を托せる自然の利沢は漸次内地移民の為に占領せられ日に月に其活路を失ひ空く凍餒を待つの外為す所無きの観あり是れ蓋し所謂優勝劣敗の理勢にして復た之を如何ともする能はさる歟然りと雖彼れ亦均く我皇の赤子なり而して今や斯の如きの悲境に沈淪せるを目撃して之を顧さるは亦忍ふ可きに非さるなり則ち之か救済の

方法を設け其災厄を除き其窮乏を恤み以て之をして適当の産業に依り其生を保ち其家を成すを得せしむるは洵に国家の義務にして一視同仁の叡旨に副ふ所以なりと信す是れ本案を提出する所以なり。(2)

この法案理由書で注目すべきことは、天皇は一視同仁の慈愛をもってあらゆる臣民を赤子として扱うのだから、植民政策の結果、「優勝劣敗」の摂理によって「悲境」と「窮乏」に追い込まれているアイヌを救済することは国家の義務である、という論理のあり方である。臣民を天皇の赤子とする発想は、日本政治思想史の分野では「家族国家」イデオロギー、つまり君民を家族的紐帯の関係で捉える日本固有の問題、あるいは東洋的ディスポティズムの一形態として分析されてきた。(3) しかし、君民の関係を疑似家族化する発想は、ラテン語で parens patriae、英語では parent of the nation/the Sate as parent of the nation という教理の中にも見られ、イギリスの王が一七世紀に施行して以来、近世ヨーロッパで広範に共有されていた支配原理の一つであった。(4) リン・ハントが *The Family Romance of the French Revolution* で論じたように、この教理はフランスの王政下でも使われ、フランス革命前には庶民の中に広く浸透していた国家観でもあった。(5) この教理に従えば、主権者たる「国民の親（王─父・女王─母）」は、臣民の安全を保障するために彼らを法的な管轄のもとに置いて保護する責務を負うとされた。「アイヌは主権者たる天皇に赤子として救済されるべき存在だ」という主張は、明治国家特有の東洋的ディスポティズムの表れというよりも、一七世紀以降の世界で広く共有された parens patirae の教理の一環であったといえる。

しかし、アイヌの人々に向けられた天皇の「慈愛」とは、窮状に陥っている臣民（和人）を保護するという一般的な君民関係の中で理解されるべきものでないことは明らかだ。それは、「優勝劣敗の理勢」に追い込まれつつある「劣等人種」（「知識の啓発頗る低度なり」）に向けられた「慈愛」である。天皇にとって、アイヌは「均しい赤子」であると同時に臣民たる資格を欠いた「無知蒙昧」な憐れむべき存在なのである。このような社会進化論に根ざした人種主義は、セトラーコロニアリズムの排除の力学（先住民から大地を収奪し、彼らの社会関係や日常を根底から破壊する）を必然化し不可視化する。そして、どれほど「知識の啓発頗る低度」であろうと天皇の赤子であることに変わりないのだから（「然りと雖彼れ亦均しく我皇の赤子なり」）救済されるべき人々だという「慈愛」の語りが、同化・皇民化という包摂の論理とその暴力を包み隠すのである。「北海道旧土人保護法案理由書」で示された「救済」とは、排除と包摂を軸に展開したセトラーコロニアル政策を根底から支えた人種差別の論理に他ならなかった。

以前、別の拙文で論じたことだが、セトラーコロニアリズムのもとで行われる差別とは、他者を単に排斥したり抑圧することではない。規範（主権、進歩、文明、内）によって例外的な存在（非主権、野蛮、未開、外）を生み出し、後者を前者との絶対的な従属関係のなかに放置する状態をセトラーコロニアルな差別という[6]。換言すれば差別とは、規範との関係において例外化された存在を排除しつつ包含し、包含しつつ排除することであり、また存在を認めつつ否定し、否定しつつ認めるという宙づりの状態（憐れむべき赤子として救済し生かすということは、「赤子である」ということ）を指している。それ故に和人移民の圧倒的支配のもとで行われる差別は、常に構造的な暴力をともなっている。もしこの差別の形態が規範の権威や拘束性と全く関係を持たない排除であるならば、持続的な暴力をともなうことはない。セトラーコロニアルな差別の暴力性は、規範が排除する対象を社会関係に取り込みながらも否定し、否定しながら取り込んでいるような生殺しの状態――社会的死――が生み出す効果なのである。そういった意味で、セトラーコロニアリズムはジョルジョ・アガンベンが「例外状態」と呼んだ排除と包含が不分明な宙づり状況を常態化させる支配形態の一現象だと言えるだろう[7]。周知の通り、アガンベンは例外状態を法が宙づりになった状況として考え、主権権力をこのような例外状態を決定し規範化する力を有するものとして捉えている。例外状態において、合法と違法、規範と例外、内部と外部は不分明化され、そこに生きる者たちはあらゆる権利、政治的な立場、人としての尊厳を剥奪されることで剥き出しの生へと還元される。残念ながら、アガンベンは近代の人種主義、とくに植民地社会におけるそれが生み出す例外状態を考察することはない。本章では、アガンベンの例外状態→剥き出しの生、というテーゼをセトラーコロニアリズムにおける人種差別の問題に則して批判的に検証していきたい。[8]

一　主権と赤子――生権力の眼差し

アイヌを保護すべき幼児として扱っていくディスクールは、明治政府が天皇の名において彼らの大地と先住性を剝奪しながら窮乏へと追い込んでいった過程と密接につながっていた。この問題を一九世紀の歴史主義（一種の社会進化論）の思想の流れで考えてみると、たとえば、大英帝国の生物学者であり社会学者であったハーバート・スペンサーの"the intellectual traits of the uncivilized...are traits recurring in the children of the civilized"（「未開人の知的特性は文明人の子供達に繰り返しみられる特性なのである」）という議論を想起することができるだろう。[9]スペンサーやJ・S・ミルのような自由主義者たちは、「非文明人」の知性のレベルを文明国の「非理性的」で無知な子供たちのそれと同質だとし、文明国の大人たちが厳しい躾をとおして自らの子供たちを大人へと成長させていくように、未開社会の「野蛮人」も教導し守らなければならないと考えていた。[10]さらに、キャロライン・サイヤーによれば、未開人とされた人々は、子供が親から引き離されると病的な状態に陥ってしまうように、文明国の指導なしでは正常な精神状態を保つことができないと見なされていた。[11]したがって、彼らは幼児同様、自己決定能力（self-determination）と自己管理能力（self-management）を欠いた半人前の人間ということになり、文明人は、人格が形成されていないこれらの未開人の親＝主権者として彼らを導く責任を担うことになる。「白人の責務」（white man's burden）とはまさにこのような人種的な優越性を根拠とした独善的な使命感を意味していたのだし、そのような使命感が、欧米の植民地政府や移民による大地の剝奪と占領に道義的な正当性を与えてきた。先住民は「未熟さ」や「無知無能」を理由に長年生活を営んできた大地の住人とは見なされず、文明人こそが彼らに代わってその大地を所有し運用していくべきであると論じられたのである。ロバート・ジャクソンの言葉を借りれば、「主権とはそれを取り扱える能力をもつものだけが手に入れられる権利であり、それは人種的には白人の国家を意味していた」のである。[12]こうして、非白人社会、とくに先住民社会は、主権上の人格を欠如した集団とされていった。

皮肉にも、日本はこの白人優越主義に拠って立つ主権思想をもとに、欧米列強から半人前の文明国家として差別的な扱いを受けながらも（不平等条約）、自らは名誉白人になるべく、一九世紀の世界を覆い尽くした「文明化」というイデオロギー的潮流に積極的に参与していった。そのイデオロギーの最初の実験場が、アイヌモシリだったのである。セトラーコロニアリズムによる開拓政策は、アイヌの法的人格（先住性と主権）を根底から否定することで可能となり、北海道開拓という国家事業は、アイヌの「教導」も含めて「白人の責務」ならぬ「日本人の責務」となっていった。[13]一八七二（一八七二）年、当時開拓次官であった黒田清隆の指揮のもと三五名のアイヌが教化（文明化）の目的で上京させられるが、開拓使が東京府に提出した文章はその目的を以下のように説明している。

元来北海道土人ノ儀容貌、言語全ク内国人トハ異ノ体ヲナシ従テ風俗モ陋習《ろうしゅう》ヲ免レス即今開拓盛挙ノ折柄、縦前ノ醜風ヲ脱シ、内地ト共ニ開化ノ域ニ進ミ彼等ノ殊別ナカラシメ度、就テハ内地ノ民ヲ移住シ其風ヲ習ヒ其教ヲ受ケシメ候。[14]

一八九九（明治三二）年の二月に行われた北海道保護法案をめぐる貴族院での議論では、「貧困に苦しむアイヌの教育はとても良いことであるが、いろいろ話しを聞くと、旧土人は教育ができない、思うような効果が出ていないという印象を持つのだが」という質問に対して、内務大臣官房北海道課長であり「北海道旧土人保護法」の原案者であった白仁武は次のように答えている。

土人の教育のことに当局においても余程注意を致して奨励をいたしておりまするが、何分にも劣等の人種でありまするから十分の結果を見ることはできませぬ。併ながらおしえますれば読書なり習字なりあるいは手仕事なり可なりにやりまする、少々の手を加えまして此教育のことに力を尽くしますれば無論内地人種と競争致す訳にもいきますまいが、今日のような無学文盲蠢爾たる有様で日を暮すと云フようなことはありますまいかと存じます。(15)

さらに、同法案を貴族院に提出した松平正直は、その意義を次のように説明している。

本案提出の理由は（中略）ご承知の通り、北海道の旧土人すなわち「アイヌ」は、同じく帝国の臣民でありながら、北海道を開くるに従って、内地の営業者が北海道の土地に向かって事業を進むるに従い、旧土人は優勝劣敗の結果段々と圧迫せられて、生活の途を失う情勢は、みなさんご推測であろうと考えます。同じ帝国臣民たるものが、その如き困難に陥らしむるのは、すなわち一視同仁の聖旨に副さない次第という所よりして、この法律を制定して旧土人「アイヌ」も其所を得る様に致したいと云うに、他ならぬことでございます。(16)

以上の文言は、アイヌの困窮は優勝劣敗の結果であり、劣等人種として生存の危機に瀕しているのだから、彼らをそこから救い出せるのは一視同仁、慈愛に満ちた天皇とその正統な臣民たる日本人による教導以外にないという見方を共有している。さらに、アイヌの「種」としての劣性は、アイヌの非衛生的な生活習慣に顕著に表れているだけでなく、彼らの身体の脆弱性を深化させているという見方が保護法成立の一つの大きな理由となっていた。アイヌがなぜアイヌモシリを失い、その先住性と主権が否定されねばならなかったのかは、彼らが知性の面で劣っているというだけでなく、衛生上健全な生活を欠き、生命体として活力を失いつつあるからだという議論が活発に行われていたのである。したがって、白仁武は、アイヌに対する「医治衛生」を整え、彼らを心身ともに日本臣民にふさわしい活力ある人間へと作り変えていくことを目指すべきだと主張していた。[17] このような生―権力(ミシェル・フーコー)の眼差しのなかで生まれてきたのが、アイヌは救いようのない滅びゆく民族なのではなく、いまは「愚昧」で「惰性」の状態に甘んじ、進歩の軌道から逸脱してしまっているけれど、健全なる身体と精神を宿せば必ず立派な日本人に生まれ変われるという立場である。[18] この「愚昧」で「脆弱」なアイヌを、「医治衛生」と教育を通して帝国臣民という「立派な大人へと成長」させるのが、健全な心身を所有する日本人の義務であり、その道筋を示していくものが保護法の役割なのだと白仁や当時の貴族院議員たちは確信していた。実際、保護法に従ってアイヌの子供たちに実施された修身教育では、「特ニ清潔、秩序、廉恥、倹約、忠君、愛国ノ諸徳ノ修養ヲ主トシ、且ツ日常ノ作法ニ注意シ善良ナル習慣ヲ養成セムコトヲ務ムベシ」とされ、アイヌに清潔・衛生という生活習慣や観念を習得させることに始まり、臣民として国家的義務や愛国精神を内面化させることまでを目的としていた。[19]

一八九九(明治三二)年に施行された保護法自体は、このような「アイヌ＝進歩から取り残された子供」といった露骨な社会進化論を明文化することはなかったが、アイヌが保護を受けられる条件として狩猟採集による生活を放棄し農耕に従事すべきこと、そしてアイヌの衛生や義務教育の促進を骨子としていたという点で、表現の違いはあれ、同様のイデオロギー的立場から作成されたものであったことがわかる。アイヌをどのように新しいタイプの「種」へ、清潔で健全な身体へと改良できるかという生―権力の眼差しこそが、保護・救済の名の下に行われた社会文化的ジェノサイドの論理だったといえよう。彼らが立派な「天皇の赤子」になれるかどうかは、まさに、保護法による「人種改良」＝アイヌ社会の破壊の成果にかかっていたのである。

このように、「救済」をめぐるディスクールにおいて、主権の問題が人種主義と切り離せない関係にあったことは明白だろう。科学的人種主義が、いわゆる近代的合理性や科学技術の「発展」度（つまり物質文明の度合い）によって人間の知性を差別化・序列化してきたことはこれまでよく論じられてきた。しかし、保護法をめぐる議論が提示している新たな人種差別のあり方は、身体をめぐる衛生が生命力あるいは生存力の問題として理解されているということである。より高度な衛生環境を実現している活力に満ちた人種が、そうでない人種を「消滅の危機」から救い出さなければならないという論理は、前者を歴史的主体＝主権者として位置付けながら、後者をそれらを欠如した者たちとして貶める。後者は前者に導かれることによって、初めて健全な「臣民」の資格を手にすることができるのである。

このような衛生をめぐる生—権力の思想は、明治政府や官僚に限られていたわけではない。同化政策を「奴隷化」と呼び、アイヌ民族運動の先駆的役割を果たした詩人違星北斗ですら、一九二七（昭和二）年に刊行された同人誌『コタン』で「私たちの現在の急務は衛生でありませう」と論じ、「衛生は文明につきものです。アイヌ民族を滅ぼしたのは不衛生ばかりではないことは云うまでもありませんが、（中略）衛生は身体を強健にするばかりでなく、大切な精神をさわやかに致します。生活を一段と高めます」と記している。そして、「亡びる民族」と化した同胞アイヌを「不甲斐なき姿」とし、「ひいては皇国の恥辱である」とまで言い切っている[20]。衛生問題が、いかに人種差別と深く関わりながらアイヌの人々に強烈な劣等感を植え付けていったかがわかるだろう。

二 「無主地」——主権という収奪と占領の論理

帝国日本の支配のもと、アイヌは主権的人格を有しない人々と見なされることで、長年培ってきた大地との関係を自らの意思で決定する権利を奪われていった。別の拙文でも論じたように、この収奪行為に法的な正当性を与えたのが、「無主地」・*terra nullius*という概念である。[21]ここで「法的人格をもたない先住民アイヌ」という認識を、主権の問題とつなげてもう少し踏み込んで考えてみたい。主権思想は、国家を理性の最高の発現形態であるとする立場と不可分の関係にある。真の「自由」が実現された共同体として国家を持ちうる者たちは、ある特定の領土を保有し、自治と独立を謳歌できる資格を持つと考えられてきた。それはまた、国家を持たない者たちは、理性を欠き、精神の自由を実現できない、それ故に主権を持つことができない未開人であるという判断へと繋がっていった。[22]国家を持たない者たちは、国家を持つ者たちによって介入され従属する存在へと貶められていったのである。[23]国際法において「対等な文明」国家間の条約は存在するが、国家と無国家社会（例えばアイヌやオーストラリアの先住民社会）との間に条約が存在してこなかったことはそのためである。したがって、先住民の領土の占有は非合法と見なされることはなく、主権を有する国家の正当な行為として正当化されていくことになるのである。これが植民地支配を「合法」とした国際法のイデオロギー的論拠である。[24]

そういった意味で、ウェストフェリア体制[25]以降に確立された国家主権という概念は、二つの意味でその初発から人種主義を包含していたといえるだろう。まず第一に、あらゆる国家は主権——つまり、法的人格としての国家は、最高の権威を有し、法はその意志の表現であり、その命令は領土内の全臣民に適用・執行され、他の国家と対等の関係を保つ——を有するという考えは、国家という政治機構を持たない社会は、自己の領土や生存のための権利を保有できないことを意味した。そして、第二に、この主権の発想の基礎となったヒューゴー・グロティウスによれば、遊牧民は大地を耕し、それを所有し、定住するという意識を欠いているために、彼らの生活圏は「誰も住んでいない」領土、「無主地」と見なされるべきで、「発見」、移住、征服（戦争などの手段）をとおして占有されていく運命にあるとされた。(26)

また、一八世紀中期には、エメール・ヴァッテルなどが、無主地は国家が主体となって先占することによって国土になりうるという理論を唱え、それが国際法の常識となっていった。特に注目すべきことは、ヴァッテルはグロティウスの遊牧民の土地は無主地であるから先占しうるという考えを継承しながら、先占の仕方を耕作などをとおして土地を使用・定住・植民することであるとさらに踏み込んで定義していた点である。(27)

その後、この「無主地」の論理は、ジョン・ロックによって私的所有権を裏づけるための理論的根拠となっていく。ロックは土地の所有権を、「人が耕し、植え、改良し、開墾し、その生産物を利用しうるだけの土地が、彼の所有物なのである。彼は、自らの労働によって、それを、いわば共有地から囲い込むのである」と定義する。(28)そして、「神と人間の理性とは、人間に土地を征服（subdue）すること、つまり、生活の便宜のために土地を改良（reform）し、そこに、彼自身のものである何ものか、すなわち労働を投下するように命じた。神のこの命令に従った者は、その土地のある部分を征服し、耕し、種を蒔いた」と彼は論じている。(29)このように、ロックは「生活の便宜のために土地を改良（reform）」するというある特定の労働形態に神が人間に与えた「理性」という特有な能力（これを彼は固有権と呼ぶ）を見出していた。自然を征服し、改良し、それによって自らの利益につながるようなものを生み出していく能力こそ人間が万物の霊長たる所以であり、私的所有権はその能力をもっとも明確に表す指標というわけだ。言い換えれば、所有権とは、このように自然を改良するための労働に従事できる者だけが持ちうる権利である。したがって、「世界をいつまでも共有物（commons）で未開拓のままにしておく」ことは、神の意思に反することだとされ、世界は「あくまでも勤勉で理性的な人間の利用に供するため」に存在するとロックは主張した[30]。さらに、土地の価値は、労働という自然の改良作業をとおして穀物などの生産性を高めることで初めて生じるのだと論じながら、「牧畜、耕作、栽培により改良をされていない土地は荒廃地」だと断定している[31]。

このようなロックの無主地の理解は、大英帝国のオーストラリア先住民や北アメリカ大陸の先住民に対する政策に論理的整合性を与え、農業に従事しない先住民たちを神や理性に従わない「野蛮人」だとする議論を生み出していった。先住者たちが依然として共有物という概念に縛られ狩猟・採集に依存しているという理由から、生活の場であった大地は無人地帯と見なされ、神の命令に従う新しい主人を必要としているのだと論じられた。こうして、神と理性の名のもとに、先住民の征服と殺戮は遂行されていったのである[32]。

主権と国家の関係、それが先住民に対して持つ意義をこのように見てみると、近代の国際体制の基礎を作ったウェストフェリア条約の一つの重要な思想的要素として、人種主義が存在していたことは明白だろう。人種主義を、主権国家が国家形態を持たない社会を進歩の名のもとに征服・淘汰することを可能にした非対称的な他者との関係性を示す認識形態であったと言い換えることができるかもしれない。この関係性の正常化は、まさにアガンベンがカール・シュミットに倣って「例外状態」と呼んだ法の名の下に法が宙づりになった事態を指しているといえる。つまり、アガンベンの論法に従えば、主権国家による先住民社会の征服と淘汰は、犠牲や犯罪ではなく、人類の進歩のために「半」人間に向けられた剝き出しの生の遺棄＝抹消だったということとなる。

日本は幕末から明治にかけてこの主権思想を「万国公法」によって学び取り、一八六九年にアイヌモシリを「無主地」と命名した。「万国公法」には次のような文言が記されていた。

蛮夷は流徙《りゅうし》して定住なく、往来して定規なきも、亦た国と為さず。蓋し国と為さず。蓋し国と為す正義は、他なし、庶人の行事は、常に君上に服し、居住に必ず定所あり、且つ地上の境界ありて、その自主を帰す。此の三者、一を欠くも、即ち国と為さず(33)。

ここでは、国家が主権を手にいれるための必要条件として、国民が主権者に服し、定住をし、国境を画定していることが挙げられ、それを持たない社会は国家として「自主」の権利を保持しないという考えが明示されている。

さらに、「欧羅巴の各国の（中略）その属地、或いは亜美利加に在り、或いは阿非利加、亜細亜と各海州の処とに在るに至りては、其の之を掌るの権は、或いは発見に由り、或いは征服、移民に由りて、既に諸国の約を立てて之を認むるを経れば牢固たり(34)」とされ、このような主権を認められない「亜美利加《アメリカ》」、「阿非利加《アフリカ》」、「亜細亜《アジア》」を「掌るの権」は、発見、征服、移民によって先占し、他の主権国家が条約をとおしてこれを認める時に成立すると説明されていた。このように、「無主地」を占有していくセトラーコロニアリズムの論理は、国際法の根幹を成していたのである。

この論理を内面化させていった明治国家にとって、アイヌモシリの占有やアイヌ社会の破壊は、不法行為ではなく、また近代化の犠牲でもなく、「自然淘汰」＝「人類の進歩」を意味していた。日本はアイヌモシリを北海道と改名し占有することでアイヌから大地を奪ったのではなく、大地が生み出す富を未開で無知な人種から救い出した、という論理にすり替えられていく。そもそも、アイヌは大地の恵みに依存して生きてきたに過ぎず、労働という自然の改良作業をとおして穀物などの生産性を高めることはなかったのだから、大地の先住者ではなかったという論法である。主権とは、大地を自らの労働で開墾し、作物を育てることによって初めて手に入れることができる権利なのだから、天皇の正統な赤子たる開拓移民こそがその責務を遂行できる歴史的主体であるとされていった。したがって、アイヌの身体は、明治日本が帝政ロシアやアメリカ合衆国に対して北海道を自らの領土だと主張する上で無益で無用な存在だとされ、新しい和人の身体こそがその領土を覆い尽くすべきであるという言説につながっていった。この言説こそが、明治政府が北海道の定住型植民地化（settler colonization）を進めるうえでの主要な根拠となっていったのである。開拓使設置五〇周年を記念して一九一八（大正七）年に北海道庁が編纂・出版した『北海道史』は、和人が明治以来、アイヌに代わって北海道を「開拓」してきた理由を次のように説明している。

アイヌは大多数は旧慣そのほかについては、未だ猶かつ野蛮蒙昧の域を脱するに至らなかった（中略）そもそも開拓なる事業は、一定の文化段階に達した民族において始めて所期し得るのであって、蝦夷の如き、未だ野蛮時代を脱しない民族の手によりて、北海道の開拓を望むのは無理であることは当然であるが、北海道の付近にあって蝦夷と接触する民族の内で、その任に耐え得る文化を有するものは和人の外にない。(35)

三 「救済」の論理と実情

先住民は国民国家体制のもとで法的人格を持たないという論理は、彼らの土地所有や共有財産に関しても、植民地政府の保護のもとにおいてのみ可能なのだという主張とつながっていた。「北海道旧土人保護法」によると、アイヌは日本帝国の臣民として土地を所有する権利を持つが、和人と同等の権利を享受することはできない。それは、アイヌの人たちが、所有意識に乏しく、土地を管理し富の生産のために活用することができないという理由からであった。また、共有財産についても、和人移民たちに悪用、横領されることが多いとし、その第十条に規定されているとおり、「北海道庁長官は北海道旧土人共有財産を管理する」だけでなく、運営や処分の権利も得ることとなった[36]。日本の植民地政府が彼らの土地や財産を彼らのために管理するという発想は、天皇の恩寵、つまり「一視同仁」という慈愛によって与えられた「恩沢」を守ることも意味していた。「無主地」の論理によって奪われた大地や生活の糧が、天皇の恩寵によって「与えられた」土地・財産へと言い替えられ、それをアイヌのために守るのが国家の役目だというのである。この二重にねじれた論理を可能にしたのは、何度もいうようだが、アイヌは「無知蒙昧」な「劣等人種」であるから法的人格（主権・自己決定権）を持ち得ないという人種主義に基づく主権思想であった。この論理に従うことで、北海道開拓はアイヌから生活の糧や共同体を奪ったのではなく、文明化をとおして彼らを保護し救済する事業であったという主張が成り立っていった。

まず、保護法における土地所有の問題から見てみよう。保護法第二条では、農耕をとおして得られた給与地に対する所有権に厳しい制限が加えられた。相続の場合を除いては、質権・抵当権・地上げ権・地役権の設定が禁止され、留置権・先取特権も認められなかったのである[37]。これは、アイヌに給与した土地の処分権をいっさい認めないことを意味し、所有者が使用・収益・処分することができるとする近代の土地所有権の概念から著しく外れるものだった。ここにもアガンベンがいう主権権力のみが発動しうる例外状況の適用を見て取ることができるかもしれない。アイヌは近代的所有権・私有財産権の原理によって大地を奪われた後、強要された農作業をとおして私有財産を獲得するが、それを自由に処分する権利が認められていなかったという点で、決して本来の意味での私有財産ではなかった。このアイヌの例外的な扱い、つまりアイヌの土地を近代の法的・経済的な内部に取り込みながらその外部として扱うという包摂的排除は、「旧土人は治産の能力をゆうせざる者にして、総てこれを和人の監督のもとに生活せしめん」という理由で正当化されていった[38]。アイヌは土地を生産的に治め、管理する能力を持ち得ないという考えこそが、狩猟・採集を正当な労働形態として認めず、農耕の労働形態を特権化する法的・経済的な根拠として働いたのである。さらに、農耕に従事する者は誰でも生きる権利を保障されるとしながらも、アイヌに関してはそのように獲得した権利でさえ様々な制約が付けられていた。アイヌと近代的な所有権の関係がこのように例外化されたのは、アイヌが近代的な生存能力・労働能力を欠いているという理由からである。これは、人種主義が文化表象の問題としてだけでなく、生やそれを支える労働力、また所有の問題として作用していたことを物語っていた。つまり、資本主義体制のもと、とくにセトラーコロニアル体制のもとでは、先住民の労働と所有は、人種化というイデオロギー作用を抜きに理解することはできないのである。一九一一(明治四四)年に河野常吉が行った『北海道旧土人』と題された調査報告書は、アイヌが貧困状態に陥った理由を「「アイヌ」は甚だ貯蓄心に乏しければ財産を多く所有すること能わざるは当然なり」と説明している[39]。近代的な経済観念の欠如が彼らの窮状の直接的な原因だというのだ。私有財産という近代的な所有制度を押し付けられ、しかも同時に、それを自由に運用する権利を否定されるという差別状況は全く考慮されていない。その上、和人植民者によって、アイヌの人たちが土地を騙し取られているという犯罪行為が、アイヌの土地管理能力の問題へとすり替えられている。植民地支配にともなう詐欺行為そのものは法的に制裁されることなく、アイヌの「幼稚さ」と「無知蒙昧」にその原因が求められているのだ。つまり、セトラーコロニアリズムが生み出した困窮は、人種的劣性の問題として語り直されているのである。

旧土人保護法施行から一二年後に行われたこの調査によれば、アイヌは一時期「保護法」の「救済」によって農民化したが、「再び農耕を怠り漁場などに出稼ぎするものあり。その業多くは婦女の手に帰せり」とされている[40]。

さらに五年後の調査では、アイヌの全戸数四〇〇七のうち、五七・五％にあたる二三〇四戸が農業に従事しており、農耕民化が進んでいることがわかるだろう。[41] しかし、アイヌ農家の生産額は、和人農家の一戸あたりのそれに比べると、四分の一に過ぎなかった。[42]「保護法」によってアイヌに付与された給与地の面積は、一八九九（明治三二）年から一九一〇（明治四三）年までの一一年間に、六九二三町歩だったが、そのほとんどが荒地で、耕作に適していなかったのである。したがって、「そのうちすでに開墾し収益しつつある面積は概して多からざるべ」き状況が生まれ、耕作を諦めるアイヌが出てくる。[43] 一九一六（大正五）年の時点では、保護法制定から一七年しか経っていないこともあって、土地を没収される者はなかったようだが、その後一五年間開墾されずに放置された土地は、「保護法」に基づいて、国家に没収されていくことになる。窮乏化したアイヌは、金銭を和人から高利で借り、利子返済と相殺する形で給与地の賃借権を失う場合が多かった。一九二四（大正一三）年には成墾地（給与地面積の約六八％）のうち約四五％が和人の賃借地になった。[44]

次に共有財産について検討しよう。共有財産とは、全道もしくはある地域のアイヌが共同で権利者となる財産で、大別して三種類のものがあった。第一が現金・預金・公債証書で、利殖を図っていく財産。第二が畑や海産干場、宅地、建物などの不動産で、地域のアイヌが共同で使用したり、あるいは在来和人に貸与して使用させ、使用料収入を得る財産。第三が漁場（漁業権）で、畑・海産干場同様にアイヌが自ら使用し、あるいは和人に貸与し、使用料収入を得る財産である。これらの財産は、旧土人保護法施行までは漁業組合組織単位、あるいはアイヌの代表者、町村の役場が管理していた。

財源は、官営漁業の収益、天皇からの下賜、救恤費に分けられる。[45] 漁業収益は、一八六九（明治二）年に漁場請負制度が廃止され、アイヌの働き口がなくなったため、開拓使援助の下で漁業を行い、その剰余金を共有財産として積み立てていった。天皇からの下賜とは、一八八一（明治一四）年、北海道巡幸の際に、白老《しろおい》・勇払《ゆうふつ》・沙流《さる》各郡在住のアイヌ一戸につき二五銭、合計九二五円二五銭が下賜され、それが町村ごとに分配されたものが財源となったものである。このほか、一八八三（明治一六）年、札幌県、函館県、根室県の稟請をうけ、宮内省より一〇〇〇円、翌年文部省より二〇〇〇円下付されており、これは全道旧土人教育資金として管理されていた。救恤費は、開拓使以来給与してきた救恤米の余剰分を積み立てたものである。

これら共有財産は、その目的どおりに順調に利殖、活用されたわけではなく、アイヌの生活向上に貢献することはなかった。十勝国広尾・当縁・十勝・上川・中川・河西・河東各郡のアイヌが参加していた漁業組合が一八八〇（明治一三）年に解散した際に返還された四万七五〇円余の管理を官庁に委託していたが、庁はその資金の一部で共同運輸会社（後の日本郵船）株を買い、それを札幌製糖・北海道製麻両社の株に買い替えていた。しかし、両社が破綻したことによって「共有財産をいちじるしく減殺」する結果となる。[46] このうち河西・河東両郡では、一八八〇年の約二万二、〇六〇円から、一八九四（明治二七）年の一万三二七九円に大きく減少した。[47] さらに、『新北海道史』によると、宮内省と文部省から下付された全道旧土人教育資金三〇〇〇円は、「三県で使用方法について意見が一致しない」まま預金され、一八九八（明治三一）年には死蔵されたまま約六〇〇〇円となっていた。また、一八八一年、天皇巡幸の際に下賜された九二五円二五銭にいたっては「むなしく保管され、一部は学校・病院などの建築費などに寄付されて」しまった。[48]

このような背景のもと、旧土人保護法の第十条は「北海道庁長官は北海道旧土人共有財産を管理することを得」ると規定した。[49] 同年一〇月には、「北海道旧土人共有財産管理規程」が制定され、二つ以上の支庁にまたがるものは道が、一つの支庁にあるものは支庁が、一つの戸長役場にあるものは戸長が管理することができるとしている。[50]

また、共有財産は現金のまま保管せず、郵便預貯金または公債証書で利殖をはかるとしている。[51] さらに、北海道庁長官の許可を得られれば、銀行への預貯金また株式証券に変えることもできるとされた。しかしながら、ずさんな管理によって共同財産は一般の和人に払い下げられたり、投資に使われ失敗したり、共有財産を管理していた戸長が使い込むなど、その所在は時が経つにつれ不明確になっていく。[52]

戦後は、農地改革でアイヌはさらに大きな打撃を受ける。アイヌが旧土人保護法によって給付をうけた土地も、自作農創設特別措置法（自創法）により小作人に売り渡さねばならなかった。アイヌが給与地を利用しなかった理由に、厳しい経済状況ゆえに季節労働者として働かざるをえなかったことが挙げられる。土地を持ちながらも土地を利用できない状況に追い込まれていたことは一切考慮されず、不在地主として扱われたのである。また、借金のかたに九九年という半永久的な小作契約を結ばされた例もあり、地主として力を持っていなかったにもかかわらず、「自創法は旧土人保護法に優先する」との見解がなされたためでもあった。北海道アイヌ協会（現、北海道ウタリ協会の前身）は、北海道庁や日本政府に自創法の適応を再考してほしいと願い出たが、その要求は認められなかった。その結果、アイヌの全下付地の二六％が強制売買の対象となっていったのである。[53]

保護法施行直後、新法に関して様々な意見が出された。『北海道毎日新聞』に連載していたジャーナリスト伊東山華は、あまり深い審議がなされずに、農業従事者のみが「保護」「救済」の対象になっていることを批判して次のように言う。

農業に従事する土地の所得権を制限するに止め漁業従事するもの、漁場などの所有権を制限せざる理由いかん。[54]

そして、保護法はアイヌの自活自存を助けるためにあるべきだとし、次のように結論づける。

アイヌ保護法の要は敢えて人為的暴悪を加ふることなくし、彼等に職業を授けて自活自存の道を得しめ、文明開化の道を教へて早く其蛮状を脱せしめ、以って我至仁至愛なる聖天子の豊潤なる恩沢に浴せしむるにあるなり。[55]

一方で、アイヌの保護は必要ないのだという立場も根強く存在した。霞刀生という名で同新聞に投稿した者は、植民政策は「旧土人と交際することを目的としているのではなく」、「国利の干係」という「国是」の問題であり、道徳的配慮と混同されるべきでない。そして、それは「神聖なる自然淘汰の理」に則しているのだから、アイヌの「保護は全く無用」であるという。[56]

注目すべきことは、保護法の立案者と伊東のような批判的支持者は、天皇制を誰にでも公平に「慈愛」と「恩沢」を与えるpastoral power／司牧者権力として理解しているという点だ。[57] 主権者天皇は「慈愛」に満ちた存在として、暴力機構としての国家を超えたところに位置づけられていたことがわかる。アイヌモシリの収奪と占領という暴力のメカニズムは、まさに天皇という主権者と国家主権というイデオロギー装置がなければ機能することはないのだが、そのメカニズムの中軸たる天皇が、一人一人の臣民に向ける限りない「慈愛」や「豊潤なる恩沢」で自らの暴力性を包み隠すというカラクリがそこにある。天皇制は差別、収奪、占領という暴力を可能にする権威の核として存在すると同時に、「慈愛」や「恩沢」によってその暴力を不可視化してしまう構造でもあるのだ。この暴力の狡猾な不可視化の構造は、天皇への積極的な従属を仁・恩という情動をとおして個々人のレベルでその内面から実現していく。

アイヌ教育の中で最も強調された徳目が「忠君」「愛国」であったことは、決して偶然ではないだろう。アイヌに天皇への忠誠を誓わせ、日本を愛する心を植え付けることが、植民地的収奪の暴力を暴力として認知させない、あるいはその暴力を天皇の「恩沢」として誤認させるために必要なのである。小川正人によれば、北海道庁は、アイヌが「皇室を尊び国家を愛する等の観念に至っては全く絶無」であることに強い危機感を持ち、「皇室国家の尊愛すべきを教ゆるは彼等にたいする修身教授の最大要事」であると書き記している。(58)「一視同仁」という天皇制の狡猾さは、天皇という主権者が排除という暴力の核心でありつつも、排除された者たちを「慈愛」と「恩沢」の副音によって包含し、彼らから帰依と忠誠心を勝ち取るというカラクリにある。それは、懺悔、あるいは告解の構造をなぞる。差別された者たちは、差別の原因を自らの「原罪」(「劣等人種」とした生まれたという罪)として受け入れ、それを告白し、そこから生じた自己嫌悪、自己否定に突き動かされながら完璧な「天皇の赤子」になろうと励むことになる。立派な赤子になることが救済への唯一の道であるかのように。こうして、天皇への帰依＝従属は遂行され、セトラーコロニアリズムによる大地の占有と生活文化の破壊は、先住者たちの「原罪」へとすり替えられていった。天皇がアイヌの人たちの司牧者を演じることで、アイヌモシリの収奪は開拓＝進歩の物語、アイヌ救済の物語へと姿を変えていった。

結びにかえて

明治政府は、義務教育という国家イデオロギー装置をとおしてアイヌの人々に「皇国の恥辱」という劣等感を植え付けつつ「皇室や国家を愛する」感情を擦り込んでいった。樺太アイヌでありアイヌ学校教師であった武隈徳三郎は『アイヌ物語』のなかで、「旧土人保護法」成立後もアイヌの生活が改善されていない状況について、アイヌ自身の「依頼心の強さ」「衛生思想の乏しき」ためだとしている。そして、「文字が無く、現今にても無学なる者多きに因す」とし、「何事を行うにも決断力に乏しきも、之がため、社会のことに暗く、ついには和人に依頼するに至りしものなり」とアイヌの困窮を自己責任に帰している。[59] アイヌ教育は、アイヌの人たちに自らの無知無能さが自己消滅の危機をもたらしたのだと思い込ませた。この自責の念こそ、人種差別が生み出した「原罪意識」という心理作用なのである。人種主義が覇権イデオロギーとして力を持つのは、先住者一人一人が自己の置かれた苦境を、植民者の言葉や偏見によって理解するように仕向けられるからだ。自らの「劣性」や「蒙昧さ」を否定しがたい事実として受け入れ、それを恥じ、告白し、自己の存在そのものを呪うようになるからだ。それが可能なのは、先住者が徹底した収奪をとおして生活の基盤、文化、慣習、共同体を失い、自尊心の全てを破壊されるからに他ならない。

一九二九年に二七歳という若さでこの世を去った違星北斗がこのようなセトラーコロニアル・レイシズムの暴力と対峙しながら、差別するものへの抑えがたい憎しみや復讐の衝動、それによって生まれる苦悩を書き綴った言葉を最後に想起しておこう。

—私は寂しく思います—

私たちはアイヌとして幼い時からどんなに、多くの人達から侮蔑されてきたでしょう。

私たちは弱い方でした。それがため堪えられぬ侮辱も余儀なく受けねばなりませんでした。その時私達はもっと強かったら、誰が黙々として彼らの侮蔑の中に甘んじていたでせう？　憎い彼らを本当に心いくまでいじめつけてやったのに・・・・・・・・・。

私たちはこうした自分の過去の出来事を追憶して、思わずこぶしを握った事が何回あったことでせう。

けれども、私たちは正直でした。

ほんとうに、真剣だったのです。

今日は聞くに堪えられぬほどの侮辱を受けても、次の日の私たちは、本当に彼らを信じていました。そして真面目に彼らの愛を仰いでいたのです。

「ウタリ――」よ！　何故に私達は弱いんでせう。昨日彼らは私たちになんとして侮辱を与えたか。そして私たちは、その侮辱の言葉を聞いた時どんなきもちであったか？　思ってみよ、あの侮辱の言葉を思ってみよ。お前はきっと忘れる事は出来ないでせう。であったら、お前は何故に彼らを信じるのか？　何故に彼らに復讐しないのか？

私の心は、その時から叫びました。

そして、そして私は、あの恐ろしい復讐の企てに燃えていくのです。私たちは今日まで、どんなにかその罪の恐ろしさにおびえつつも、彼らに対する復讐を行ったことでせう。

――弱きが故に受くる苦しみ、――異端者なる故に受くる悲しみ――

私たちは幾度か彼らを呪ひ、また私たちの社会を呪ったことでせう。

けれども私たちは正直でした。

私たちは、自分の心持のあまりにも荒んで行くのを、いつも寂しく思うのです。そして堪えられぬ悔みが、熱い涙となってとめどなくあふれ出るのです。(60)

違星の懊悩に満ちた言葉は、「一視同仁」＝告解への抗いそのものである。侮辱を愛ではなく侮辱として受け止めること、侮蔑を自責ではなく怒りをもって感受すること。それは、自らのおかれた苦境に正直であり、真剣であると同時に、差別するものを呪い、恐ろしい復讐を心の中で企て続けること、その苦しみに堪え忍びながら生きることを意味していた。人間であることが、憎しみや呪いという非人間化の底知れぬ闇に堕ちていくことでしか証明され得ないやるせなさ。心は荒み、引き裂かれ、やりきれない後悔と寂しさが違星を圧しひしぐ。違星の「熱い涙」は懺悔者のそれではないだろう。呪い憎むことでしか自らの人間性を守ることができない不条理に、そのような不条理に追い詰められている「ウタリ」（同胞）の存在に彼は涙したのだ。その涙は、収奪と従属を「恩沢」の福音へとすり替える狡猾なイデオロギー「一視同仁」に向けられた、苦悩に満ちた抗いの証しだった。

註

（1）アイヌモシリはアイヌ語で「人間の静かな大地」という意味。アイヌの人たちは、和人が「蝦夷地」「北海道」と命名した大地をそのように呼んでいた。

（2）国立公文書館「北海道旧土人保護法ヲ定ム」：類００８６８１００。

（3）最もよく知られている研究は、石田雄の『明治政治思想史研究』未來社（一九五四）である。日本の家父長制をヘーゲルの言う東洋的なディスポティズムの典型として論じている。

（4）Lawrence B. Custer, "The Origins of the Doctrine of Parens Patriae," *Emory Law Journal 27*, no. 2 (Spring 1978)：195–208；James VI and I's speech in David Wootton ed., *Divine Right and Democracy：An Anthology of Political Writing in Stuart England*, Hackett Publishing Company, Inc.（1986）：107–109.

（5）*Lynn Hunt, The Family Romance of the French Revolution*, University of California Press（1992）.

（6）平野克弥「〈明治維新〉を内破するヘテログロシア――アイヌの経験と言葉」『現代思想　臨時増刊号　総特集＝明治維新の光と影――１５０年目の問い』青土社（二〇一八）：六四頁。

（7）ジョルジョ・アガンベン『ホモ・サケル――主権権力と剝き出しの生』高桑和巳訳、以文社（二〇〇三）

（8）この論考の範疇を越えるが、例外状態と差別の問題を批判的に継承するために、次の問いも重要になるだろう。

アイヌ民族への差別が、一五〇年以上にもわたって日本に住む人々の間でほとんど認知されずに不可視化され続けてきたこと、つまり差別という暴力が暴力として理解されてこなかった事態をどう考えるべきか。それは、国民国家の規範的な構成員である一般市民がそのような差別構造を生み出し、いわゆる「マイノリティー」を剝き出しの生（生殺しの状態）へと追い込んできた事態もまた、例外状態として考察すべきことを示唆しているように思われる。主権の権力作用を暴力機構（カール・シュミットが「例外状態にかんして決定をくだす」力と呼ぶもの）としての国家に限定して考えるべきではなく、近代社会において市民（また臣民）こそがノモスとしての人種的・国民的主体を体現していることを忘れるべきではない。つまり、市民は国家のように法を生み出したり、その適用を停止したりする力を持たないが、法の延長にある社会規範を日常の発話、挙動、社会関係の中で宙づりにし、その宙づり状態を規範化する力を潜在的に持ち合わせている。人種差別は、規範と例外の不分明地帯をマイクロなレベルで日常化することで暴力として認知されず、それゆえに、その暴力性は猛威を振るうのである。

（9）Herbert Spencer, *The Principles of Sociology, in Three Volumes* (New York: D. Appleton and Company, 1898). Vol. 1.: 89–90.

（10）先住民や被植民地者を未発達な子供と見なし教導するという思想や政策は、一九世紀の植民地主義一般に見られた傾向である。China Mills and Brebda A. Lefrancois "Child As Metaphor: Colonialism, Psy-Governance, and Epistemicide" in *The Journal of New Paradigm Research* (London: Taylor & Francis 2018): 503–524.

（11）Caroline Sawyer, "The Child Is Not a Person: Family Law and Other Legal Cultures," *Journal of Social Welfare and Family Law*, 28, no. 1 (2006): 1–14.

（12）Robert Jackson, *Sovereignty*, Polity (2007): 75.

（13）ここでいう法的人格とは、和人同様にアイヌにも与えられた選挙権のことではなく、先住権をもとにした主権を意味している。先住権は、北海道ウタリ協会による「アイヌ民族に関する法律（案）」（一九八八年）の条文では明確に定義されていない。しかし、それに先立つ法案をめぐる議論のなかで、開拓によって「土地も森も海もうばわれ、鹿をとれば密猟、鮭を取れば密漁、薪をとれば盗伐とされ、一方、和人移民が洪水のように流れこみ、すさまじい乱開発が始まり、アイヌ民族はまさに生存そのものを脅かされるにいたった」という認識が提示されている。その奪われた生活のあり方・生存のための物理的基盤を確保し、それらをもとに共同体を営んでいく権利が主権である(『アイヌ民族の概説——北海道アイヌ協会活動を含め』改訂版、公益社団法人 北海道アイヌ協会、二〇一七、一三頁)。二〇〇七年に国連で可決された「先住民族の権利に関する国際連合宣言」でも、先住権は、植民地主義によって奪われた資源や領土をめぐる自己決定権として規定されている。日本政府はこの宣言に賛成票を投じていることを忘れてはならない。

(14) 北海道大学編『北大百年史 札幌農学校史料(一)』ぎょうせい(一九八一):四一—四二頁。

(15) 北海道庁編『北海道旧土人保護沿革史』第一書房(一九八一):二一一頁。

(16) 同書:二〇七頁。

(17) 「北海道旧土人保護法」制定をめぐる議論、小川正人・山田伸一編『アイヌ民族 近代の記録』草風館(一九九八):四五三頁。

(18) ミシェル・フーコーは生—権力を「身体も生も引き受けた権力、あるいはこういったほうがよければ、身体の側の極と人口の側の極をもって生一般を引き受けた権力」と定義している。Michel Foucault, *Society Must be Defended*, Picardo (2003): 254.

(19) 上野昌之『アイヌ民族の文化復興と教育に関する研究——言語復興と歴史教育におけるエンパワーメント』日本大学博士課程論文:三四。(のちに『アイヌ民族の言語復興と歴史教育の研究——教育から考える先住民族とエンパワーメント』風間書房 二〇一四年)。

(20) 違星北斗『コタン 違星北斗遺稿』草風館(一九八四):一〇九—一一〇頁。

(21) 平野克弥「遭遇としての植民地主義——北海道開拓における人種化と労働力の問題をめぐって」田辺明夫・竹沢泰子・成田龍一編『環太平洋地域の移動と人種——統治から管理へ、遭遇から連帯へ』京都大学学術出版会(二〇二〇):三一一六八頁。

(22) たとえば、ヘーゲルの『歴史哲学講義』における「旧世界」の章を参照。ヘーゲルは、「黒人は自然のままの、まったく野蛮で奔放な人間です。かれらを正確にとらえようと思えば、あらゆる畏敬の念や共同精神や心情的なものを捨て去らねばならない」とし、それゆえにアフリカには「国家体制なるものが存在しえないのはあきらかで」、「全体を支配するのは人間の内面にあるわがままな心にすぎない」と論じている。アフリカの政治的なまとまりは、「自由な法律が国家を統一しているといったものではな」く、「わがままをおさえるような絆や枷はどこにもなく、国家は外面的な暴力なしには一瞬たりとも成立しない」と主張し、「アフリカは世界史に属する地域ではなく、運動も発展もみられない」と断言する。G・W・Fヘーゲル『歴史哲学講義』(上)、長谷川宏訳、岩波文庫(一九九四):一六〇・一六五・一六九頁。

(23) この立場は、自由主義者であったJ・Sミルなどがとった立場であり、また日本ではスペンサーやヘーゲルの影響を受けた加藤弘之などが『人権新説』で展開した立場であった。さらに新渡戸稲造のような自由主義者たちは、「文明化」の過程として植民地統治を支持していた。

(24) Dieter Dörr "The Background of the Theory of Discovery" in *American Indian Law Review* Vol. 38 No. 2 (2014): 477-499.

(25) カトリックとプロテスタントの争いから始まった三〇年にわたる戦争の後、一六四八年にヨーロッパ諸国間で締結された条約をウェストフェリア条約という。その条約によって、国家権力は最高権力であり、国家同士は対等な関係にあるとされ、国家は固有の領土を持つと定められた。この主権国家体制をウェストフェリア体制という。

(26) Andrew Fitzmaurice "The Genealogy of Terra Nullius" in *Australian Historical Studies vol.* 38. Taylor & Francis (2007): 1-15. Randall Lesaffer, "Argument from Roman Law in Current International Law: Occupation and Acquisition Prescription" in *European Journal of International Law Vol. 16 no. 1.* Oxford (2005): 25-58; Yogi Hendlin, "From Terra Nullius to Terra Communis in advance" in *Environmental Philosophy* 11: 2 Philosophy Documentation Center (2014): 141-174

(27) 大寿堂鼎『領土帰属の国際法』東信堂(一九九八年)四〇頁。

(28) ジョン・ロック『完訳 統治二論』加藤節訳 岩波文庫(二〇一〇):三三一頁。

(29) 同書。

(30) 同書:三三二頁。

(31) 同書:三四三頁。

(32) 「旧土人保護法」はアメリカ合衆国が一八八七年に先住民たちに対して施行したドーズ法を参考にしたと言われている。ドーズ法は、先住民の保留地における土地共有制を強制的に廃止して、個人所有地として細分化し、その土地を二五年間は売ったり譲渡してはならないと規定した。これは、一八六二年に成立した「自営農地法」を先住民にも適応したもので、狩猟・採集を糧にしていた先住民は農業に不慣れだったために、零細化、貧困化し、最終的には土地を手放していった。多くのアイヌがたどった苦難の道と重なり合っている。富田虎夫「北海道旧土人保護法とドーズ法——比較史的研究の試み」『札幌学院大学人文学会紀要』四五（一九八九）を参照。
(33) 田中彰編『万国公法』『開国　日本近代思想体系』岩波書店（一九九一）：四九頁。
(34) 同書：四七四頁。
(35) 『北海道史』第一、北海道庁（一九一八年）：三—五頁。
(36) 北海道庁編『北海道旧土人保護沿革史』第一書房（一九三四）：二〇六頁。
(37) 同書：二〇五頁。
(38) 関口明・田端宏・桑原真人・瀧澤正編『アイヌ民族の歴史』山川出版社（二〇一五）：一九四頁。
(39) 河野本道選『アイヌ史資料集　第1巻』北海道出版企画センター（一九八〇）：二六頁。
(40) 同書：二九頁。
(41) 関口明・田端宏・桑原真人・瀧澤正編『アイヌ民族の歴史』：一九九—二〇〇頁。
(42) 河野本道選『アイヌ史資料集　第1巻』：五五頁。
(43) 同書：二七頁。
(44) 榎森進『日本民衆の歴史　地域編8　アイヌの歴史：北海道の人びと』三省堂（一九八七）：一七〇—一七一頁。
(45) 北海道庁編『北海道旧土人保護沿革史』：二八九—二九一頁。
(46) 『新北海道史』第4巻　北海道（一九七三）：一八〇頁。
(47) 『帯広市史』帯広市役所（一九八四）。
(48) 『新北海道史』第4巻：一七九頁。
(49) 北海道庁編『北海道旧土人保護沿革史』：二〇六頁。
(50) 同書：二七九頁。
(51) 同書：二八〇頁。
(52) 旭川市史編集委員会編『旭川市史』（復刻再版）：一八〇—一八一頁、図書刊行会（一九八一）
(53) 常本照樹『アイヌ民族をめぐる法の変遷——旧土人保護法から「アイヌ文化振興法」へ』自由学校「遊」ブック

レット4、さっぽろ自由学校「遊」（二〇〇〇）：一二―一五頁。
（54）小川正人、山田伸一編『アイヌ民族近代の記録』：四七三頁。
（55）同書：四七五頁。
（56）同書：四六六頁。
（57）ミシェル・フーコーは司牧者と従者について次のように述べている。「牧者は、自分の監視する羊たちの日常生活を出発点として、ある恒常的な知を形成しなければならない。その知とは、人々の振る舞い・操行に関する知のことです」（『ミシェル・フーコー講義集成〈7〉安全・領土・人口（コレージュ・ド・フランス講義1977-78）』筑摩書房、二二三頁）。そして、この知は、「羊が牧者との関係を全面的な隷従関係として生き」るためにある一方で、「牧者は自分の担っている任務を、自分を羊たちの奉仕者とする奉仕であるかのように感じ」ることを可能にするためにある。つまり、「司牧者的権力には、ある個人化の様態があ」り、「それは、私なるものを肯定することを通じてなされるのみならず、反対に私なる者の破壊をも含意する個人化」なのである（同書：二二二頁）。「これは隷属化により個人化だということです」とフーコーは結論づける（同書：二二三頁）。具体的には、この個人化は、羊の「魂の中で生じたこと」を「告白させる」こと、「すなわち徹底的で永続的な告白に頼る義務」によって遂行される。「キリスト教徒は、自分の意識を導く責任を負わされている人に自分の内で生じていることを絶えず告白しなければならない」のだ。こうして、羊となった個人は、「自分を救済する義務が存在することを」受け入れ、「私は自分の救済を望まないという自由を持っている諸個人を許さなかった」のである（渡辺守章訳　二〇〇七）「〈性〉と権力」『ミシェル・フーコー思考集成Ⅶ　知　身体』筑摩書房（二〇〇〇）、一五一―一五二、一四九頁）。フーコーはこのように、司牧者権力を司牧者への従者の群れの全面的な隷従関係、つまり司牧者が従者の「救済」を確保するために彼らの身体の有り様から魂の問題まで丁寧に注意深く管轄し、従者たちはそのような司牧者の慈愛に応えるべく、変わることのない絶対的な服従の関係を結ぶのである、と論じている。天皇と臣民の関係性を「一視同仁」と表現してきた天皇制イデオロギーは、「救済」という道義によって個人化―全面的従属化（身体と心の支配）を遂行したという点で、フーコーの司牧者権力をめぐる議論から得るものが多いだろう。
（58）小川正人『近代アイヌ教育制度史研究』北海道大学出版会（一九九七）：一四三頁。
（59）武隈徳三郎『アイヌ物語』富貴堂書房（一九一八）、小川正人、山田伸一編『アイヌ民族近代の記録』：三七〇―

三七一頁。
(60) 違星北斗『違星北斗遺稿コタン』：一〇三—一〇四頁。

第一〇章　「狐持ち」と結婚忌避

鈴木岩弓

島根県出雲地方では、現在も「狐持ち」迷信に基づく差別意識が伏流しており、結婚話が浮上するやこの差別観が頭を擡げることがある。本章では、結婚忌避へと至る「狐持ち」差別の構造を、四種の〈怖さ〉から解明する。

一　はじめに——問題の所在

「〈あのサン〉は、島根にいたんじゃ結婚できませんよ」。かつて私が、島根大学教育学部で社会学の教員をしていた当時の話である。既に小中学校の教員となった卒業生たちが久しぶりに顔を揃え、近況報告から始まって同期生たちの結婚話が一段落した時のこと。ふと才色兼備の女性の名前が挙がってこなかったことに気づいた私が、「〇さんも結婚したの?」と聞いた時の反応が、この発言だった。何となく奥歯にものの挟まったような言い方であったため、「えっ、なんで?」と尋ねた私の言葉に、「先生は知らなかったんですか」と済まなそうな顔つきとなった彼は、意を決したように言葉を継いだ。「〈あのサン〉は狐持ちの家系なので、島根にいて結婚するのは難しいんです。大阪なんかに出て行けば別ですけど」と。

私にとって「狐持ち」との出会いの最初は、大学院時代に読んだ石塚尊俊の『日本の憑きもの　俗信は今も生きている』であった。(1)この本を読んだきっかけは、精神錯乱状態の中で訳のわからないことを喋る老婆を、狐が憑いたためと解した家族らが、体に入った狐を追い出そうと皆で老婆を叩き殺してしまったという、東北地方の「狐憑き」事件の新聞記事であった。この本を読んで、動物霊が人に取り憑くとする事例が全国各地に見られることには驚いたが、さらにその一部には、出雲の「狐持ち」のように取り憑く動物がイエ筋を通じて伝播するとみなされ、それが理由で結婚忌避の対象となるとの指摘は、強く記憶に残っていた。

そうした私が島根大学への就職が決まって、可能なら「狐持ち」の調査も……と意気込んで松江に赴いたのは一九八二年の春。八月に開催された山陰民俗学会の研究会では、運良く石塚先生にご挨拶する機会をもてた。『日本の憑きもの』を興味深く読んだ話を織り交ぜ、親しみを込めてご挨拶した私に対し、先生はキッパリ「いやー、あんな怖いものの研究はもうしませんよ」と言葉を返されたのである。少々意外なお答えであった。俗信・迷信の語で語られることから、「狐持ち」の問題は既に残存（survivals）と思い込んでいた私の勝手な思い込みは、その瞬間凍り付いてしまった。ならば「今、どう怖いのか」、を伺いたかった私であったが、先生の屹度した顔つきに、二の句が継げなかった。以来松江に住んだ一一年間、「狐持ち」の話題に接した経験は、先の卒業生との会話以外ほぼ皆無であった。実は地元の人に水を向けたことは何度かあるのだが、そのたび悉くはぐらかされ、会話は進まなかったのである。当時にあっても、「狐持ち」は差別問題とも絡んだ活きた地域文化であったのであろう。その結果、余所者の私は「狐持ち」の〈怖さ〉に触れることなどはもちろん、「狐持ち」の存在自体に触れる機会もなく過ごした松江時代であった。

その後仙台に戻って三〇年近く経った頃、ネットで見た「島根県人権施策推進基本方針」に、「狐持ち」の語を見つけた。[2]「様々な人権問題」九項目の一つ、「迷信」の説明文に、「古くから日本社会に存在する迷信や因習の中には、「ひのえうま」や「つきもの」など、非科学的で根拠のないものであるにもかかわらず、それを理由とした差別や人権侵害が行われるものがあります」とあり、「なかでも「きつねもち」は、島根県特有の迷信として一定の地域にみられ、今もなお、差別意識が残されています[3]」と特記されていたのである。これを読んだ私は、改めて驚きを感じた。冒頭の経験からすでに三〇年以上も経つ島根県において、「狐持ち」は今もなお差別意識の源泉として活きていることを再確認したからである。

そこで本章では、今も私の耳元に響いている、石塚先生の「あんな怖いもの」と評された「狐持ち」について、改めて結婚忌避の場面で聞かれる言説を手掛かりに、考えてみたい。先に挙げた『日本の憑きもの』にあるように、出雲地方の「狐持ち」は、他地域に見られる「狐憑き」とは若干異なった、この地域独自の文化に裏打ちされた習俗である。そうしたこともあって、出雲地方における「狐持ち」に対する研究は、エティックに「憑きもの」研究の一事例として、あるいはイーミックに出雲の地方文化の個別事例として採り上げられ、歴史学・社会経済史学・民俗学・心理学など、多方面の研究領域からその探究がなされてきた歴史をもつ[4]。本章では、先学の多くが「狐持ち」に纏わる〈怖さ〉や〈怖れ〉に触れながらも、その議論を深化させることなく終えてきたことに対する筆者の不満足感を起点に、「狐持ち」に関わる〈怖さ〉の内実に留意することで、「狐持ち」現象を再考してみたい。

二　「狐憑き」と「狐持ち」

まずは、用語の整理から入ることにしよう。「狐憑き」と「狐持ち」は、少々似た用語であるがゆえに、その区別を意識しないで使う人も多い。しかしこの両者、出雲地方においては部分的に重なりながらも、通常はしっかりと使い分けがなされる用語である。時間の流れからいうなら、まずは何らかの事情で「狐憑き」となる人が誕生し、その後に「狐憑き」の原因となった狐を飼っている、あるいは使っているとされる「狐持ち」が誕生するのである。

そもそもここで問題とする「狐憑き」とは、文字通り人間に狐（の霊）が取り憑く現象を指す。宗教学的研究領域でいうなら、「憑きもの」（possession）研究の対象の一つで、霊魂や神仏、生き霊や動物霊などといった超自然的存在（supernatural being）が人に憑依する社会現象のうちでも、とりわけ狐が憑依する現象について呼ばれる語である。[5] 少し前までの日本では、狐は人家の周りにも出没する、人の日常生活に近しい動物であった。昔話や童謡に狐がしばしば登場するのは、その証左でもある。それが稲作の神、また稲荷信仰といった信仰現象と結びついて展開する中、「狐憑き」は全国に広く見られる「憑きもの」現象の代表格であった（この点については、石塚尊俊が作成した次頁の図1が参考になろう）。他方で狐は古来より、特別な霊力をもった力の強い存在と考えられてきたがゆえ、その処し方を一歩間違えると祟りをもたらす怖い存在でもあった。そのため人が精神錯乱状態になった際、病因の説明原理として「狐憑き」がもち出されることは、一九七〇年代の日本においてもそれほど珍しいことではなかった。私が関心をもつきっかけとなった新聞記事はまさに、異言を吐く老婆の精神状態に対し、狐が憑いたことを原因と考えた、親族や宗教者の共同幻想であったのである。

これに対し「狐持ち」は、出雲地方に特異なイエ筋の問題として展開する、科学的根拠に基づかない迷信である。山根與右衞門源保祐が著した『出雲國内人狐物語』（天明六年：一七八六、以下『人狐物語』）には、世に出た最初の「狐持ち」として次のような記述が見られる。[6]

八雲立わが出雲の國にて狐持といふことの濫觴を尋るに、享保の初頃、東郡の方さる富者の家に、名子間脇の

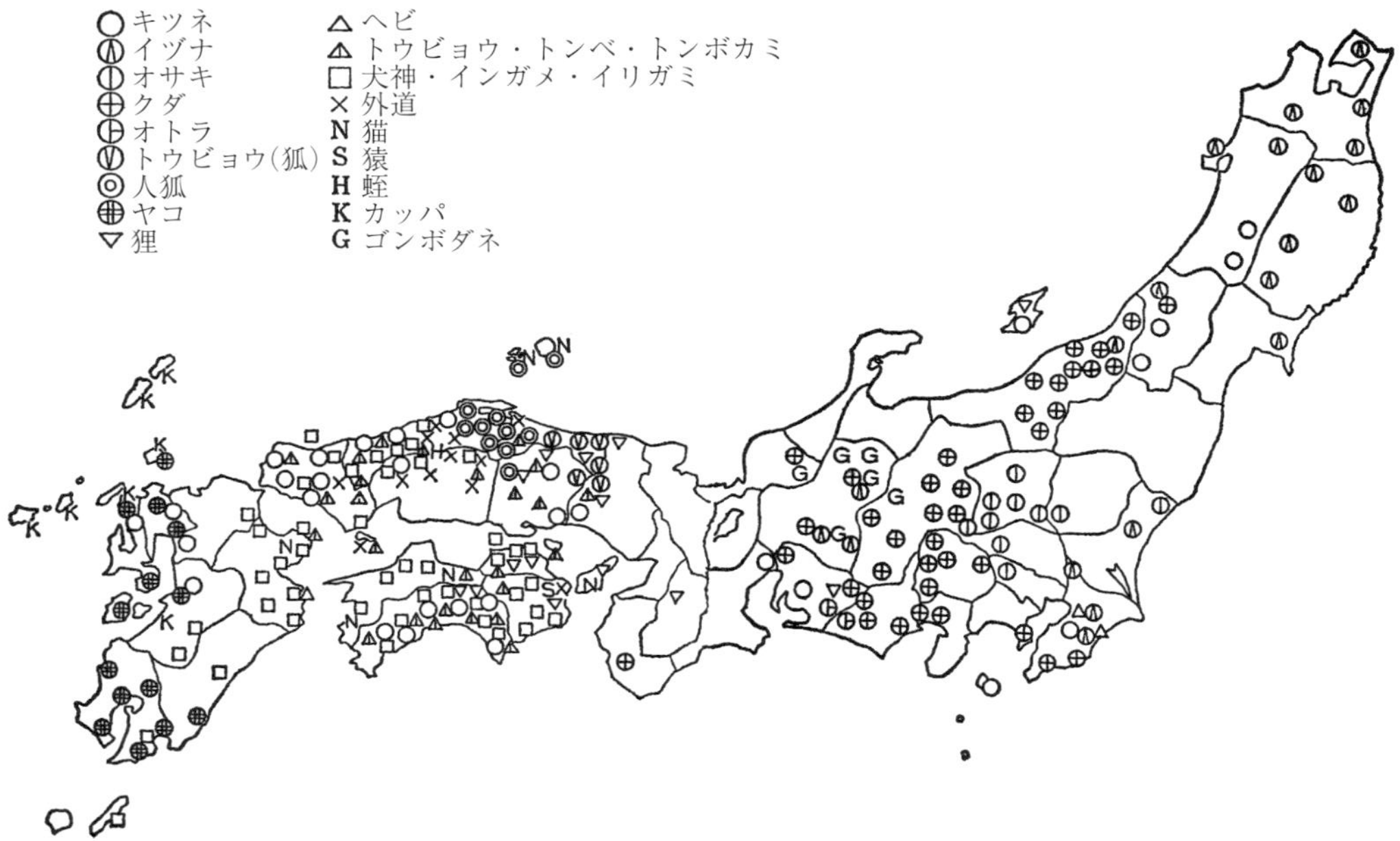

図1　憑きものの呼称による分布

地点はおおむね郡単位であるが一郡に数種類もある所は同一地点に数箇記してある。図の疎密と俗信そのものの強弱とは関係がない。(石塚尊俊『日本の憑きもの　俗信は今も生きている』未來社、1972年、22-23頁より)。

類ひあまたもてるが、一人の間脇、その田畑を多く作り、大に不納し、富家より稠敷折檻を加へ、彼間脇漬におよひ投出しけり。よつて富家の主人大に腹を立、一朝未明に人夫多勢めしつれ、寝込におしかけ、その家をとき取むれば、是を意恨になし、其後おのが家の病者を狐着と號して、さとのかひ《はカ》といふものをかたらひ、かの富者へ災をしかけ、大いに財物を費やさしむ。彼の富家永く狐持の名を得しとかや。是を狐持の始なるへき。是より前、狐持の沙汰一向に不聞、

まずは一八世紀の享保年間初め頃にあったこの事件が、「狐持ち」が世に知られる最初のきっかけであったとする指摘は興味深い。それは、小作の一人が収穫物を納めなかったことに腹を立てた金持が厳しく取り立てを行ったところ、それを恨みに思った小作が、金持の家にいる狐が憑いたことから家族の中に「狐憑き」が出た、という噂話を広めた事件である。その後、この金持のイエ筋は、「狐持ち」という負のレッテルで呼ばれることになったのである。

「狐持ち」のイエ筋誕生の経緯について、同じく『人狐物語』には以下の例もみられる(7)。

元文の頃ある山中に古家を賣ものあり。買はんといふもの二人有て争論し、まけて買得ざるものおのが非を隠さんとて、彼家には下地より狐有といふ噂故止めたりと、こゝかしこにていひふらし、後ろ指をさす。折節近所に病者ありて、様々のことをいへるより、かの古家を買いしものを狐持に押付たり。それよりその親類狐持になるものおほし。

この事例も先と同様、「恨み」が発端である。古家購入争いに破れた腹いせに、その古家に狐がいたため買わなかったと言い広め、近所に出た病人とも関連づけて、古家を買った者に「狐持ち」のレッテルを貼ったというのである。

また精神に異常を来した病人を行者が責めたて、「汝何方より来るぞ、ありのまゝに白状せよ」と、多数の見物人が見守る中で病気の原因を探る話も収められている。[8] この話では、最終的に行者が誘導した家が「狐持ち」とされてしまう経緯が書かれている。

病者外の方へ行んとすれば、行者聲をかけ、其方にてはあるまじ、こちらの方にて有ふがと、小肘取て引廻し、其指す家へつれ行き、此病者は當家より狐が来りなやましよし口走りて候と、行者諸共口々に訇る故、向にはこは如何に寝耳に水と仰天す。其難渋いはん方なし。ケ様の事所々にありて永く狐持となるものすくなからず。

「狐持ち」誕生に際しては、宗教者の介在がしばしば確認される。寛政二年（一七九〇）の秋、病気診断をした山伏らが、その原因を二人の男が狐を使ったためと断じた。そのため二人は親戚から義絶されることとなったため、言われなきことと役所に訴えた。するとこれが事実無根の創作であったことが判明し、山伏は脱衣入牢に処せられた。松江藩では、この文章の後に「社家山伏等江茂寺社奉行より被申渡候」として、人狐に関する以下の記述を付加している。[9]

御国に於て中古以来狐持与申儀申触し右之蒙汚名候もの共は父子兄弟夫婦遠類に至迄及絶縁田畑山林家屋敷等令売買候にも主附無之様に成行諸人の難渋不大形事に候、余国には不及承於当国茂古来は無之候処与風野狐の災を愚昧の百姓町人等心得違不才奸曲なる禰宜山伏共へ祈禱相頼み候より其虚に乗じ金銀を為可便貪妄説を申触御国民之煩与相成候段歎敷事に候、以来妄説に迷ひ人狐の沙汰申触候もの有之候而親類不和絶縁など申懸け候類ひ出来候はゞ早々可訴出候事

寛政三年に出されたこの書出では、「狐持ち」は他国では聞かれないこと、さらに出雲においても昔は聞かれなかったものが一八世紀末になって問題化してきたことが述べられる。「狐持ち」誕生の背後には、まずは愚昧な百

姓・町人が野狐の災いと心得違いすることがあり、次に彼らから祈禱依頼をされた禰宜や山伏らの宗教者が話を拡大したことで人々の煩いとなったというのである。その結果、「狐持ち」の汚名を被った人々が、親族から絶縁される状態となり、家屋敷を売ろうにも買い手がつかないなどの差別的事態が生じた点は、松江藩としても看過できない問題であった。

「狐持ち」誕生場面には、かかる理不尽な経緯があったことも確かである。しかし『人狐物語』の著者は、レッテルを貼られたイエ筋には共通点が見られることに気づいていた[10]。

かの名を得しものを窺ひ見るに、其様一躰ならざれど、多分其性かだましく、慾深く憐まず施さず、富有にほこりて人を侮り、自然に悪みそしらるゝ事重なり、何ぞ少しの事より風といひ出し、尾を付ひれを付て惣方より取はやせど、影言故何といひ開かん様もなく、終に狐持となるものおほし。

つまり「かだましく」「欲深く」「憐れみなく」「人を貶む」ような人が、周りから「誹ら」れて「狐持ち」となることが多いのである。ましてそれが金持である場合は、殊更であった。柳田國男のアドバイスに従って「狐持ち」の入村時期を調べた石塚は、それが草分けではなく第二期くらいの来住戸で、しかも草分けの間に割り込んで急速に経済力をつけてきた家系に多いことを探り当てた[11]。そうした〝出る杭〟に対するジェラシーからのバッシングが最初期の「狐持ち」誕生の背後にあるとする指摘は、これまでの研究者から支持されてきた。

以上、ここで留意すべきは、出雲における「狐持ち」は〈個人の資質〉というより、悪さをする狐と同居しているとされるイエ筋が保有する〈群の資質〉と理解されている点である。これに対し「狐憑き」は、「狐持ち」と同居している狐に取り憑かれることで起こる個人の精神状態、すなわち〈個人の資質〉を指す。その意味から、狐と同居している「狐持ち」は加害者で、その狐に取り憑かれた「狐憑き」は被害者とみなされることが一般的である[12]。

出雲の「狐持ち」現象は江戸中期頃に始まったものと考えられるが、その最初期は、「狐憑き」の原因を周りの人々や宗教者が探り、「狐持ち」の存在が白日の下に引き出されることが一般的であった。そしてひとたび負のレッテルを貼られた〈群の資質〉としての「狐持ち」は、当該のイエ筋を伝って子々孫々に継承されてきたのである。すなわち「狐憑き」は、ある程度単発的・独立的に社会に現れてきた一過性の現象であったのに対し、「狐持ち」はそのレッテルを貼られるや、イエ筋を通じ、世代を超えて現代社会にまで恒常的に位置づけられる歴史的所産として継承されてきたということができよう。

そうした中、「狐憑き」の語自体は今なお出雲文化の中で伝承されていながらも、科学的思考や医療技術の進歩によって、「狐憑き」現象が社会の表面に出てくる機会は非常に少なくなってきた。それに対し、当初はその「狐憑き」を前提に成立した「狐持ち」は、狐という負の因子を伝えるイエ筋に対する負のレッテルとして、現在も色褪せることなく世代を超えて継承されている。かかる負のレッテルが社会の表面に浮上して気に掛けられるのが、他のイエ筋と新たな関係を結ぶ機会である結婚や、土地や家屋の購入時、つまり通常イエ筋で世代を超えて継承していく家産である土地や家屋を、他のイエ筋が買い求める場合などの、イエ筋同士が接触する機会なのであろう。こうした危機的機会が、現在の出雲地方においても生活規制となって機能していることは、前述した「島根県人権施策推進基本方針」の指摘からも推察できる。

三　結婚忌避発生のメカニズム

英語の foxy が「狡猾な」、「ずる賢い」の意味を表すように、狐のもつ一種邪悪なイメージは、日本以外の文化においても確認される。そうした中、出雲地方では近世以来、飼育動物ではない狐を飼ったり、さらには狐の力を借りて生活していると考えられるイエ筋が、「狐持ち」と呼ばれて怖れられてきた。『人狐物語』には、次のようにある。[13]

縁につれ傳によりてひろごり行。是はかの一類、渠はこの縁者、兄弟よ従弟よ、甥よ姪よと類族を引立て、かれも是もと後ろ指をさし、恐る丶事となりにけり。

こうして拡散する「狐持ち」のイエ筋は、色のシンボリズムの見地からクロ、「狐持ち」ではないイエ筋はシロと呼ばれて差別化されてきた。[14] そもそもイエ筋は、社会生活を送る中で、普段は個別に独立している。しかし冠婚葬祭、とりわけ二つのイエ筋が直接結合する結婚は、二つの筋の幅が合体して拡大する契機である。そのためシロのイエ筋から見た場合、結婚を契機にそのイエ筋の中にクロが混入すると、それまでのシロに色がつき、クロや灰に転落すると考えられることから、そうした異筋間の結婚は忌避されてきた。

松江では、今も親しみを込めて「ヘルンさん」と呼ばれる小泉八雲（ラフカディオ・ハーン）は、『日本瞥見記（Glimpses of Unfamiliar Japan）』（一八九四年）の「Kitsune」という章で、「狐持ち」に対する結婚忌避の実情を、以下のように「迷信」と述べている。[15]

キツネ持ちと思われている人は、世間から忌み遠ざけられる。キツネ持ちの家と縁組みをするなどということは、これはもう論外の沙汰である。出雲には、そこの家にキツネが住んでいると思われているために、亭主をもつことができないでいる年頃の娘がたくさんいる。……あまり豊かでないキツネ持ちの家になると、りっぱな娘で、迷信から縁づかないでいるのが、ずいぶんたくさんある。

以下では結婚忌避が生じるメカニズムについて、これまでに出された「狐持ち」研究の成果で挙げられてきた結婚忌避の事例を手掛かりに考えることにしたい。具体的には、「狐持ち」のイエに孫娘を嫁がせる話に反対した祖母の手紙の内容を分析することで、問題点を確認することにしよう。これは、孫娘にクロのイエ筋との結婚話が具体化した祖母が、息子、すなわち孫娘の父親に対し、その結婚に反対する旨を書き送ったものである。そこには、その結婚話を進めることで生起することに対する様々な〈怖さ〉が事細かに書かれており、結婚忌避が生じてくる過程を具体的に知ることができる、類い稀な資料と考えることができる。

実はこの資料、自身クロのイエ筋に生まれ、差別された経験のある速水保孝自身の結婚に際した実話である。以下は、速水自身の書いた『憑きもの持ち迷信』改訂増補版（明石書店、一九九九年）からの引用であるが、本書の初版は一九五三年一一月の刊行である。[16] このことから、「私は狐持ちの家の子であります」の第一文で始まる本書が、「狐持ち」迷信打破の啓蒙書として半世紀にわたって読み継がれていることが明らかになる。民俗学者の柳田國男は、本書の「序文」を執筆し、刊行意義を次のように評価している。[17]

　世間でくろ（憑きもの持ち）と言われている人々の中から、これについて発言してくれる者が出ることを長い間期待していた。なぜなら、その発言が、憑きもの持ち家筋の人の口から直接に出たものでない限り、真実は濁り、誤り伝えられる危険性が多かったからである。

速水が結婚した一九五二年頃は、シロはクロとの異筋婚を忌避することが一般的であった。そのため出雲地方の約一割の世帯がクロとも言われる中、近いイエ筋での血族結婚を避け、通常の結婚でも配慮される家柄や財産の釣り合いを考えていくと、出雲地方にいる限り、その候補は容易には見つからないといった事態になるのであった。「（昭和）二十七年九月のはじめに、彼女との結婚を決意して、二カ月後の十一月の中旬には結婚生活に入りました」[18] と、速水の結婚話の展開は、一見順風満帆な時間経過の中で進んだように書かれている。しかし実は、結婚話が表に出て結婚生活を迎えるまでの二カ月間、彼の預かり知らぬところで、彼の妻となるT子の祖母と、その息子であるT子の父親との間で、手紙による応酬がなされていた。速水との婚約が整った報告をT子の祖母に知らせると、祖母は喜ぶどころか、大変悲しんだ便りをT子の父の手許に送ったのである。

T子の婚約の相手のH家は、どうしても、私たちの家とは相いれない有名な狐持ちの家です。母はH家から二丁ばかり離れたところで育ったのでよく承知しているのですが、①H家と姻戚関係を結ぶと、たちまち、H家の狐がのり移ってきて、その家もまた狐持ちの家筋になると言われ、②永久に一般家庭と婚姻関係を結ぶことができなくなります。③貴方は若い時から東京生活をなさっているから、この点よくおわかりにならないかもしれませんが、現に私の実家からの便りでは、もし、T子と、H家の三男とが結婚するなら、親戚関係を断絶するんだと言ってきています。そうにでもなってごらんなさい。④この母は、実家へのお墓参りさえすることができなくなります。いや、それだけなら母も我慢しますが、⑤その他の親戚からも、すべて断絶を申し立ててくるにちがいありません。⑥貴方の兄妹の家々もまた、狐持ちにされることを恐れて、断絶するにきまっています。そうなれば老先短い母の⑦死水さえとってくれるものがいなくなるではありませんか……。それだけならまだいい、私たちの⑧子孫は永久に狐持ちの家筋の人とでなくては結婚できなくなるでしょう。……⑨母はこんなことで名誉ある家名を傷つけたくはありません。母は、⑩T子が可愛くないはずがありません。可愛いからこそ余計にこの結婚には反対せねばなりません。もしも、⑪万が一にも、貴方がどうしても、この結婚を許可するならば、まことに止むを得ないことでありますけれど、母や、家のため、親戚のために、貴方との親子の関係を断たねばならなくなるでしょう。こんなことは、母として、どうしても忍ぶことができないことです。貴方もまた、私との親子の関係をお絶ちになるはずがないと信じています。T子は美しく、まだ若い娘です。お婿さんなら降る

ほどありましょう。どうかこの母の言うことをよく御推察いただいて、二度とこのような悲しい御便りをする

必要がないように御取り計らい下さいませ。

以上の文面からは、孫娘の結婚話を契機に、祖母の中に次々と〈怖さ〉が生まれてきたことが明らかになろう。祖母はクロのイエ筋との結婚で生じると予想される事柄をさまざまなレベルで考えていきながら、その最終的帰結として、孫娘が結婚忌避するか、自分が息子や孫娘と縁切りするかという、二択の結論を迫る切羽詰まった段階にまで至っているのである。その際、祖母が感じてきた〈怖さ〉の内容は一様ではなく、大別するなら「ⓐクロの〈怖さ〉」「ⓑクロである〈怖さ〉」「ⓒクロとされる〈怖さ〉」「ⓓクロとなる〈怖さ〉」に四分することができるものと思われる。以下、祖母の手紙の言説に注目しつつ、その〈怖さ〉の意味を整理してみよう。なおその際には、他の類似事例に見られる関連内容も参考にあげ、手紙の内容理解の一助としたい。

①結婚を機にH家の狐が乗り移り、わが家が狐持ちのイエ筋となる〈怖さ〉

この言説にはまず、「狐持ち」のH家には狐、すなわち不可視ではあるが得体の知れない存在が同居しているという「ⓐクロの〈怖さ〉」が含意されている。この理解こそ、出雲地方において「狐持ち」が成立する地域文化の原点となるわけだが、さらにその狐は結婚を機に、それまでシロだった家に侵攻し、それをクロへと変える能力を持つと解されている。そのような「ⓐクロの〈怖さ〉」の特徴は、信じられているか否かは別にして、「狐持ち」を構成している出雲地域の文化的位相の中で保持・伝承され、今に位置づけられている。

しかしその狐が、いつ・どこから・どこへ・どのように乗り移るのか、といった詳細は明らかでない。この点につき小泉八雲の前掲書には、以下のように一般論が書かれている[19]。

その家の娘が、他家へ縁づくようなことがあると、キツネも花嫁について、新しい先方の家へついて行く。そればかりではない、婚礼で繋がりの出来た親戚、つまり、縁づいた夫の親戚一統へ、そのキツネは、自分の同族を移住させるのである。こういう人ギツネは、一匹がそれぞれ七十五匹の家族を持っているものと考えられている。七十五匹よりも多くも少なくもない。

「花嫁について」というのは、昔は夜に行われていた「嫁入り行列」に付いて移動したという意味であろう。[20] また「狐持ち」のイエに、七十五匹ちょうどのキツネがいるという言説は、「狐持の事を俗に七十五人の家内持とも云ふ」[21]とあるように、この地域では広く聞かれることである。出雲各地におけるキツネの戯語、隠語として「七十五人」があり、「眷属が七十五匹だといふことは、隠語にもなってゐる位も早一般的である」ともいう。[22] また「狐持ち」の総本家と烙印を捺されるようになった契機が、托鉢僧がその家に入った途端に飛び出してきて発した「七十五匹云々おそろしや」の言葉にあるという指摘もある。[23]「七十五」は人狐以外にも外道・トウビョウ・クダ・犬神などの憑きものとも関連した数字であることから、石塚尊俊は密教の神聖数との関連を指摘している。[24] クロへ転換する範囲については、後の③⑤⑥で触れられるが、小泉八雲は「婚礼で繋がりの出来た親戚、つまり、縁づいた夫の親戚一統」と、広範囲な親戚に及ぶことを指摘している。

②クロとなると、一般家庭と婚姻関係を結べなくなる〈怖さ〉

祖母が「一般家庭」と書いたのは、シロのイエ筋のことで、出雲地方ではシロはシロ、クロはクロといった同筋婚が一般的である。したがって、ひとたびシロがクロとなると、以後そのイエ筋の配偶者はクロからの選択に限定されるとする価値観が共有されている。石塚は、出雲と隠岐の村内婚における同筋婚と異筋婚の比率を、戦前からの資料をもとにまとめており、[25] そのデータを引用者が整理して作成した表を次頁に掲載した。これより異筋婚はど

表　イエ筋別婚姻件数

	O村（出雲）		K村（出雲）		A村（隠岐）	
	件数	%	件数	%	件数	%
同筋婚	75	92.6	101	93.5	198	97.5
非憑物筋同士の結婚件数	49		86		190	
憑物筋同士の結婚件数	26		15		8	
異筋婚（非憑物筋と憑物筋の結婚）	6	7.4	7	6.5	5	2.5
結婚総数	81		108		203	
全戸に対する憑物筋の割合（%）	39.4		56.7		13.2	
調査期間	1933～1952		1943～1952		1948～1952	

石塚尊俊「俗信の地域差とその基盤――憑きもの研究梗概」『民俗の地域差に関する研究』（岩田書院、2002年、108頁）の表を整理し直して鈴木岩弓が作成

こも一割に満ちていないことが明らかで、この地域では異筋婚に対する結婚忌避感情が強いことが推測される。こうした「ⓑクロである〈怖さ〉」も、「狐持ち」を構成する出雲の文化的位相の中に位置づけられているのである。

③この結婚が成立すると、実家から親戚関係を断絶される〈怖さ〉

実家からの断絶の背後には、祖母の実家がH家、すなわち速水家のすぐ近所にあるという理由が強く作用していた。この結婚が成立すると、祖母の実家はそれまで結婚忌避の対象であったクロの速水家と親戚になり、実家自体もクロとなるからである。それを避ける意味から、実家は祖母を縁切りすると言ってきたのである。実家がシロを維持していくためには、孫娘の結婚によってクロとなったイエ筋へと嫁いでいる祖母を縁切りするしかないことは、祖母には充分理解できることであった。祖母はこの結婚を進めることにより、実家から「ⓒクロとされる〈怖さ〉」が出てくることは、出雲地域の社会的位相から考えれば当然のことと予想し、危惧していたのであろう。

なおここでいう「親戚関係の断絶」の具体像は、明確ではない。類語として「村八分」という地域内の制裁を表す語があるが、ここは親戚対象なので村八分以上の断絶が予想される。村八分を、火災と葬式

を除いた婚礼・病気・元服・水害・旅行・出産・追善・普請への関わりを拒否する制裁と考えるなら、加えて葬式も断絶対象となろう(26)。島根県大原郡の因習打破推進委員会の資料からは、葬式と入棺の微妙な立ち位置の違いを窺い知ることができる(27)。

未亡人A女は、持ち筋といわれているB家の人と再婚した。その後、A女の実家の父が死亡した際、A女は入棺だけを済ませて葬式には親戚として参加することはしなかった。またA女の実姉が死亡したときにも、入棺には立ち合ったが、葬式には遠慮する旨を伝え――実家の者からはいてくれるようにとの要望もあったが――本人は遠慮して婚家へかえってしまった。

異筋婚によって実家と断絶中のA女は、同じ親族の葬式には不参加であったが、入棺には参加した。この判断には、入棺を死者との別れの公的機会とはみなさないとする判断が推測される。イエ筋からするとシロとクロに断絶して同席できない中、血筋を同じくする肉親の情愛の点から、入棺時の参加を私的機会と判断することで実現できたものと考えられる。

④実家の墓参りに行けなくなる〈怖さ〉

ここでの「墓参り」は、「村八分」のうちの「葬式」「追善」といった、血筋をたどる公的な場における墓参りを意味するものであろう。「祖母の実家」はその当時、おそらく祖母と同世代以下の世代で構成されていた。そうした親戚から③のように縁切りされてしまうと、祖母が自分の親の法事の墓参りに参加不能とならざるを得ない〈怖さ〉である。「ⓑクロである〈怖さ〉」は、通常の関係ならば問題なくなされる公的行動の一部に、制約がかかる形で現出してくるのである。

⑤その他の親戚からも、すべて断絶されるであろう〈怖さ〉

孫娘の結婚を契機に、シロである親戚から祖母になされる縁切りを想定し、祖母は社会から「ⓒクロとされる〈怖さ〉」を抱いている。これは③で触れた実家との縁切りの拡大版で、イエ筋をさらに拡大した親戚全体からなされるものである。それまでのシロのイエ筋の中に、結婚を契機にクロが拡散していく状況を、文化人類学者の丸山孝一は以下のように例えている(28)。

白い和紙に黒インクを滴下するとインクのしみが周囲に拡がってゆくように、自分が異筋婚をすれば自分がクロになるだけでなく、自分のつながりをもつ全ての親族が系譜上の網の目を通して四方八方にわたって黒化してゆき、その結果、従来結婚において差別していたような差別を自ら受けるようになるか、或いは黒化現象の蔓延から身を守ろうとする親族一同から絶縁、勘当をうけるなどの恐れをもつ。

⑥狐持ちにされる〈怖さ〉をもった兄妹の家々からも、断絶される〈怖さ〉

ここでいう兄妹は、父にとっての兄妹、孫娘とは三親等の関係である伯父・叔母である。この祖母の手紙の段階では、伯父・叔母からの「断絶」はあくまで祖母の考える〈怖さ〉であったが、その後父の元には「母親からさらに手が廻され、東京に在住する兄妹を通じて、結婚阻止がくりかえし行われるに及」ぶこととなった(29)。この結婚の成立で「ⓒクロとされる〈怖さ〉」があると諭された東京の兄妹からも、結婚阻止の話が繰り返し出されたことで、父は娘の幸福のために祖母との断絶もやむなしと考えるようになったという(30)。

⑦母の死水さえとってくれるものがいなくなる〈怖さ〉

この結婚を推し進めた場合、祖母は③⑤⑥にみるシロからの断絶を受けることで「ⓒクロとされる〈怖さ〉」を経験することとなる。その結果、血筋からいうなら死に水を取ってくれる該当者が実在するにもかかわらず、縁切りにより祖母の血筋が狭まり、最終的に孫娘とその親だけに限られてしまうという「ⓑクロである〈怖さ〉」を憂いている。

⑧子孫が永久に狐持ちの家筋の人としか結婚できなくなる〈怖さ〉

この件は、結婚の前提に同筋婚を想定する価値観の話で、②と同じ主張である

⑨この結婚を進めてクロになると、名誉ある家名を傷つけることとなる〈怖さ〉

家名に対する責任に触れるこの考え方の背後には、われわれの行動は、現世代のみならずイエ筋に連なる全世代に対する責任を視野に置くべしとする、イエ意識の影響が強く見られる。祖母としては孫の結婚を阻止することで、イエ筋をシロのままで守る自分の代の責任を果したいと考えているのであろう。これは裏を返せば、この結婚が成立してしまうと、祖母自身がイエ筋の系譜維持の責任を果たせない負い目をもって社会生活を送る状態になるという「ⓓクロとなる〈怖さ〉」を想定して物語っているのであろう。

⑩この結婚で生じる〈怖さ〉阻止のため、結婚に反対してT子を助けたい

この結婚が成立することで生起してくる様々な「ⓓクロとなる〈怖さ〉」は、孫が社会生活を送る上で幸せに結びつかないものであるゆえ、これに反対することは自分の責務であると祖母の決意を述べている。

⑪結婚を進めることで生じる〈怖さ〉防止のため、親子の関係を断たねばならぬ

これまでの説得にもかかわらずこの結婚を行うなら、自身や自身のイエ、そして親戚が「ⓓクロとなる〈怖さ〉」を避けるため、祖母自身が孫娘やその父との縁を切ることとなるとした最後通牒である。

以上、祖母の手紙に出てくる〈怖さ〉について、ⓐ～ⓑに四分して説明を加えてきた。最初の「ⓐクロの〈怖さ〉」というのは、出雲地方の地域文化で一般に考えられるところのクロのもつ〈怖さ〉に対する理解で、その中核となる実態は、祖母の手紙の①にあるように狐である。先にも見たように、「狐持ち」の存在が世に知られる経

緯は、その家で飼っている狐が他の人に取り憑き、「狐憑き」状態を作り出すと考えることにあった。そうした異常精神状態が生まれた時、その原因を取り巻きの人、とりわけ宗教者が判断することで、異常状態をもたらした狐の住処が明らかになり、この家が「狐持ち」と認定されるのである。近世から高度成長期ぐらいまでの「狐持ち」誕生の裏には、こうした展開がしばしば見られたが、現代ではあまり耳にしない。科学技術の進歩や人権尊重意識の涵養によって、クロの原因を狐と考える迷信が衰えてきたのは事実である。とはいえ、「ⓐクロの〈怖さ〉」は結婚話が出てきた場面において今もなお聞かれる定型的言説であって、現代出雲文化の底流を流れる活きた理念として伝承され、結婚忌避の根拠ともなるのである。

「ⓑクロである〈怖さ〉」は、祖母の手紙の②④⑦⑧にみるように、自分のイエがクロとなってしまった後に取り得る行動範囲が、シロでいた時と比較して縮小されることに対する〈怖さ〉である。②⑧はどちらも、シロの結婚拒否によって、クロの結婚相手がクロからしか選択できなくなる〈怖さ〉である。また④⑦は、墓参り・死に水取りといった家族親族間の共同慣行の場面に、クロとなると、生きている自分はもちろん、死後の自分に対しても、シロとの交流が認められなくなるという〈怖さ〉である。こうした〈怖さ〉も「ⓐクロの〈怖さ〉」と同じく、出雲の文化的位相の中で継承されている。

「ⓒクロとされる〈怖さ〉」とは、クロとの結婚を知った身近なシロの親戚からなされる、一方的な「縁切り」の〈怖さ〉である。祖母の手紙では、③⑤⑥がその例となろう。さらに言うなら、保身のための防御として「縁切り」をした親戚などの根拠も、イエ筋に侵入可能性があるクロの因子流入を「縁切り」したことを示さなければ、他のシロの人々から「ⓒクロとされる〈怖さ〉」が生じるためである。

今述べた三種の〈怖さ〉を経た後の、祖母の手紙の文末に並ぶ⑨⑩⑪の言説は、ⓐⓑⓒの〈怖さ〉を総合し、そ

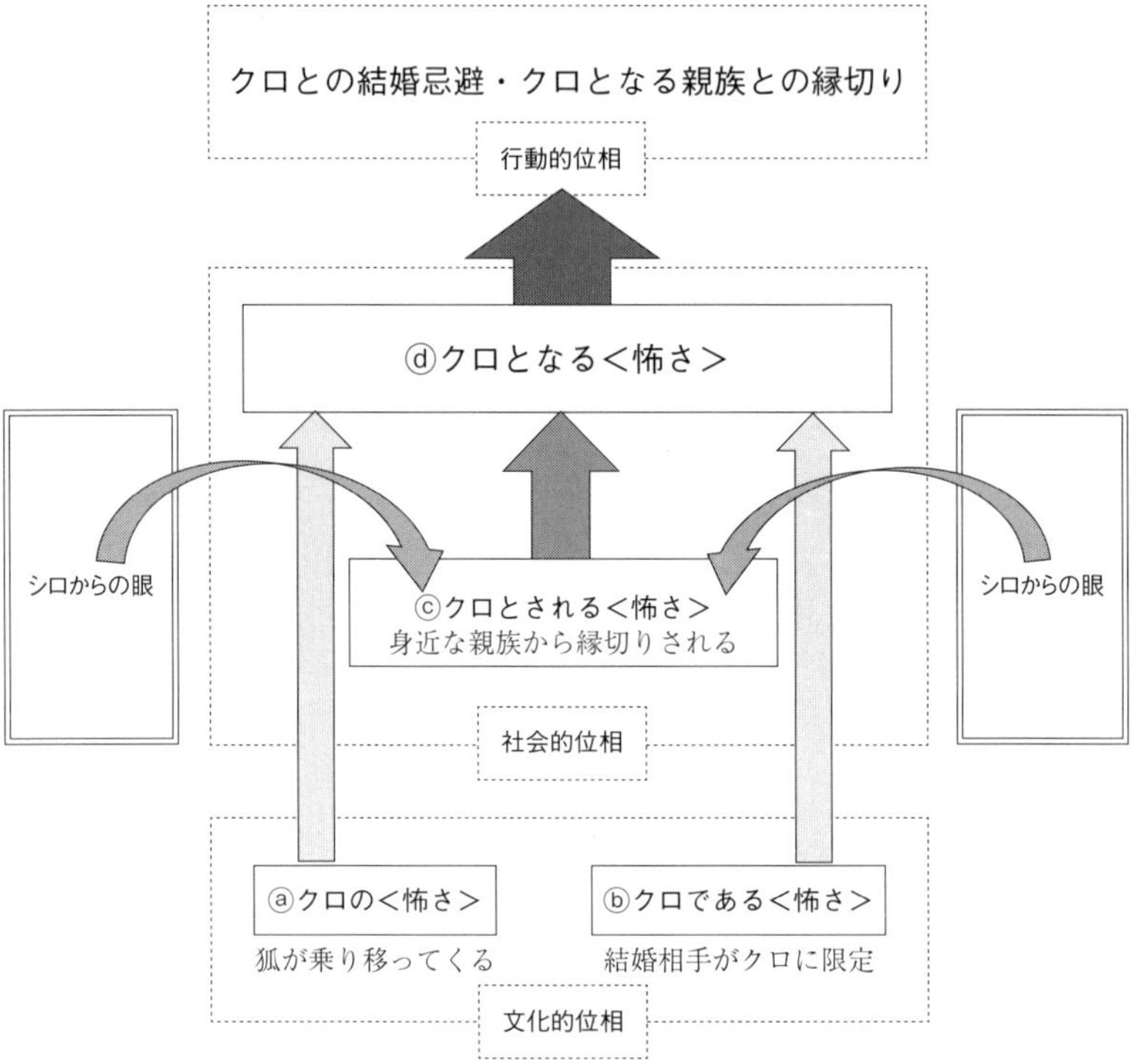

図2　結婚忌避にみる差別の構造

れらを無視して結婚をすることで生じる「ⓓクロとなる〈怖さ〉」とまとめられる。祖母は、それでもなお「ⓓクロとなる〈怖さ〉」を無視して結婚するなら、自身を含めた「縁切り」を行わざるを得ないと、息子であるT子の父に告げるのである。その意味から言うと、クロとの結婚忌避というのは、誰にとっても自分の周りに「ⓒクロとされる〈怖さ〉」が及ばず、「ⓓクロとなる〈怖さ〉」が生じないことが、社会生活上の最大の防御法となるのである。

以上をまとめて図示するなら、図2のようになる。「ⓐクロの〈怖さ〉」と「ⓑクロである〈怖さ〉」は、いわば出雲地域の文化的位相に位置づけられる〈怖れ〉であって、現在もなお、規制力は強くはないものの、結婚話が浮上してきた際には想起されることのある言説として伝えられている。これに対し「ⓒクロとされる〈怖さ〉」は、とりわけシロのイエ筋の人々の眼を通じてもたらされる社会的位相における〈怖さ〉で、社会生活の多くの場面から縁切りが想定されるため、親族関係者との交歓や地域生活の円滑な運営から外れた世界での生活に押しやられることを意味する。また「ⓓクロとなる〈怖さ〉」は、文化的位相にある「ⓐクロの〈怖さ〉」や「ⓑクロである〈怖さ〉」を踏まえ、「ⓒクロとされる〈怖さ〉」を理解してもなおこの結婚を進めた場合に想定される、社会的位相において個人を超えてイエや親族に広く影響力を及ぼす〈怖さ〉である。そうした「ⓓクロとなる〈怖さ〉」で想定される核は、とりわけ「ⓒクロとされる〈怖さ〉」でなされた縁切りの結果もたらされる、当事者の社会生活の部分的不能状態である。そのためさらに結婚話が進むこととなると、社会生活の不能状態を修復する意味から、行動的位相において「クロとなる親族との縁切り」がなされることとなるのであろう。そしてそもそもこうしたⓐからⓓの段階を経た事例を身近に知っている人々においては、早い段階からの「クロとの結婚忌避」という選択がなされてきたのである。

おわりに

「狐持ち」のイエ筋が社会の表面に浮上して問題となるのは、結婚話が持ち上がり、配偶者候補が何処の誰であるかが具体化した段階以後のことである。そもそも結婚は、一組の男女の婚姻関係が公的に認められることによって成立するものであるが、それぞれの男女がそれまで個別独立に所属していた二つのイエ筋の網の目は、結婚を契機として繋がり、より広い親族の網の目が形作られることとなる。そうした時、出雲地方では、異筋婚によってクロの因子となる狐が移動してくることを避ける意味から、四種の〈怖さ〉に基づく警戒心が生じて、結婚忌避やクロとなる親族との縁切りがなされていることが明らかになった。

こうした理不尽な〈怖さ〉が、現代社会においてもなお結婚差別の原因となっていることの問題は、近世期より引き続いて指摘され、またそうした迷信撲滅の啓蒙運動もこれまで長い間実施され続けている。問題点がそれだけ長い期間意識されながら、その終着点が未だに見えてこないということは、これまで多方面から研究されてきている「狐持ち」の解明には、どこか見過ごされている局面が残されている可能性があるのかもしれない。そうしたことを思う時、ひとたびクロとなったイエ筋が、何らかの手立てを講ずることで、シロへ戻る道があることに触れる資料が見出される点は興味深い。例えば出雲民俗の会の共同調査で集められた聞き取り調査の報告書には、最後に「きれいになる法」という項目があげられ、クロがシロになる方法が報告されている。(31) それによると、「財産にものをいはせて筋のよい家と縁組して、二三代よい家とのみ続けて、悪い親類を絶縁してよくなる家もあるという」（能義郡）、「稀には近所を招待して飲食させ、もうこれからは筋が悪いなどとは申しませぬといはせるやうな場合もあったさうな」（簸川郡）とある。これは「狐持ち」差別をする人々を接待する機会を作り、そこで以後「狐持ち」のレッテル張りをしないことを誓わせたとするものである。同様の事例は他でも聞かれ、本家がクロとなったことから分家が「縁切り」したのであるが、それでもその分家が白眼視されていたことに対し、分家が自分のイエの子弟の結婚式の折に、町の有力者たちを「証人仲人」として頼んで招いたところ、そうした負の評価が薄められて関係が修復されたとする事例も聞かれる。(32)

これらの事例からは、クロのイエ筋が絶対的なものではなく、クロとなって後に修復されてシロとなる場合があることが明らかになる。こうした報告事例は管見の及ぶ限りまだ多くはない。しかしかかる慣行の収集を進め、そのメカニズムを明らかに把握することができたなら、「狐持ち」迷信を形作っている論理構成の幅に、従来考えられているよりも意外に広いグラデーションを見出す可能性も窺われてこよう。そうした部分へのトレンチにより明らかにされる成果は、「狐持ち」迷信撲滅へのポイントを示していることが充分に予想される。今後の課題としたい。

註

（1）石塚尊俊『日本の憑きもの　俗信は今も生きている』未來社、一九七二年復刊（一九五九年初版）。

（2）島根県環境生活部人権同和対策課編『島根県人権施策推進基本方針（第二次改定）』、二〇一九年。島根県が「島根県人権施策推進会議」を設置したのは一九九八年のことで、二〇〇〇年には指針となる基本方針を策定し、二〇〇八年にはその第一次改定を行った。これを第二次改定して二〇一九年に公表したのがここで取り上げる方針であった。これは以下からダウンロードすることが可能である。https://www.pref.shimane.lg.jp/jinkendowa/index.data/hoshin2.pdf

本書は総論と各論と資料から構成される。各論においては、まず「各人権課題に対する取組」で、「女性」「子ども」「高齢者」「障がいのある人」「同和問題」「外国人」「患者及び感染者等」「犯罪被害者とその家族」「刑を終えて出所した人等」「性的指向、性自認等（ＬＧＢＴ等）」「インターネットによる人権侵害」の一一の課題が採り上げられ二〜五頁ずつ使って解説され、次に「様々な人権課題」として、「プライバシーの保護」「迷信」「アイヌの人々」「北朝鮮当局によって拉致された被害者等」「ホームレスの人権」「人身取引（トラフィッキング）事件の適切な対応」「日本に帰国した中国残留邦人とその家族」「災害と人権」「その他の人権課題」の九つの課題について触れられる。

（3）註（1）前掲書、五〇頁。

（4）出雲の「狐憑き」「狐持ち」に関する記述は、本章でも参考にした『出雲國内人狐物語』など、近世期から見られるが、学的研究は、一八九二年に医学士島村俊一が精神病学的見地から島根県下で狐憑病の調査をした報告が最

初という（門脇真枝『狐憑病新論』創造出版、二〇〇一年、二二頁〈初版　東京博文館、一九〇二年〉）。

人文学からの研究は民俗学が戦前期から始めており、一九一三年の『郷土研究』に収録された柳田國男の「巫女考」、早川孝太郎・柳田國男共著の『おとら狐の話』（玄文社、一九二〇年）に加え、喜田貞吉が主宰した『民族と歴史』が一九二二年に「憑物研究号」を特集するなど、多くの報告がなされている。

戦後になると、迷信打破を目的に文部省が組織した迷信調査委員会が調査を開始し、宗教民俗学者の堀一郎は戦後の急激な社会変動において増加している社会的緊張として憑きものを扱い、島根県の事例を手掛かりに被暗示性のもつ重要性を指摘した（堀一郎「村落に於ける宗教的緊張」日本人文科学会編『社会的緊張の研究』有斐閣、一九五三年）。また同じ頃には、岩田正俊が動物学的観点から憑きものとされる人狐を同定し、『人狐――伝説とその正体』（伯太農業教育研究会、一九四九年）において、「狐持ち」迷信打破の啓蒙書を刊行している。その後、出雲出身の研究者によるイーミックな観点を交えた研究書が二冊刊行されたことは、特筆すべきであった。その一つは、自身「狐持ち」の家に生まれた速水保孝による社会経済的観点からの『つきもの持ち迷信の歴史的考察　狐持ちの家に生れて』（柏林書房、一九五三年）であり、もう一つは、柳田國男の指導を受けつつも遡源的思考を目指す民俗学とは一線を画し、現代学的側面から統計資料なども駆使して社会調査を行った石塚尊俊の『日本の憑きもの』（未來社、一九五九年）である。両書とも地元ならではの、地に足のついた深みのある研究書で、改訂版も出され、この分野の基本的研究書としての地位を現在なお不動なものとしている。

その後七〇年代には、社会人類学的視点から吉田禎吾『日本の憑きもの　社会人類学的考察』（中央公論社、一九七二年）が、八〇年代になると一時島根大学の教員をしていた野村昭が、社会心理学的視点から『俗信の社会心理』（勁草書房、一九八九年）を発表している。こうした状況からは、出雲の「狐憑き」「狐持ち」は幅広いアプローチが可能な、手強いながらも魅力的な研究対象であったといえよう。とはいえ野村の研究以降、大規模な研究成果は見られなくなっている。その理由の一つは、まずは全国的にもいえることであるが、「狐憑き」自体が衰微していることがあり、また人権問題に対する行政指導の徹底化が「狐持ち」迷信を以前に比べ衰退化させてきているることがあげられよう。そうした研究対象自体の希薄化に伴い、近年は自身のフィールドワークに基づく研究は大幅に少なくなっている。なお七〇年代より、民俗学・文化人類学的立場から独自に憑きものに関して発言していた小松和彦がまとめた『憑霊信仰論　妖怪研究への試み』（新装増補版、ありな書房、一九八四年〈初版　伝統と現代社、一九八二年〉）では、憑きもの研究から始まった自身の研究の流れを憑霊信仰の語で整理して妖怪研究へと架橋する道筋が示されており、出雲における「狐憑き」「狐持ち」研究を再考する際にも、有効な示唆に富んだ刺激を受けることができる。なお九〇年には、『日本民俗文化資料集成』第七巻として『憑きもの』が三一書房より刊行された。同書には憑きものに関する十二編の論考と編者である石塚尊俊編の「全国憑きもの報告集成」、及び同書全体の解説が収録され、この時点の憑きもの研究の成果が示されている。

（5）　堀は「憑きもの」を「或る家族に特殊の動物霊、主として狐、蛇、狸等が依り憑き、中には実在する一種の動物を飼育しているともいい、それが特定家族の意思や命令によって、相手方に危害、疾病、損害を与えるとする俗信から出発している」と説明する（堀一郎「村落に於ける宗教的緊張」日本人文科学会編『社会的緊張の研究』有斐閣、一九五三年、二〇〇頁）。

（6）　神門郡中野郷満基江翁著『出雲國内人狐物語』（『日本庶民生活史料集成』第七巻、一九七〇年、三一書房）。著者は満基江翁とあるが、「自序」に「神門の郡中野の里人まごえのあるじ山根與右衛門源保祐」とあるので、満基江ではなく「満碁江」と思われる。同書一三頁の補註には「まごえ　屋号、満基江・孫江などと宛てる。孫家の意味であろう」とある。さらに「さとのかひといふものをかたらひ」のところは、「さとのかひ」では意味が不明であるが、これを「はとのかひ」と読んだ速水保孝の読み方が妥当と思われる（速水保孝『憑きもの持ち迷信——その歴史的考察』明石書店、一九九九年、六一頁）。なおこの書の元となったのは同著『憑きもの持ち迷信——その歴史的考察』改訂版、（柏木書房、一九五七年）であるが、この時の表記は「さとのかい」であった。

（7）　同前書、五頁。

（8）　同前書、五—六頁。

（9）　中林季高『加茂町史考　資料編』（加茂町史考頒布会、一九五七年、二四二頁）。この史料の所在は本書には書かれていない。なお、同内容を書き下し文で引用している小野武夫『再訂増補　農村社会史論講』（巌松堂書店、一九四七年〈初版一九三七年〉）では、「『民族と歴史』第八巻第一号所載」と付記している。

（10）　註（1）前掲書、五頁。

（11）　この時の経緯につき石塚は、「柳田からの暗示」として「憑きもの」に関する論文集の解説で触れている。（石塚尊俊「第七巻　憑きもの——解説」『日本民俗文化資料作成』第七巻、三一書房、一九九〇年、四九四—五頁）。また第二期位の来住戸であることについては、註(1)前掲書、一五四―一六九頁。

(12) しかし石塚尊俊は、事実はむしろ逆で、狐が憑いたなどといって騒ぎ立てる方は精神異常者で、それを飼っているなどといわれる方は、事実無根の被害者であるというのが、民俗学的・社会学的研究から出てくる結論であるという(『日本庶民生活史料集成』第七巻、一九七〇年、三一書房、一二三―四頁)。

(13) 註(1)前掲書、五頁。

(14) シロとクロの二分法のみならず、シロとクロとの異筋婚がその混じり方の程度によってさらに細分化されることはしばしば見られる。「水浅黄、こい浅黄、そらいろ、はないろ、だんだんにありて、こいき方よりは少しにてもうすくならんと心懸、うすき方よりは潔白にならんともがき、潔白なる方よりはけがにもそまりてはならじと心をくだく」とあるように、イエ筋がより純白であることを志向する価値観があるのであろう(西山沙保「人狐夢物語」『日本庶民生活史料集成』第七巻、一九七〇年、三一書房、一二三頁)。

(15) *Glimpses of Unfamiliar Japan* は、他に『知られぬ日本の面影』『知られざる日本の面影』『日本の面影』などの題名で翻訳されている。本章では小泉八雲(平井呈一訳)『日本瞥見記』上、恒文社、一九七五年、四二四―五頁、を参考にした。

(16) 本書の初版は柏林書房より一九五三年一一月に、また改訂版は一九五七年四月に同社より刊行された。

(17) 速水保孝『憑きもの持ち迷信　その歴史的考察』、明石書店、一九九九年、ii頁。

(18) 同前書、一五―六頁。

(19) 小泉八雲(平井呈一訳)『日本瞥見記』上、恒文社、一九七五年、四二一頁。

(20) 東北地方では、こうした行列には新郎の家の門を入ったところで火を当てられる慣行があることがよく知られている。これは行列に混じって狐など悪いものが、新郎の家に入ってこないように、という意味だと解釈される。

(21) 小野武夫『再訂増補　農村社会史論講』巌松堂書店、一九四七年(初版　一九三七年)、三九五頁。

(22) 出雲民俗の会「人狐・狐憑き・狐持ちの実態」『日本民俗文化資料集成』第七巻、三一書房、一九九〇年、一九一頁(『出雲民俗』八、一九四九年)。

(23) 坂本茂男「家筋と証人仲人」『山陰民俗』一〇、一九五六年。

(24) 註(1)前掲書、一四頁。

(25) 石塚尊俊「俗信の地域差とその基盤――憑きもの研究梗概」『民俗の地域差に関する研究』岩田書院、二〇〇二年、「憑きものと社会」(『講座　日本の民俗宗教』4、弘文堂、一九七九年)。
(26) 「村八分」の語には地域性があり、その意味する内容に全国一律の理解があるわけではない。そうした点からか、辞書の説明では「八分」の内容を示すのではなく、通常のつき合いのうちから、火災と葬式を除いた残余概念と書かれることが多い。ここであげた八分のつき合いは、竹内正「島根県における村八分の背景(一)――法意識と社会構造の関係を中心に」(『島大法学』九・一〇、島根大学法学会、一九六五年、一八〇頁)による、島根県の事例である。
(27) 野村昭『俗信の社会心理』勁草書房、一九八九年、一二八頁。
(28) 丸山考一「狐持ちと双系的親族組織――山陰の田川部落における」『日本民俗文化資料集成』第七巻、三一書房、一九九〇年、二六〇―一頁(『西日本宗教学雑誌』創刊号、一九七〇年)。
(29) 註(12)前掲書、一八頁。
(30) 同前書、一八―九頁。この結婚は、最終的には祖母も認めたことで、祖母と父・孫娘の関係は回復されたとある。しかし祖母の実家や多くの親戚、伯父・叔母との結婚後の関係に関する記述はない。
(31) 註(17)前掲書、一九八頁。
(32) 同前書。

第一一章　低線量被ばく問題と現代日本社会

――「3・11」以後の避難者差別に関する一考察――

山本昭宏

いわゆる「3・11」以後の日本社会では、原発災害を原因とする差別問題が表面化した。本章では、差別の様相を整理したうえで、それを生む構造的要因が、いかに近現代の日本社会に内在しているかを解明する。

はじめに

やや旧聞に属するが、二〇一一年の東日本大震災とそれに伴う津波が引き起こした原発災害（以下、「3・11」と略記）の約半年後に起こった政治家の「失言」問題から、本章を始めたい。

二〇一一年九月九日、経済産業大臣だった鉢呂吉雄は、福島視察の内容を説明する記者会見で、「事故現場の作業員の方々は予想以上に前向きで、活力をもって取り組んでいる。しかし残念ながら、周辺町村の市街地は、人っ子一人いない、まさに死のまちというかたちだった」と述べた(1)。鉢呂は、九日の夕刻には「死のまち」発言を撤回したが、福島の風評被害を払拭しようとする試みが官・民によって進んでいた時期であるがゆえに、福島から強い反発の声が報じられた。鉢呂は一〇日に経済産業大臣の辞意を固め、大臣就任九日目の一一日に辞任が了承された。

この「死のまち」発言については、「ゴーストタウン」という表現は容認されているのに「死のまち」は駄目なのか、「死のまち」を生み出した構造を問題視すべきで「言葉狩り」をしている場合ではない、などの多様な見解があった(2)。ここで過去の「失言」問題を持ち出したのは、「死のまち」という言葉が妥当かどうかということを確認するためではない。そうではなくて、原発立地自治体および福島県に関するネガティブで深刻なイメージが、少なくとも震災直後から広く共有されていたが、それについて発言する際には一定の配慮が求められたということを確認したいのだ。

なぜ配慮が求められたのか。それは差別を助長しかねないからだ。具体的な事例は本章で確認するが、「3・11」以後、避難者たちへの差別が社会問題になった。では、なぜ差別が生じるのか。当然視されるかもしれないが、まずは避難者に対する差別を生んだ直接的かつ一般的な要因を、次の三点に整理しておきたい。

第一に放射線への忌避感、第二に補償金受給者への妬みと蔑み、第三に新たなコミュニティに参入せねばならない「避難」である。これら三点が差別を生むのは、決して合理化できないが、不幸なことに珍しいわけではない。「汚い」とされる属性や「有害」とされる属性を備えているとみなされた集団が差別の対象になることは、これまでにもあった。また、生活保護バッシングのように補償金の受給者への差別の例もある。避難について言えば、従来のコミュニティから切り離された場所で蔑視にさらされるという事態は、たとえば阪神大震災の際にも生じており、やはりこれまでにも存在した。原発との関係では、原発労働者に対する差別は、上記の三点全てに関わる可能性があるものだが、それは当然ながら「3・11」以前から存在した。

しかし、「3・11」以後の避難者に対する差別を、三点の一般的要因に還元して事足れりとすることはできない。被差別者の属性ではなく、差別が生じる環境・条件に注目するならば、特に次の三つの論点に留意する必要があるであろう。

第一に、低線量被ばくのリスク評価の困難さという、現代科学の問題。第二に、「犠牲のシステム」としての原発立地問題という、近代の開発主義に関わる歴史的問題がある。第三に、差別を生む心理的機制として、「自分は日本国内の多数派に属していたい」という、政治・社会・文化的安定を求める心性も、指摘しておかねばならないだろう。こうした重層的な構造が、「3・11」後の避難者への差別を生む環境を作ったと考えることができる。

本章では、まず避難者への差別の存在を報道から確認したうえで、低線量被ばくのリスク評価と原発立地問題を考察する（第一・二の論点）。その後、水俣病を補助線にして、「3・11」以降の平成の天皇の言動について考察し、最後に現代社会における象徴天皇制の問題を焦点化したい（第三の論点）。

一　放射線への忌避感と保障問題

原発災害後、避難者への差別や福島県民への差別が報じられた。まずは、原発災害が引き起こした集団避難の経緯を簡潔に整理しておきたい。

発災翌日の二〇一一年三月一二日午前、政府は一〇km圏内の住民に対し、圏外への避難を指示した。避難指示領域は一二日の午後に二〇km圏内に拡大し、二五日には三〇km圏内にまで広がった。また、指定された圏域外の住民も、自主避難を選択する人が多かった。もっとも、自主避難は福島県内に限らず、全国で起こった現象である。

こうして、原発周辺の住民は、福島県内や首都圏、全国に避難することを余儀なくされた。文部科学省の推計によれば、二〇一一年八月の時点で、福島県から県外への避難者の総数は約三万人、県内への避難者は約七万三〇〇〇人、県内外に自主的に避難した者は約四万八〇〇〇人で、合計一五万人を超えた(3)。

避難者が置かれた状況は、多様というほかない。避難所に入るか、親族の元に移り住むか、また経済的に余裕があり新たに賃貸住宅を借りることができた人もいた。こうした状況に加えて、世代や家族構成、労働環境など多様な要素が絡まり合い、様々な避難の状況が生じた。

問題をより複雑にしたのは、慰謝料・賠償金の存在だった。

約八万人の避難指示区域内の住民は、原発災害によって強制避難を余儀なくされた。これらの人々に対しては、東京電力から賠償金と慰謝料が支払われた。賠償金は、不動産や家財、減収分などに応じて支払われた。また、精神的苦痛に対する慰謝料の支払いは、一人あたり月一〇万円だった。精神的苦痛に対する慰謝料は二〇一八年三月分で終了、政府と福島県による避難先住宅の提供は二〇一七年三月で終了している。なお、避難指示区域内の住民の補償額が妥当だったどうか、二〇二〇年四月現在も裁判が進行中である。

一般的に、慰謝料や賠償金は、当事者の苦痛、記憶、ストレスなどを勘案して具体的な金額に落とし込むわけだが、当然ながら「妥当な金額」を定めるのは極めて困難である。加えて、もらえる人ともらえない人とのあいだに線引きが行われる。そのため、「3・11」以後には、賠償金をめぐって次のような事態が生じたという。日本原子力発電元理事の北村俊郎の証言である。

いくらもらったという話は被害者の間でもタブーです。以前の仕事や財産のほか、特に家族構成で賠償金には大きな違いが生じました。『精神的苦痛』への賠償は1人あたり750万円、帰還困難区域の場合はさらに700万円。道一本隔てて額がまったく違うこともある。他人と比べれば途端にギスギスするし、実際に多くの人間関係が変わりました(4)。

こうした状況で、どのようにして避難者に対する「差別」が生じたのだろうか。以下、個人・集団のあいだの差別の実態ではなく、メディアを介して社会問題化した差別に注目する。

報道を辿れば、はやくも二〇一一年四月には、「差別」という言葉が大きく取り上げられていることがわかる。二〇一一年四月二二日付の『毎日新聞』の社説は、「被災者への差別　誤解と偏見をなくせ」と題して次のように述べた。

悲劇の渦中にありながらつつましやかな被災者の姿が国内外の人々の心を打つ一方、心ない差別やいじめに苦しむ被災者がいる。福島ナンバーの車が落書きされたり、「どけ」と言われる。ホテルへの宿泊を拒否される。避難している子どもが「放射能がついている」といじめられる。全体から見れば少数かもしれないが、根拠のない差別は厳に戒めなくてはならない(5)。

この社説にあるように、被災者・避難者への誤解と偏見が差別を生むという事例は少なくなかった。二〇一一年四月一六日付の『朝日新聞』は、次のように報じている。

千葉県船橋市では、「福島から来た児童が地元の子どもたちから避けられた」とする報道もあり、市などが対応に追われた。

発端は、避難者の支援活動をしている市議が三月下旬、福島から避難している七〇代女性と四〇代男性の親子から聞いた話。「船橋に避難した親類の子が市内の公園で遊んでいる時、福島から来たと言ったら避けられた。子どもたちは船橋に転校するのをやめた」といった内容だった(6)。

その他、二〇一一年の報道から確認されたものとしては、福島県から山梨県に避難してきた子どもの保育園入園が「原発に対する不安が他の保護者から出た場合、対応できない」という理由で断られた、という事例が報じられ

ている。(7)

これらの報道から浮かび上がるのは、避難した被災者のなかでも、主に子どもに関わる偏見やいじめが問題化されているという点だ。その傾向は、以後の報道にも一貫している。二〇一六年一一月二六日付の『読売新聞』の報道は、次のような母親の声を伝えている。(8)「子供が転入先の学校で「ばいきんまん」と言われた」(四〇歳代・女性)、「クラスの子に放射能を浴びていると言われ、つらい思いをした」(三〇歳代・女性)、「千葉に避難していた時、子供が、放射能がうつる、東電からお金をもらっていいねと言われた」(四〇歳代・女性)などである。雑誌『世界』二〇一七年四月号に掲載されたレポートでも、いじめ問題として、避難者の子どもへの偏見・差別問題が問題視されている。(9)

差別の事例を報道から確認してきたが、次に、各種調査をみてみたい。

まずは、二〇一三年に実施された早稲田大学と福島県浪江町による調査を確認する。この調査は、避難中の全一万一〇九世帯のうち高校生以上の町民二万一四三六人に対して、家庭の経済状態や生活実態を尋ねるアンケート調査である(有効回答、九三八四通)。(10)調査は、差別関係の質問項目を設けていなかったが、回答用紙の自由記述欄には、避難先で家族が受けた差別や偏見、子供のいじめ被害の例が、約三〇件書かれていた。

次に、新聞社による世論調査を確認する。二〇一七年二月二五・二六日に実施された『朝日新聞』による福島県での世論調査では、質問項目のなかに「差別」という言葉を取り上げている。「福島第一原発事故のあと、福島県民であることで、差別されていると感じることがありますか。ありませんか」と踏み込んだ質問をしている。これに対する回答は、「ある」が三〇%、「ない」が六六%だった。

以上、報道と調査から、原発災害後の差別を確認してきた。差別は確かに存在し、社会問題としてじゅうぶん認知されていたと理解して構わないだろう。もっとも、ここで確認できたのは、差別を受ける側の属性のみである。つまり、「子ども」「原発の近くに住んでいた」「賠償金をもらっている」「新たなコミュニティに「外から」入ることを余儀なくされた」などの属性である。

では、これらの属性は、いったいどのような環境・条件のもとで諸個人に付与されてしまったのだろうか。避難者への差別を生む環境・条件について、低線量被ばくのリスク評価という科学的側面と原発立地問題という歴史的側面の二つの要素に注目して考察を進めよう。なお、以下の議論は、拙著『原子力の精神史』（集英社新書、二〇二一年）の内容を論じ直したものである。

二　低線量被ばくのリスク評価と「欠如モデル」

原発災害後、日本政府はＩＣＲＰ（国連放射線防護委員会）による緊急時の基準（年間の放射線量20～100mSv）に基づいて、年間20mSvを目安に避難を促した。発災以前には、日本は平常時の公衆の線量限度を年間1mSvに定めていたため、事故により20mSvにまで基準を「緩和」したと受け止められた。「緩和」と呼ぶかどうかは評価が分かれるものの、基準値が引き揚げられたことは広く知られた事実である。

そもそも、低線量被ばくと晩発性障害の可能性とのあいだに、明確な関係性を指摘することはできず、なんらかの障害が出るかどうかは確率的な問題になっている。ＵＮＳＣＥＡＲ（原子放射線の影響に関する国連科学委員会、以下「国連科学委員会」と略記）とＩＣＲＰは、晩発性障害の確率的影響について閾値が存在しないという仮説を有力視している。統計学的手法の限界（サンプル数）や関連する疾病の問題（たとえばガンの要因は多様）という原因から、「低線量に於ける放射線に関連した罹患増加について明確な証拠を示すことは不可能」というのが公式見解である。

他方で、高線量被ばくによる晩発性障害に関しては、信頼に足るデータとして、いまなお広島・長崎の被爆者追跡データが使用されている。調査にあったABCCの調査方法については妥当性への疑問があるとしても、高線量被ばくによる晩発性障害についてはサンプルが圧倒的に不足しているため、広島・長崎の被爆者のデータを参照せざるを得ない。

広島・長崎の高線量被ばくについては、被爆者への差別が生じたことを歴史は教えている。被爆者たちがこうむった就職・結婚差別のほか、地域共同体から原爆小頭症の子を隠さねばならなかった親の事例が存在する。高線量被ばくと低線量被ばくとは異なるとはいえ、低線量被ばくについて、晩発的な障害の確率的可能性が少しでも気になるのであれば、それを避けようとする行為は合理的だと言える。なぜなら、たとえ低線量被ばくによる健康障害のリスクが生活習慣による健康疾患のリスクより小さいとしても、文化的に蓄積されてきた放射線への不安を考慮すれば、低線量被ばくを恐れるという個人の感覚・判断を否定することは、自由主義および個人主義の価値観に背くからだ。

しかしながら、放射線の場合は、そこに科学知という変数が入り込む。これが問題をよりいっそう複雑にしている。

科学知が社会に普及する際に、主導的な役割を果たすのは、言うまでもなく科学者・専門家である。確かな知と情報を持っている科学者と、そうではない市民という対比を前提にして、科学者は市民を「善導」できるしそうすべきだというコミュニケーション・モデルは、「欠如モデル」と呼ばれる。(11) 近年では、「欠如モデル」は、権威主義的な科学観に基づいたものとして理解され、批判的考察の対象になっている。

代表的な批判として、宗教学者の島薗進の議論がある(12)。島薗が問題視したのは、首相官邸のＨＰに掲載された原子力災害専門家グループによるコメントである。ここでは、一例として長崎大学の長瀧重信による二〇一五年二月三日付のコメント「放射線の健康影響に関する科学者の合意と助言（２）――今こそ日本の科学者の総力の結集へ」を見ておこう。

長瀧は、国連科学委員会による報告書「二〇一一年東日本大震災後の原子力事故による放射線被ばくのレベルと影響」（二〇一三年報告書）を重視している。二〇一三年報告書は、原発災害による放射線の生物学的・医学的影響は発見されておらず、将来も認識可能な程度の疾患の増加は予測されていない、と述べている。

これを踏まえて、長瀧は「しかしながら、「放射線の影響はわからない、低線量被ばくの影響には不確実なところがある」という感覚からくる恐怖や、放射線から逃れるための避難生活などの具体的な影響により、精神的にも、肉体的にも、多くの被災者が苦しまれているのが現状です」と言う。こうした認識に立つ長崎は、影響力のある週刊誌で次のように述べた。

年間一ミリシーベルトと主張する人たちには、何が起きるから怖いのか科学的に言ってもらいたい。言えないなら、幽霊が怖いというのと同じじゃないか。幽霊はわからないから怖い。放射線も一ミリシーベルトで何が起こるかわからないから怖い。まったく同じ論理です(13)。

長瀧の発言はあくまで一例であり、こうした認識は首相官邸のＨＰに掲載された原子力災害専門家グループによるコメント群の随所に見受けられる。個人が感じる恐怖感は科学的知見の前に切り捨てられる。ここに、怖がる側を問題化できない従来の「欠如モデル」の限界が露呈した――というのが、島薗の議論である。

島薗の議論を本章の問題意識に沿って言い換えると、次のようになる。つまり、放射線リスクは、健康被害とその原因との因果関係を厳密には証明できないことを特徴とする。したがって、リスクが不可視化されやすく、「リスクと感じるかどうか」「それへの対処法」は、個人の受け止め方に委ねられるという傾向が強い。そうした確率的不確実性があるために、恐怖や心配を払拭することが困難となり、それが差別の温床として機能してしまうのである。[14] 放射線被ばくを「過剰」に恐怖しているとみなされたり、不安をあおっているとみなされた人びとが、「放射脳」と呼ばれて冷笑や蔑視の対象になったことは、その一例であろう。

以上が、避難者への差別を生む環境・条件の一点目、低線量被ばくのリスク評価である。次に、二点目の原発立地に関わる歴史的側面を考察する。

三　ＮＩＭＢＹと「電源三法」

原発の立地が、日本の周縁部に偏っていることは周知の事実である。

一九六〇年代まで、推進側が掲げる「地域振興」という名目を、各自治体は受け入れた。もっとも、歴史を振返れば、研究用の原子炉設置をはねのけた一九五〇年代の京都府宇治市の例や、一九六〇年代以降の三重県芦浜地区のように自治体が進める原発誘致に反対し続けた事例もある。しかし、それは茶業や漁業などの地場産業が強かった地域だから可能だったのであり、その他の多くの地域では、反対運動は起こっても、原発設置をはねのけることはできなかった。推進側からすれば、土地買収が容易かつ低額に抑えられる地方に、一種の危険施設である原発を置くことは「合理的」であり、受入側の自治体の税収および地域経済にとっても、巨大プラントの存在は渡りに船だった。

近年、原発立地に関わる差別意識の存在が指摘されている。高橋哲哉は、都市人口と原発立地自治体の人口とを天秤にかけ、前者の利益のために後者にリスクを背負わせる原発立地を進めた社会の根幹には、沖縄の米軍基地と同様、中央による周縁への差別があると述べる（『犠牲のシステム――福島・沖縄』集英社、二〇一二年）。

高橋の指摘に、原発に関わるカネの流れという問題を付け加えれば、差別意識を生む環境・条件をより立体的に理解することができる。カネの流れとは、一九七四年四月に制定された「電源三法」を指している。

電源三法とは、「発電用施設周辺地域整備法」「電源開発促進税法」「電源開発促進対策特別会計法」、の三つの法律を合わせた呼称である。電源三法により、消費者の電気料金が電力会社を通して電源開発促進税として徴収され、それが電源開発促進対策特別会計予算として、交付金や補助金として原発立地自治体に支払われる。こうして、原発を抱える自治体に対して、電力消費者が金を払うという仕組みが出来上がった。科学史家の吉岡斉が『原子力の社会史』で指摘したように、電源三法は「すでに原子力施設を有する地域への慰謝料として機能」するようになったのである。この法律は、原発を抱える自治体を「原発依存」状態に追いやっただけではない。原発を持たない自治体の電力消費者が、「原発立地自治体は原発のおかげで必要以上に多額の補助金を得ている」と認識する余地を作ることになった。それは「3・11」後に賠償金を受け取った人びとへの蔑視とも無縁ではない。

以上、避難者への差別を生む環境・条件について、科学的知見と歴史的視座から考察したが、この環境・条件については、日本の政治・社会・文化により踏み込んだ分析が求められていると考えられる。なぜなら、差別が生じた「3・11」以後の現代日本社会では、日本の政治・社会・文化のあり方に再考を促す事態が、「3・11」と一部で関わりながら、進行していたからである。その事態とは、平成の天皇の浮上と象徴天皇制をめぐる議論（あるいはその不在）である。

本章を読む方のなかには、「3・11」以後の避難者への差別と、平成の天皇および象徴天皇制とを結びつけるのは、あまりに乱暴、あるいは短絡だと感じられる方もいるのではないか。そうした懸念を払拭するために、補助線として、まずは近年の水俣病患者をめぐる状況を確認して天皇との関わりを考察し、そのあとに「3・11」以後の日本社会と天皇の議論に移りたい。

四　補助線としての水俣

震災後に水俣と福島をつなぐ議論が起きたのには、理由があった。二〇一一年三月末に、水俣病の未認定患者の救済問題が一応の合意に至ったからである。

法廷闘争を続けてきた「水俣病不知火患者会」が同年三月末に、国・熊本県・チッソと和解し、「水俣病出水の会」など非訴訟派の三団体もまたチッソと解決協定を結んだ。同時に、被害補償などの原資を確保する方策として、チッソの分社化が完了した。(15)

この出来事が、東京電力と原発災害の被害者との関係との類比で理解されたのは、時期的にみても当然だったと言える。三月末から四月にかけて、水俣をめぐる報道に頻繁に登場したのが、医師の原田正純だった。長年、水俣病を研究してきた原田は、「差別や偏見を恐れ、いまだに名乗り出られない人や、不知火海沿岸から全国各地に住居を移し、自身が被害に遭ったことに気付いてさえいない人は数万人に上る」と述べた。(16)また、原田は水俣では実現できなかった地域住民の健康調査を福島で行い、記録台帳を作る必要性に言及して、次のように続ける。

放射線は全身の影響を考えなくてはならないし、神経症状が主だった水俣病よりも大変です。長期にわたって管理し、体に何か起きたときはすぐに対応する、そういう体制が必要です。ただ、それを今やってすぐに何かの結果が出るわけではない。調査したという既成事実だけが先行して、「やったけど、影響はなかった」などと幕引きに利用されないように注意が必要です。また調査結果が新たな差別につながらないよう十分気をつけなくてはなりません。(17)

原田が原発被災者においても危惧するように、水俣病患者・被害者は差別に苦しんできた。その実態を、「水俣病公式確認六〇年アンケート」の回答から確認しよう。(18)

水俣病患者・被害者のなかで、「自分自身や家族の差別・偏見に関する経験がある」と回答した者は三〇・五％。体験の内訳（複数回答）は「馬鹿にされたり、悪口や陰口を言われたりした」を選んだ人が五五・八％だった。また、回答者が「水俣病の被害を受けたと思う時」の住所は、水俣市および二〇〇九年の水俣病被害者救済法（特措法）に基づく救済策の対象地域内が計四八・六％、それ以外の地域が半数に達した。

こうした差別の実態の次に、「3・11」と同様、その背景にある構造を簡潔に整理しておく。(19)そもそも、水俣病以前から、漁師やその家族は、チッソの社員や市の有力者たちによる伝統的社会から周縁・下層とみなされてきたという「前史」がある。水俣病の発生後、当初は伝染病だと思われていたこともあり、魚や海産物を日常的に摂取する漁師とその家族たちは忌避された。買い物をしても手でお金を受け取ってもらえない、隣家が垣根をつくる、などである。さらに、大人の発病者が出た家族は、共同体の仕事に人を出せなくなり、いっそう孤立しがちになった。また、治療費の増大による貧困も、差別に追い打ちをかけた。加えて、水俣病認定を申請する者が共同体から排除される、という事例もあった。

水俣は、「3・11」以後の日本社会において天皇との結びつきを強めた場所である。現在の皇室と水俣には浅からぬ関わりがあるが、それゆえに水俣訪問は難しいと考えられてきた[20]。前述した二〇一一年三月の和解成立の影響があったのかどうかはわからないが、二〇一三年七月から当時の美智子皇后と作家・石牟礼道子との交流が始まる。同年一〇月二七日には天皇と皇后が「エコパーク水俣」にある「水俣病慰霊の碑」を初めて訪問し、供花した。水俣訪問時、皇后が胎児性水俣病患者と「おしのび」で面会したことが報じられている。

「3・11」以後の日本社会における言説・表象のなかで、水俣と天皇・皇后の結びつきが強まったことを確認した。では、その結びつきは、いったいどのような機能を果たしたのだろうか。

天皇（とそれを報じるマス・メディア）を介して、特定の土地に関わる負の記憶や対立がいったんは焦点化され、広く全国に共有されるが、それは同時に、負の記憶や対立を「しずめ」、過去のものとする——こうした機能を有していたと観察することができる。二〇一六年の「水俣病公式確認六〇年アンケート」の結果が如実に示すように、水俣から負の記憶や対立が完全に消え去ることはない。しかし、少なくとも天皇・皇后が訪れる際や、それが報じられる際には、そうしたネガティブな要素は言及されないのである。

天皇の訪問は、一方では「しずめ」や「和」とでも言うべき社会的・文化的な統合機能を果たしながら、他方で、それが報道されることで読者や視聴者に「解決済」という印象を与えかねず、それによって、かえって負の側面を温存してしまう。この現象には、天皇とその関係者、マス・メディア、読者や視聴者などの多様なアクターが関係しているが、天皇の訪問は各アクターの思惑を越えて、結果的に上記のような機能を果たしてしまっている、と理解可能である[21]。

五　象徴天皇制と原発災害と差別

歴史家の吉田裕は、二〇〇三年に昭和から平成への天皇の代替わりを振り返り、平成になって昭和天皇の戦争責任が議論しやすくなったと述べた。吉田は「しかしその一方で」として、次のように続ける。[22]

しかしその一方で、戦後の天皇制、特に象徴天皇制そのもの、これの分析が後景に退いてしまって、天皇個人の責任の問題に、議論がどうしても収斂していってしまった。そのことが、昭和天皇の死去とともに責任が昭和天皇にすべて担わされて、無垢の新しい天皇が誕生するという状況を、一方では支えてきたように思うんですね。

確かに吉田が述べるように、八〇年代半ばまでの日本社会には天皇論の蓄積が存在した。[23]また吉田の指摘に付け加えるならば、平成への代替りの際には、新天皇への期待感がある程度高まっていた。一例として、一九八九年一月八日付の『朝日新聞』の社説を挙げておきたい。社説は「新天皇への私たちの期待」と題し、次のように述べた。

いま、皇太子時代をふりかえると新天皇が幼少の時からみずからの使命を自覚され、「民主主義」「平和主義」など憲法の精神をしっかりと身につけてこられたことに、改めて感銘を受け、安心感を覚える。「陛下、これからもこれまでのペースで」というのが、私たちの率直な願いである。

戦争責任を問う声がついてまわった昭和天皇から、皇太子時代から憲法に言及し続けてきた新天皇への転換を強調している。『朝日新聞』の社説は一例に過ぎないが、こうした肯定的な評価は、平成と呼ばれた時代に一貫していたのではないだろうか。

二〇一六年、天皇の生前退位の意向について、その可否を問う議論が起こったことは記憶に新しいが、その際にも、同様の肯定的評価が登場した。一言で述べるならば、戦没者慰霊を重視し、戦後の平和主義を理解する「リベラル」な天皇、という評価である。ここで吉田の指摘に立ち返れば、代替りに際して、象徴とはそもそも何なのかという議論が行われたとは言えないだろう。

以下、水俣の事例を念頭に、吉田の問題意識を引き継ぎながら、「3・11」から生前退位の意向を示した二〇一六年八月八日の「象徴としてのお務めについての天皇陛下のおことば」までの期間を設定して、その間の天皇と原発災害との結びつきを、報道から辿ってみたい(24)。

発災直後の二〇一一年三月一五日、天皇は田中俊一（当時は「前・原子力委員会委員長代理」）から原発の仕組みと安全対策について説明を受けた。一六日には放射線被曝、二四日には放射線健康管理、二九日には乳児の放射線被曝、四月四日には放射性物質の環境影響について説明を受けたという(25)。

日本社会がマス・メディアを通して天皇の姿を見たのは、震災直後の三月一六日だった。その日の午後四時三五分、天皇によるビデオ・メッセージがテレビで放映された。被災者を見舞い、関係者を労うメッセージのなかには、原発についての言及もあった。「現在、原子力発電所の状況が予断を許さぬものであることを深く案じ、関係者の尽力により事態のさらなる悪化が回避されることを切に願っています」という文言がそれである。そもそも、天皇が、会見というかたちではなく、テレビカメラを通して国民に語りかけたのは、戦後初めてのことだった。

さらに、天皇は二〇一二年一月一日の「新年の感想」で、「原発事故によってもたらされた放射能汚染のために、これまで生活していた地域から離れて暮さなければならない人々の無念の気持ちも深く察せられます」と述べた。これ以降、天皇は、五年連続で「新年の感想」のなかで原発に言及することとなった。二〇一二年一〇月一三日には福島県川内村を訪れ、放射性物質の除染作業を視察している。

これらの動向を意識してのことか、二〇一三年の秋の園遊会では、ある「事件」があった。一〇月三一日に開催された園遊会では、出席した山本太郎参院議員（当時）が、天皇に手紙を手渡ししたのである。山本議員は「原発事故による子どもの健康被害や事故の収束作業にあたる作業員の健康状態を知ってもらいたかった」という意図があったと報道された(26)。

以上、東日本大震災とそれに伴う原発災害によって社会に危機意識が広まるなか、マス・メディア上で天皇の存在感が増していたことを確認した。

政治エリートもマス・メディアも、天皇および皇室を尊敬の対象として扱ってきた。同じ政治エリートとマス・メディアが、復興のかけ声のもとに「絆」という言葉で国民の紐帯を結び直そうとしたことも記憶に新しい(27)。「3・11」以降の数年間は、国民統合の象徴という象徴天皇制のあり方が、戦後もっとも明確に意識された時期の一つとして理解できる。

平成の天皇が象徴としての「つとめ」に自覚的だったことは、二〇一六年八月八日にビデオ・メッセージという形式で国民に語りかけた生前退位の意向からもうかがい知ることができる。天皇は「天皇が象徴であるとともに、国民統合の象徴としての役割を果たすためには、天皇が国民に、天皇という象徴の立場への理解を求めるとともに、天皇もまた、自らのありように深く心し、国民に対する理解を深め、常に国民と共にある自覚を自らの内に育てる必要を感じてきました。こうした意味において、日本の各地、とりわけ遠隔の地や島々への旅も、私は天皇の象徴的行為として、大切なものと感じてきました」と述べたからである。

震災後、天皇の存在が、テレビや新聞やインターネットを通じて全国の津々浦々にまで改めて浸透したことは、すでに確認した通りだが、それは危機の不安のなかで、人々が国民としての「安定」したアイデンティティを再確認することに寄与したと言える。

では、平成の天皇という個別の事例を越えて、象徴天皇制と原発被災者への差別に、いかなる関係があるのだろうか、あるいは両者はまったくの無関係なのだろうか。

結論から述べれば、両者に明確な因果関係を見出すことはできず、その意味では「無関係」である。ただし、同時期にマス・メディア上で取り上げられたことで、意味の連関が生じたことは確認した通りであり、「効果」を重視するメディア論的・思想史的な視点に立てば、両者には関係があると言える。

低線量被ばくのリスク評価において、科学知のみでは安定した知見に到達できない状況があり、原発立地については「中央」が「上」で「周縁」が「下」という階層構造があることは、すでに確認した。こうした問題を温存したまま、国民統合の象徴の存在感が増すことは、国家による統治の二重規範を、いっそう浮き彫りにした。つまり、一方ではリスクの個人化が進み、他方では一視同仁的な国民統合が図られたのである。両者はともに、近代化の過程で多くの人びとが自ら望んだ行為だった。また、前節「補助線としての水俣」で述べたように、天皇の訪問を伝える報道が、現存する差別を「過去の負の記憶」としてひとくくりにして、不可視化しつつ温存するという二重の効果を持つ権力も、現代日本において機能している。

これらの二重性は、近代日本の社会機制と天皇制が根本的に抱え込む難問であるが、東日本大震災以後の差別を生んだ要因を論じる本章としては、戦後日本と象徴天皇制に関わる二重性を問題化したい。

戦後日本の言論が近代以降の天皇制を批判する際、しばしば「身分制」という言葉が使用されてきた。その傾向は、戦後の象徴天皇制において顕著である。なぜなら、天皇および皇室は、憲法によって特権的な身分が保障されており、それは憲法が掲げる国民の権利とは一致しない（天皇は国民とは異なる）。さらに、皇室典範は、前近代的とでも呼ぶべき強固な男性優位思想の「伝統」に貫かれている。政治学者の遠藤正敬が、「男系男子を家長とする天皇家が、国民にとっての〝あるべき家族〟という倫理的規範として美化される時、それは戸籍制度が否定する夫婦別姓、同性婚といった多様な「家族」をいっそう周縁化する効果を生む。また、異なる「血（姓）」の排除という原理は、レイシズムのような排外主義との親和性をもつ」と述べたのも、同じ問題だと理解できる。[28]

問題は、自由と平等を掲げる近代市民社会の一翼を担う日本社会が、そうした「身分制」を支持しているという点にある。二〇一三年に実施されたＮＨＫ放送文化研究所の調査によれば、天皇に対して抱く感情として、「好感」が三五％、「尊敬」が三四％、「無感情」が二八％、「反感」が一％である。[29] 自由と平等をタテマエとしてしか捉えられなくするような土壌が、ここにはあると言える。それは、差別意識が芽生え、根を張る土壌と完全に無関係なのだろうか。

多様な理解があり得る問題だが、控えめに言っても、現代日本における差別と象徴天皇制が「全く無関係」とは言えない。本章の冒頭に掲げた「原発災害の避難者への差別」が、直接的に象徴天皇制と関係していると主張しているのではない。象徴天皇制が抱え込み、曖昧なままに済ませてきた問題が、差別を生む土壌と相性が良いということ、原発災害後の「平成後期」に強まった天皇の存在は、たんに「象徴とは何か」という問題だけでなく、差別の問題をも問い直す契機になっているということ、を指摘したのである。これ以上の分析は、近代的な階層化・不平等化と前近代的なそれとの関係とに照明を当てた、より本格的に天皇制を論じる別稿が必要だろう。

おわりに

本章では、「3・11」後の避難者への差別が生じた要因として、低線量被ばくのリスク評価と、原発立地に関わる歴史的な地域間の階層問題を重視し、さらにその背景にある、社会的・文化的な二重規範の存在を、象徴天皇制と重ねて議論した。こうした重層的な構造が、差別を生む環境を作ったと考えることができる。

差別に関わる一般的な議論では、「一人ひとりの意識の変化」や「当事者意識の重要性」という言葉で議論を終わらせてしまうという定型が存在する。また、アカデミズムでは、差別の事例を緻密に記述する事例研究や、心的メカニズムを解明する差別の心理学が目立つ。両者が必要な作業であることは疑えないが、社会的・文化的な背景を整理しつつ、それが生じる過程をより構造的に把握する社会思想史的な研究もまた、求められているのではないか。「3・11」以後の現代日本社会における差別に焦点を絞った本章は、そのためのささやかな試みである。

註

（1）「当然、大臣辞任を」――鉢呂経産相の「放射能」発言、福島は」『朝日新聞』二〇一一年九月一〇日付夕刊。
（2）「池上彰の新聞ななめ読み――鉢呂発言、安易な批判で問題隠すな」『朝日新聞』二〇一一年九月三〇日付。
（3）文部科学省ＨＰ【最終閲覧二〇二一年五月二二日】
https://www.mext.go.jp/b_menu/shingi/chousa/kaihatu/016/shiryo/__icsFiles/afieldfile/2011/11/25/1313502_3.pdf
（4）「原発賠償の不条理　日本原子力発電元理事・北村俊郎さん」『朝日新聞』二〇一八年三月七日付。

(5)「社説」『毎日新聞』二〇一一年四月二二日付。

(6)「自信・津波・原発事故、そして……風評被害「四重苦だ」　放射能誤解、野菜以外も」『朝日新聞』二〇一一年四月一六日付、三五頁。なお、『週刊朝日』二〇一一年四月二九日号の記事「「放射能がうつる」イジメ始まった福島差別の愚」（一三二頁）では、同じ千葉県船橋市の事例について同市広報課に取材をした上で、「伝染しているのは放射能ではなく「差別意識」だ」と記している。

(7)「福島から避難の子ども、原発理由に入園断られる　法務局発表」『朝日新聞』山梨版、二〇一二年三月三日付、二七頁。

(8)「原発いじめ　根深い偏見　大人が「放射能」「賠償金」」『読売新聞』二〇一六年一一月二六日付。

(9)黒澤知弘「追い詰められている避難者の子どもたち」『世界』二〇一七年四月号。

(10)早稲田大学東日本大震災復興支援プロジェクト浪江町質問紙調査班・和田仁孝・西田英一・中西淑美「浪江町被害実態報告書――質問紙調査の結果から」早稲田大学東日本大震災復興支援プロジェクト、二〇一三年。

(11)藤垣裕子「受けとることのモデル」藤垣裕子・廣野喜幸編『科学コミュニケーション論』東京大学出版会、二〇〇八年。

(12)島薗進「被災者の被るストレスと「放射線健康被害」」『環境と公害』第四七巻第一号、二〇一七年七月号。

(13)澤田哲生・長瀧重信・松本義久「御用学者と呼ばれて　第2弾　食品汚染と風評被害の真実」『週刊新潮』第五六巻第三九号、二〇一一年一〇月一三日号、六一頁。

(14)原発には、非常に多数のアクター（地域住民、専門家、企業、行政）が関与しており、それゆえ個人を追求する司法制度では測りきれない部分がある。そのため、責任追及をすればするほど、たとえば「東電執行部がリスクを想定できたのかどうか、対策をとったのかどうか」に問題が限定されていく。それを端的に示すのが、二〇一二年に公表された国会事故調査報告書であり、二〇一九年九月に無罪判決が出た東電の旧経営陣への刑事裁判である。責任を追及すればするほど、法的かつ道義的責任の対象が狭まり、かえって免責される人びとが増えるという問題を抱えている。なお、この問題については、井口暁『ポスト3・11のリスク社会学――原発事故と放射線リスクはどのように語られたのか』（ナカニシヤ出版、二〇一九年）から示唆を得た。

(15)「水俣病訴訟、熊本で和解成立」『日本経済新聞』二〇一一年三月二五日付。

(16)「チッソ分社化　水俣病　全員救済策示せ」『読売新聞』二〇一一年四月一六日付、一三頁。
(17)「3・11水俣から「水俣学」を唱える医師・原田正純さん」『朝日新聞』二〇一一年五月二五日付、一三頁。
(18) 二〇一六年二月から三月にかけて、朝日新聞社と水俣学研究センターが患者・被害者の置かれた現状や課題を調査したもの。九〇三三人に質問用紙を送り、宛先不明で届かなかった分を除く八九四八人のうち二〇一六年五月までに二六一九人から回答があった。『朝日新聞』二〇一六年年四月三〇日付。
(19) 水俣病における差別を、発覚以前の差別から連鎖するものと捉える視座の重要性は、原田正純『水俣が映す世界』(日本評論社、一九八九年)から、栗原彬編『証言　水俣病』(岩波書店、二〇〇〇年)にいたるまで繰り返し指摘され、定説になっていると言える。なお、水俣病認定までの流れを年表風に整理しておくと、以下のようになる。一九五六年五月一日、水俣病が公式確認された。一九五九年には、熊本大学の研究班が原因は有機水銀と発表。同年、チッソも実験の工場排水が原因だと確認していた。しかし、チッソはそれを発表せずに見舞金ですませた。一九六八年まで、工場の操業を続けた。
(20) よく知られるように、雅子皇后の母方の祖父・江頭豊はチッソの社長を務めていた。
(21) 政治学者の松下圭一は、「大衆天皇制論」(『中央公論』一九五九年四月号)のなかでマス・メディアによって大衆化した象徴天皇を指して「大衆天皇制」と呼んだ。松下は、映画スターのように親しまれる天皇・皇室のあり方に「象徴」の戦後的表れをみたが、それが果たす機能についてはさほど関心を払っていない。
(22) 吉田裕「昭和天皇の戦争責任をめぐって――成果の確認と歴史家としての反省」『季刊運動〈経験〉』第一〇号、二〇〇三年一一月、二二―二四頁。
(23) その一例として、反天皇制運動の存在とその機運の高まりのなかから生まれた、菅孝行編『叢論　日本天皇制』(全三巻、柘植書房、一九八七~八年)の刊行を挙げておく。象徴天皇制の機能は、言うまでもなく国民統合であり、平成の天皇はそれをよく理解していた。それをどう評価するかは論者によって異なるが、菅孝行のように「権力にとって最高の形態」だと述べる者もいる(菅孝行「天皇制の最高形態とは何か」)。菅は、「権力」から切断された戦後の象徴天皇制は、個人の幻想(価値意識)のなかに浸透しており、それゆえ国民は、「抑圧」に何の抵抗も感じないと述べた。その意味で、戦後の象徴天皇制は、権力にとって最高の形態だというのが菅の指摘である。菅の議論は、「権力」や「抑圧」が具体的にどの集団、どのようなシステムを指すのか、不明確な部分が残るが、重要な問題提起である。

(24) 原発災害後の天皇の動きについては、拙稿「野坂昭如、カム・アゲイン」(『群像』、二〇二〇年四月号)ですでに整理しており、本章の整理はそれを踏襲している。

(25) 「プロメテウスの罠 震災と皇室16」『朝日新聞』二〇一四年五月二日付、三頁。

(26) 「陛下に手紙、波紋 政治利用、絶えぬ議論」『朝日新聞』二〇一三年一一月二日付、二頁。

(27) マス・メディアが美智子皇后に注目したことも、無視できない。作家の高橋源一郎は、『朝日新聞』(二〇一三年一〇月三一日付)の「論壇時評」で、美智子皇后の言葉を取り上げた。「論壇時評」が皇后の言葉に注目するのは異例のことである。高橋が取り上げたのは、宮内記者会による「この一年、印象に残った出来事やご感想を」という質問に対する、美智子皇后の回答だった。美智子皇后は、「今年は憲法をめぐり、例年に増して盛んな論議が取り交わされていたように感じます」として、「五日市憲法草案」についての思いを吐露していた。「五日市憲法草法」とは、一九六八年に東京都五日市町(当時)で色川大吉らによって発見された明治時代の私擬憲法を指す。明治一四年(一八八一年)に起草されたと考えられている。国民の権利に関する条文が多いことから、先進的な草案として評価された。さらに、現憲法制定に関わり、戦後憲法に女性の人権尊重を反映させたベアテ・シロタ・ゴードンの名を挙げ、哀悼の意を表した。高橋が「論壇時評」のなかで皇后の言葉を取り上げた背景には、第二次安倍晋三政権の政治姿勢への疑問があったと考えられる。

(28) 遠藤正敬『天皇と戸籍――「日本」を映す鏡』筑摩書房、二〇一九年、二八一頁。

(29) かといって、現代日本社会に、そうした土壌を変える力があるようには見えない。なぜなら、これもしばしば述べられるように、日本社会は依然として、階層の上位(ときに上位を「全体」と言い換える)の利害を優先する傾向が強い社会だからだ。たとえば、杉村昌昭は「天皇制の抑圧機能と〝市民社会〟の欲望」(菅孝行編『叢論 日本天皇制 Ⅲ』柘植書房、一九八八年)で、日本的市民社会の原理を説明した中根千枝の「タテ社会」やD・ラミス「タコ社会」を例に挙げ、両者は支配と徒属のコンセンサス社会としての日本社会を論じていると指摘した。一九八〇年代になされた杉村の指摘は、二〇二〇年代の現代にも有効だろう。

終章　「差別」を超えて

苅田真司

一　近代国家における「差別」

「差別」は、どの地域にも、いつの時代にも存在する。これは紛れもない事実のように思える。確かに、「差別」される対象や理由はさまざまである。しかし、その点を捨象すれば、社会の中のある特定の人びとが否定的な価値評価の対象となり、それが一定期間固定化する現象は常に存在してきた。本書所収の各論文は、そのことをさまざまな形で明らかにしている。

しかし、本書は、「差別」に関する個別事例の集積という点につきるものではない。序章で論じられているように、本書では、「差別」を、一方では「聖なるもの」という観念、他方ではミシェル・フーコーの意味における「統治性」の概念という二つの問題圏においてとらえることを意図しており、それに関する理論的な考察も本書の重要な一部をなしている。それでは、多様な「差別」事象と、「差別」に関する理論的な考察を結びつけ、その全体像を描き出すことは可能なのであろうか。ここでは、本書に収録された諸論考の成果を踏まえて、「差別」をめぐる理論的な問題について改めて考察し、近代国家における差別の基礎構造の解明を試みてみたい。

序章の末尾において、近代国民国家における「統治」という問題系が浮上してきたことの持つ意味の探求、とりわけ「主権の創設に関する問題」と「主権・規律・統治管理」という三つの権力の相互的な関係性という問いが提起された。まず以下では、本書所収の諸論文を再配列しつつ、この問題に対する回答を探ってみることにする。

近代国民国家に関わる諸問題を探求するに当たって、当座の出発点として日本を例として考えるとすれば、第二章の佐藤論文は、近代に至る「差別」の歴史的な展開に関する明確な構図を示している。そこでは、人間の本源的な嫌悪感である「穢れ」が「カミ」観念と結びつき、それが身分制的な形で固定化する一方で、中世から近世へのコスモロジーの転換の中で、身分制的な「差別」の相対的な性格が失われていくことが論じられ、そして、幕末期の身分制の行き詰まりと、それに反対する庶民の心情に対応して、天皇を中心とする新たなコスモロジーが誕生する様が明快に描かれている。

しかし、身分制を否定して成立したはずの近代天皇制のコスモロジーにおいても、差別は解消することはなかった。それどころか、差別は強化すらされる。その点を、フーコーの生-権力の概念を用いつつ分析したのが第八章の関口論文である。そこでは、前近代的な身分制の遺制としての非差別部落民に対する差別が、まさに近代の重要な構成要素である「科学的な知」によって、再構築され、強化される様相が描き出されている。近代日本では、「正常」とされた人びとを規範として、差別される人びとを対象とする新たな統治が生じているのである。

同様の生-権力の行使は、第九章の平野論文におけるアイヌの人びとの扱いにも見られる。そこでは、「天皇の赤子」の名の下に、近代国家にふさわしくない未開人と規定されたアイヌの人びとを、健全な身体と精神を植え付けることによって、滅び行く運命から救い出すという、尊大な人種的優越主義に基づく政策が展開される。アイヌの人びとは、こうした政策の下で法的人格を奪われ、「保護」という名の抑圧と差別の対象となっていく。ここで重要なことは、天皇が、「主権者」という暴力のメカニズムの根拠であると同時に、「慈愛」や「恩沢」という形で暴力を不可視化する存在でもあったという点である。

こうした天皇の持つ二重の機能は、現代の象徴天皇制においても受け継がれている。第一一章の山本論文が示すように、福島や水俣における天皇の存在は、「鎮め」や「和」の象徴であったのであり、その意味で「慈愛」の象徴でもあった。そして、それは、資本主義的企業と国家権力による暴力を隠蔽している構造と一体となっているのである。

この暴力の不可視化の構造を、天皇制ではなく、むしろ近代国家に内在的なものとしてとらえ返したのが、第一章の大村・蒭田論文である。同論文で指摘されるのは、近代国家の人民主権的な構成が持つ「同質性」の論理と、その「同質性」が下地となって浮かび上がる「統治」の問題である。生-権力的なものであれ、規律権力的なものであれ、近代における差別は、近代国家の原理的な構成と不可分の形で結びついている。同時に、それは、世界外在的な視点を持つものとしての近代的な主体とも不可分のものであり、そうした同質性を現実に担保するものが、歴史や文化といった実質的な価値であったという点において、ナショナリズムとも不可分のものである。

近代国家と近代的な主体が持つ本源的な暴力性としての排除の問題は、そこで排除されているがゆえに不可視になっている人びとに焦点を当てることで鮮明になる。例えば、第七章の寺戸論文が取り上げる障害者の問題は、近代国家を構成する主体としての市民という問題系から、これまで暗黙のうちに排除されてきたものである。障害者に対する差別は、近代国家における「市民」が何を意味していたのかを逆照射する好例となる。

また、第六章のアサド論文は、近代国家の人民主権的な構成が最も典型的に成立しているフランスにおいて、それが公的領域における多元性を、世俗／宗教という二分法に押し込めることによって正統性が確保されていること、そして、それが不均質で異種混成的な公共性を覆い隠していることを、「イスラムのヴェール」問題を例に鮮やかに分析している。ライシテの本質は、まさに世俗と宗教の間の境界線を主権が引くことによって、同質性の領域を作り出し、異質な存在を排除するという点にある。

近代国民国家における同質化と排除の論理を、国民国家の正統性の根底にある人民の同質性の想像であると理解するとき、前近代的な非差別集団は、どのようなまなざしの下に置かれ、どのような形で差別が再編成されるのか。この問題は、さまざまな国における被差別集団と国民国家との関係の問題として比較の議論が成立しうる。例えば、ヨーロッパにおいて、長らく差別の対象であったユダヤ人の問題を扱った第五章の上村論文は、その性格が近代国民国家の展開の中で、大きな変質を蒙ったこと明らかにし、イスラエルという国民国家に対する批判的対応の中に「ユダヤ人であること」の可能性を見出そうとしている。また、第四章の舟橋論文は、インドにおけるカースト制が近代国民国家として再編成される過程における「個人」すなわち近代的市民と、「集団」の相克を論じている。そこにおける集団は、独自の権利の主体になりうると同時に統治の対象ともなりうる存在として、両義的なものとして描き出されている。

「異質性」の認識が排除の主観的メカニズムとして働く様相を、より微細なレベルで分析した第一〇章の鈴木論文は、複数の「怖さ」がその基底にあることを明らかにしている。そうした「怖さ」は、いずれも同質性の領域から切り離されることに対する「怖さ」であり、同質的領域の内部に位置することが、さまざまな差別意識の出発点となっていることがわかる。

もっとも、こうした同質的なものとして想定された近代的な主体は、現在では解体の危機にあるのかもしれない。しかし、その無批判な解体は、差別の解消につながるのではなく、むしろ情動の過剰性とそれに対する新たな統治性権力による管理から生まれる、予測不可能な身体的反応としての新たな「差別」へとつながる。第三章の川村論文が提示する「分人」あるいは「モノ」としての主体概念は、新たな統治戦略の可能性と、新たな「差別」の前線の存在を示唆するものである。

このように配列してみると、本書の各論文に通底しているのは、近代国家の主権による排除と包摂の両面が不可分のものであるという認識であることが見えてくるであろう。差別は、「人民」の境界を引くという、近代主権国家の正統性の根源と分かちがたく結びついている。主権国家の主権性は、「人民」と「人民でないもの」との間に境界線を引き、その内部を同質的なものとして想像させるところに由来している。そうした境界線で区切られた領域は、個人の力の及ばないところにある、個人を超越したものとして現前することで、「聖なるもの」としての性格を帯びる。フランス革命における「人民」の聖化も、ナショナリズムにおける「国民国家」の聖化も、「科学」に対するフェティシズム的な崇拝も、それらが「聖なるもの」として観念されるのは、同質的な領域に対する言及に由来するものなのではないだろうか。

しかし、近代主権国家が持つ排除の側面に着目する議論そのものは、けっして目新しいものではない。「国民国家」という理念そのものが、主権的な国家機構を通して、あるいは、市民社会に配置された諸装置を介して、人びとを「国民」へと同化しようとするものであること、そして、同化を拒絶する人びとに対して、いかに暴力的に振る舞うかということは、既に「国民国家」批判として語られてきたところである。これに対して、本書が提起するのは、そうした「同化」が、生-政治的な「カテゴリー化」と「序列化」を伴って行われてきたという問題である。

それは、「国民」対「国民未満」という二分法ではなく、同質的で健全な「国民」を準拠点としつつ、それとは異質で劣っているとされた人びとを、その異質性に基づくさまざまなカテゴリーに押し込め、「慈愛」や「恩恵」の名の下に、「同化」を最終的な規範とする権力行使の対象とすることである。そうした権力行使において、「同化」は規範的な目標とはなりえても、現実に到達しうるものとしては想定されていない。「同化」を目標として掲げつつも、結局のところ差異は永続化するのである。本書が、統治性権力に焦点を当てるのは、まさにそれが、主権と共犯関係にあるものとして、人びとをカテゴリー化し、序列化することで、差異を永続化するからである。

さらに、差別に関して本書が明らかにしたもう一つの重要な点がある。こうした境界線を引く作用は、主権の作用としてまずは定式化されるが、しかし、それが主権以外の主体によっても可能になるのが近代の特徴である、という点である。それは、近代的な主体が「全体」を俯瞰する外在的で超越的な視点を獲得することで成立することに由来する。この「二重の視点」の獲得こそが、近代的な主体の重要な要件であり、その結果、個々の近代的な主体は、自らの社会的想像に基づいて、ある程度自由に境界線を引くことができる。こうした近代的主体の構造は、個人の主体性を維持しつつ、ある一定の範囲に囲い込もうとする自由主義的な統治性権力とある程度並行するものと見なすことができるだろう。そして、誰が引いたものであれ、境界線の内部の領域が自明の肯定的価値を持つ「聖なるもの」として理解されるとき、あるいは、境界線の外部が「穢れたもの」と見なされるとき、境界線は単なる境界線ではなく、排除と差別の作用を持つことになる。その意味で、近代国家における「統治」は国家権力の独占物ではない。

近代的主体としての個人が想定する境界線は、「科学」のような比較的明瞭な知識体系に基づく領域を指し示すこともあれば、「日本人」や「まっとうな人間」のような漠然とした形でしか認知されていないこともある。しかし、境界線を引き、その内部あるいは外部の領域を想像することが誰にでも可能になったことが、近代における民衆レベルでの差別を駆動する大きな要因なのではないだろうか。山本論文が指摘する原発事故被災地や水俣における差別は、人びと自身によって引かれた分断線が、差別の根拠に転じることを如実に示している。

近代における差別が、国家権力によって行われるのではなく、しばしば民衆によって行われるのは、人びとが近代的主体としての視点を獲得したことによるものである。しかし、その視点の獲得こそが近代的主権の原理を支えているのであり、したがってここでも「差別」は近代国家と不可分の関係にある。

二　近代における「差別」の構造

ここまでの議論を踏まえて、近代における差別の構造の問題を改めて考え直してみたい。近代における差別には、二つの類型を想定することができる。第一の類型は、近代国家の理念である人民主権の構成そのものの中から生み出される差別の論理である。大村・苅田論文で指摘されているように、近代国家は、ある特定の範囲の人びとを「人民」という主権の構成主体として想定する。その「人民」は、常に示差的な形で、つまり、「人民でないもの」に引照することによってのみ定義することができる。したがって、「人民」の構成には常に「人民でないもの」の存在が必要である。近代国家における主権の論理は、常に「人民でないもの」を作り出さざるをえない。その結果、近代国家には、「人民」とともに「人民でないもの」が、常に存在している。そうした人びとの存在は、「人民」という社会的想像が成立するための本来的な必要条件である。こうして、公共圏による正統性の確保という近代的主権の論理を支える「人民」という理念それ自体に、排除の論理が不可分の形で組み込まれている。

公共圏における「人民」は、理念的には、文芸的公共圏における感情的同質性を共有する合理的な討論の担い手と見なされる。しかし、現実には、文芸的公共圏のような感情的同質性を担保する空間があらかじめ十全な形で成立することも、「人民」が合理的な討論を介して、完全に間主観的な形で成立することもほとんどない。そこで、「人民」の同質性を確保するために、しばしば前近代的な要素が「政治的アイデンティティ」として導入される。「人民」の同質性は、歴史的文化的にあらかじめ存在していたことにされるのである。こうして、近代の人民主権的な論理は、ナショナリズムと手を結ぶことになるのである。もっとも、ナショナリズム論の多くが指摘するように、歴史や言語の共通性は、実際には歴史的に蓄積されたさまざまな要素を改変しつつ、国家によって作り出されるものである。したがって、その様態は、恣意的かつ多様である。そしてその過程で、近代国家に導入された前近代的諸要素は、歴史的に蓄積されたさまざまな「差別」構造の一部を、脱歴史的な形で現前させることになる。つまり、「政治的アイデンティティ」として言及されるものには、前近代的な階層社会や身分制社会におけるさまざまな排除と差別の構造が、脱文脈的な形で深く刻み込まれることになる。人民主権に基づく近代国家の内部に、前近代的な諸要素に基づく差別が存在するのは、「前近代の遺物」でも、「近代化の不徹底」でもなく、近代国家の必要そのものに由来するのである。川村論文が指摘する「ネトウヨ」が、しばしば大日本帝国における差別対象であった東アジア諸国の人びとに対する侮蔑的排外主義の形態をとるのは、そうした前近代的な階層構造に基づく感情が人びとの情動を方向づける一つの導水路として、機能しているからである。そのことは、とりもなおさず、現代日本において、そうした差別構造を含む「政治的アイデンティティ」が国民の感情的同質性の確保になお重要な意味を持っていることを意味している。

近代国家に残る前近代的な差別は、階層的な社会構造、ひいてはその正統化根拠である前近代の「聖なるもの」

と直接に結びついているかのように見える。しかし、近代においてそれが「聖なるもの」でありうるのは、主権が境界線を引く際に援用され、それゆえ個人の力では動かしがたいものとして現前するからに過ぎない。近代国家における前近代的な差別は、近代の主権そのものによって必要とされているのであり、その意味の転換に目を向けなければならない。

こうした形で同質的な「人民」からの排除と差別の対象となるものは、非常に広範囲に及ぶ。ハーバーマスのいう文芸的公共圏が、現実にはブルジョワ男性のみの公共性を帰結したことからもわかるように、近代西洋がとった公共性の形態では、女性や労働者が感情的同質性を有するものとしては扱われず、したがって、公的領域からの排除の対象となった。また、合理的な討論という要求によって、知的な障害者や堅い信仰を持つ人びとも公共圏から排除された。さらに、「政治的アイデンティティ」による同質性の獲得は、そうした同質性の外にある人びとを、感情的に同質になりえないものとして排除の対象にしたのである。ここから、民族的・文化的に異質な人びとに対する差別や、前近代の身分制において劣位におかれていた人びとに対する差別が、平等な人権の普遍的な保障を基本理念とする近代国家の中で生まれてくることになる。

次に、第二の差別の類型を取り上げてみたい。第二の類型は、「統治」の行使に関わって生じてくるものである。上述した「政治的アイデンティティ」や「人民」の理念は、一定範囲においてその同質性を想定するものであるが、その範囲内においても、理念と現実の人間との間には当然差異が存在する。その差異に働きかけるのが「統治」である。そこでは、「人民」が、「統治」の客体として把握され、カテゴリー化された「人種」として権力行使の対象となる。そうした対象をカテゴリー化する把握は「統治」に不可欠なものであり、不断に繰り返される。そして、それは単なる「統治」のために利用されるだけでなく、「統治」作用の結果として、「異質なもの」として不断に外部に表示され、それによって人びとを分断し、価値的な上下関係を生み出し、「差別」を生み出していく。こうしたカテゴリー化と序列化に際しては、前近代的な階層構造に由来するものがそのまま用いられる場合もあるし、関口論文が示すように、科学や心理学によって得られた知が新たなカテゴリーを生み出したり、前近代的な区分と結びつくこともある。いずれにしても、こうしたカテゴリー化と序列化のメカニズムが、普遍的な存在としての「人民」や「政治的アイデンティティ」を共有する「国民」に対して、不断に働いているのであり、それによって、近代の国家の内部においては、常に差異が生み出され、表象され、序列化されることで、差別が再生産されるのである。本書における多くの論文が、フーコーの議論に着目するのは、こうした「統治」による差異化と差別の再生産の具体的な作動様式を解明するためである。

こうして、近代国家においては、その成立原理と不可分に結びついた二つの差別の類型を摘出することができる。近代国家は、「差別」を否定すると同時に生み出すものでもあるのである。「公共圏」と「政治的アイデンティティ」の論理は、「政治的アイデンティティ」の構成要素として措定されたものを共有しない人びとを排除する。そして、「統治」の論理は、そうした論理との関係において差異ある人びとを特定し、カテゴリー化し序列化することで、権力行使の対象とする。近代において、前近代的な要素に基づく差別が繰り返し再生してくることも、近代国家が形式的には差別を禁じているにもかかわらず、現実には新たな差別が生み出されていることも、こうした近代の差別の論理から理解することができる。

もちろん、現実の差別には、この二つの要素が相互的に絡み合っている。「政治的アイデンティティ」の外部にあり、「公共圏」の外部にあるものと見なされた人びとは、それゆえに「統治」の対象と見なされ、その結果、科学的なまなざしの対象となることもあるだろう。逆に、科学的なまなざしの対象として特異なものとされた人びとが、「政治的アイデンティティ」を共有しないものとされ、公共圏を構成する「人民」の外部に押し出されることもあるかもしれない。そのことは、誰でも境界線の外側に置かれ、差別の対象となりうることを意味している。いずれにしても、近代における差別は、この二つの類型の絡み合いとして理解することができるのではないだろうか。

三　「差別」ある社会のなかで

「差別」の問題が、近代国家と近代的な主体に必然的に伴うものであるとすれば、その理念を保持し続ける限り、「差別」の問題を解決することは困難であろう。しかし、「差別」が近代国家の理念と不可分であるとしても、近代国家の理念に依拠してその不当性を告発したり、近代的な個人の理念に基づいて対等な扱いを要求したりすることは、無意味なのだろうか。それ以外に、われわれには何が可能なのであろうか。

上述した近代国家における差別の類型を元に考えてみよう。当事者の意識に即して考えてみると、この二つの差別の間には、一種の非対称性があるように思われる。「人民」という社会的想像からの排除としての差別は、通常差別する側には認識されない。しかし、差別されている側には痛切に理解される。なぜなら、「政治的アイデンティティ」に基づく共同体からの排除は、そうした「政治的アイデンティティ」を自明のものと考えている差別する側にとっては自覚化されにくいものであり、差別であると認識されない場合も多いからである。他方で、差別される側から見れば、皮肉なことにすべての人間を平等に扱うとする近代の理念と対比することで、自らが不当に貶められていることを明確に認識することができる。そして、それが深刻な差別として経験されるのである。その意味で、この差別は、差別される側の被差別意識を活性化する差別である。これに対して、「統治」によるカテゴリー化に基づく差別は、特定のカテゴリーに属する「人種」として人びとを見なすことから生じる。そこからは、特定のカテゴリーに属するとされた異質な人びとを排除しようとする積極的な意思が働いて差別が生み出されることが多い。つまり、この類型では、差別する側からの意識的な差別行為が生み出される。

こうした類型ごとの違いを前提とすれば、われわれのなしうることは、二つ考えられるのではないだろうか。一つは、近代国家の内部にありつつ、その「人民」から排除されている存在があることを常に告発し続けることである。そうした差別が、差別する側にとって意識されることが少なく、もっぱら差別される側に意識されるものであるとすれば、差別される側の人びとに声を与えることは重要である。そこには、差別されている人びと自身が発言する、ということだけではなく、差別する側の人びとが、差別される側の人びととともに批判的に語り出すことも含まれる。それは、「人民」から排除されるものとして固定的に差別され続けている人びとに関して、すべての人を平等に扱うという近代国家の原理に反していることを常に主張し続ける、という形態をとるであろう。確かに、「人民」にすべての人を完全に包摂することは、原理的に不可能である。しかし、近代国家の原理が「人民」の普遍主義的な取り扱いにある以上、こうした要求に近代国家は抗する術を持っていない。それゆえ、こうした戦略も、依然として一定程度の有効性を有している。国民国家論をはじめとして、さまざまな形で議論されてきたように、国民の同質性を規定する「政治的アイデンティティ」を暴露し、そこへの「同化」の暴力性を明らかにすることで、排除されている人びとを可視化することは、なお重要である。

その際に留意すべきなのは、差別で援用される「境界線」の恣意性を指摘し、その「境界線」によって構成される「聖なるもの」が、人為的に形成された共同幻想に過ぎないことを明らかにすることであろう。上述したように、「政治的アイデンティティ」として導入される「境界線」は、歴史的に必然的なものではなく、その時々に応じて最も有効に人びとの情動を動員しうると考えられた、恣意的なものに過ぎない。それが国家を含む何らかの主体によって先導されるのではなく、人びとの感情に訴えることによって自然に選択されたように見える場合においても、それが選択されるべき必然的な根拠は存在しない。それは必然性を欠いており、歴史を欠いており、それゆえ文脈を欠いたものである。われわれは、差別において引照されている「境界線」とは何かを明らかにし、その境界線の恣意性や不整合を常に問いただしていく必要があるであろう。

しかし、境界線による領域の分割という想定には、必ず排除が伴っている。近代的主権を構成する平等な「人民」のような、ただ一つの共同性に訴えることによって問題が解決するという思考様式は、結局のところ別の排除を、しばしば不可視の形で招く結果に終わらざるを得ない。それはまた、「統治」の対象となる差異を生産し続けることで、差異を永続化させることにもつながる。そうであるとすれば、われわれになしうるもう一つのことは、排除や「差別」を告発し続ける中で、境界線を常に複数的なものとして自覚的に捉え直すことではないだろうか。「統治」は、人びとをさまざまなカテゴリーによって区分された集団に分割し、それをある同質性の規範に基づいて、介入の必要のある差異として認識し、その解消を目標としてさまざまな権力を行使する。しかし、人びとの間の差異は、複数性という人間の条件の帰結である。そうであれば、むしろ差異を直接に認め、差異ある人びとが織りなす空間として、公共空間を再構築すべきではないだろうか。

公共空間は、常に無数の境界線によって引き裂かれており、それぞれの境界線によって区分されている領域が、あるいは重なり合い、あるいははみ出すものとして存在している、インターセクショナルでハイブリッドな領域と見なすべきである。こうした理解は、近代国家の公共性が持つとされた同質性の想定を疑問に付す方向へと進む。同質的な公共圏に基礎づけられるものとしてではなく、異質なものを常に含み込んだ不均質なものとして公共性を構想すること、そしてその上で成立する共同生活を想像することが必要であろう。それは、同質性ではなく差異を、同意ではなく対立を強調するものへと公共性のイメージを構築し直すことにつながる。上村論文が提起する、特定の国民国家への同化を拒絶し、「異化」し続ける存在としての「ディアスポラの民」による価値の逆転の理念や、寺戸論文が展望する、同化を断念した「「総有徴化」への転換」という構想は、その方向を指し示しているのではないだろうか。

もちろん、そうした境界線は、差別されている人びとの間にも走っている。差別されている人びとを同質的な存在として想定することは、差別される側が差別の論理に絡め取られることを意味している。差別されている人びとの中にも、主権や個人の引いたさまざまな境界線が走っており、それゆえそこにも差別は生まれうる。差別されている人びとの中に、差別がありうるという現実を直裁に見据え、差別されている人びとの内部にある異質性の問題に向き合うことも必要であろう。

さらに、近代国家の公共性の捉え直しは、近代的な主体の捉え直しにつながる。単一の「主体」としての個人ではなく、複数の差異に本質的に引き裂かれた多元的なものとして、そして他者に常に開かれたものとして自己を捉えることも、重要な意味を持つであろう。川村論文が指摘する情動によって構築される不定形の「分人」の問題は、自己の新たな捉え直しの文脈において重要な意味を持つ。また、こうした自己の捉え直しにおいては、「親密圏」の重要性が改めて重要になるであろう。同質的な領域を想像する外在的な視点は、「親密圏」における極小的な対人関係と、そこにおける異質な他者との現実の出会いと語らいによって常に変容しうるのである。

差別された人びとに出会うことの意味は、差別されていない人々が自らの健全性を確認することではない。差別された人びとに出会い、その発話に耳を傾けることは、自己を形成している境界線の存在に気づくことであり、差別された人びとを含む別種の境界線の可能性と、そこにおける新しい「主体」形成の可能性に気づくことである。個人を越えたものとして現前する「聖なるもの」としての同質性は、それによってのみ乗り超えることができるであろう。

佐藤弘夫（さとう　ひろお）
1953年生まれ。日本思想史専攻。博士（文学）。東北大学大学院文学研究科教授。主な著書に『死者の花嫁――葬送と追想の列島史』（幻戯書房、2015年）、『アマテラスの変貌――中世神仏交渉史の視座』法蔵館文庫、2020年）。

鈴木岩弓（すずき　いわゆみ）
1951年生まれ。宗教民俗学、死生学専攻。東北大学総長特命教授。編著書に『変容する死の文化――現代東アジアの葬送と墓制』（東京大学出版会、2014年）『現代日本の葬送と墓制――イエ亡き時代の死者のゆくえ』（吉川弘文館、2018年）。

関口　寛（せきぐち　ひろし）＊
1972年生まれ。日本近現代史、歴史社会学専攻。博士（社会学）。四国大学准教授。主論文に「統治テクノロジーのグローバルな展開と「人種化」の連鎖」『人文学報』114、2019年。「アメリカに渡った被差別部落民」田辺明生、竹沢泰子、成田龍一編『環太平洋地域の移動と人種』（京都大学学術出版会、2020年）。

タラル・アサド（Talal Asad）
1933年、サウジアラビア生まれ。人類学専攻。Ph.D.（オックスフォード大学）。ニューヨーク市立大学人類学教授。主な著書に、中村圭志訳『世俗の形成――キリスト教、イスラム、近代』（みすず書房、2006年）ほか。

寺戸淳子（てらど　じゅんこ）＊
1962年生まれ。宗教学専攻。博士（文学）。国際ファッション専門職大学准教授。『ルルド傷病者巡礼の世界』（知泉書館、2006年）、「「人間になる」――自律の夢から覚める」櫻井義秀編著『宗教とウェルビーイング』（北海道大学出版会、2019年）など。

平野克弥（ひらの　かつや）
1967年生まれ。歴史学専攻。Ph.D.（シカゴ大学）カリフォルニア大学　ロスアンジェルス校（UCLA）歴史学部准教授。主な著書にThe Politics of Dialogic Imagination : Power and Popular Culture in Early Modern Japan（University of Chicago Press, 2013）、『江戸遊民の擾乱――転換期日本の権力と民衆文化』（岩波書店、2021年）。

舟橋健太（ふなはし　けんた）
1973年生まれ。文化人類学、南アジア地域研究専攻。博士（地域研究）。龍谷大学社会学部准教授。主な著書に、『現代インドに生きる〈改宗仏教徒〉――新たなアイデンティティを求める「不可触民」』（昭和堂、2014年）など。

山本昭宏（やまもと　あきひろ）＊
1984年生まれ。メディア文化史。文学博士（京都大学）。神戸市外国語大学准教授。主な著書に『大江健三郎とその時代』（人文書院、2019年）、『戦後民主主義』（中央公論新社、2021年）、『原子力の精神史』（集英社、2021年）。

監修者・編者・執筆者略歴

【監修者】

磯前順一（いそまえ　じゅんいち）

1961年、茨城県生まれ。国際日本文化研究センター教授。博士（文学）。宗教研究・批評理論。単著に、『昭和・平成精神史 「終わらない戦後」と「幸せな日本人」』（講談社、2019年)、『死者のざわめき　被災地信仰論』（河出書房新社、2015年）など。

吉村智博（よしむら　ともひろ）

1965年、京都市生まれ。近代都市周縁社会史・博物館表象論。単著に『大阪マージナルガイド』（解放出版社、2021年)、『近代大阪の部落と寄せ場――都市の周縁社会史』（明石書店、2012年）など。

浅居明彦（あさい　あけひこ）

1957年生まれ。部落解放同盟大阪府連合会浪速支部前支部長。浪速地区歴史展示室長。主な編著に『渡辺・西浜・浪速――浪速部落の歴史』（解放出版社、1997年）『太鼓・皮革の町――浪速部落の三〇〇年』（解放出版社、2002年）。

【執筆者】＊は、編者

上村　静（うえむら　しずか）＊

1966年生まれ。ユダヤ学、聖書学、宗教学専攻。Ph.D.（ヘブライ大学）。尚絅学院大学教授。主な著書に、『終末の起源――二つの系譜　創造論と終末論』（ぷねうま舎、2021年)、『キリスト教の自己批判――明日の福音のために』（新教出版社、2013年）など。

大村一真（おおむら　かずま）

1994年生まれ。政治学専攻。同志社大学大学院博士後期課程。主な論文に、「批判の死から再生へ――ハーバーマスにおける社会批判の可能性」（『同志社法学』71－5、2019年）。

苅田真司（かりた　しんじ）＊

1966年生まれ。政治学専攻。國學院大学法学部教授。主な論文に、「「宗教」・「世俗」・「多元主義」――タラル・アサドと政治理論」（『國學院法学』55－4、2018年)、訳書に、タラル・アサド『リベラル国家と宗教』（人文書院、2021年）など。

川村覚文（かわむら　さとふみ）＊

1979生まれ。政治理論、メディア文化論、比較哲学専攻。Ph.D.（オーストラリア国立大学）。関東学院大学専任講師。主な著書に、「ポスト世俗主義時代の技術と資本主義、そしてアニメの潜在性」（島薗進ほか編『近代日本宗教史第六巻』春秋社、2021年）など。

シリーズ宗教と差別 第1巻
差別の構造と国民国家
――宗教と公共性

二〇二一年一一月二五日 初版第一刷発行

編　者　上村静・苅田真司・川村覚文
　　　　関口寛・寺戸淳子・山本昭宏

発行者　西村明高

発行所　株式会社 法藏館
　　　　京都市下京区正面通烏丸東入
　　　　郵便番号 六〇〇-八一五三
　　　　電話 〇七五-三四三-〇〇三〇（編集）
　　　　　　 〇七五-三四三-五六五六（営業）

装幀者　濱崎実幸
印刷・製本　亜細亜印刷株式会社

ISBN 978-4-8318-5721-7 C1336

シリーズ宗教と差別　全4巻

磯前順一・吉村智博・浅居明彦　監修

A5判。並製カバー装・平均三〇〇頁（価格は税別）

第1巻　差別の構造と国民国家　宗教と公共性
上村静・苅田真司・川村覚文
関口寛・寺戸淳子・山本昭宏　編　二、八〇〇円

第2巻　差別と宗教の日本史
佐々田悠・船田淳一・関口寛・小田龍哉編　予二、八〇〇円

第3巻　差別の地域史　渡辺村からみた日本社会
小倉慈司・西宮秀紀・吉田一彦編　予二、八〇〇円

零　巻　きよみず物語　被差別信仰論
磯前順一著　予二、八〇〇円